校勘標點

退溪全書

6

특수고전협동번역사업 2차 연도 사업 연구진

연 구 책 임 : 송재소(宋載卲)
책 임 교 열 : 이상하(李相夏)
연 구 원 : 이관성(李灌成), 강지희(姜志喜), 김성훈(金成勳)
　　　　　　서사봉(徐士奉), 조창록(曺蒼錄), 오보라(吳寶羅)
연구보조원 : 장연수(張硯洙)

이 책은 2021년도 정부(교육부)의 재원으로 한국고전번역원의 지원을 받아 수행된 특수고전협동번역사업(난해서) 2차 연도 사업의 결과물임.

This work was supported by Institute for the Translation of Korean Classics - Grant funded by the Korean Government.

校勘標點

退溪全書
6

李滉 著

書
卷19 ~ 卷22

凡例

1. 本書는 社團法人 退溪學研究院에서 간행한 《定本 退溪全書》의 校勘·標點을 따르되, 필요에 따라 수정하였다.
2. 일반적인 이체자 및 관행적인 혼용자는 바로 代表字로 수정하고, 代表字 여부 판정은 韓國古典飜譯院 異體字 檢索 시스템을 準據로 하였다. 《定本 退溪全書》의 분명한 오류를 수정한 경우, 중요한 자구에 차이가 있는 경우, 오류가 의심되는 경우에는 교감기에 그 내용을 밝혔다.
3. 本書에 사용된 標點 符號는 《定本 退溪全書》를 따랐다.
   - 。 疑問文과 感歎文을 제외한 文章의 끝에 쓴다.
   - ？ 疑問文의 끝에 쓴다.
   - ！ 感歎文이나 感歎詞의 끝, 강한 어조의 命令文·請誘文·反語文의 끝에 쓴다.
   - ， 한 文章 안에서 일반적으로 句의 구분이 필요한 곳에 쓴다.
   - 、 한 句 안에서 並列된 단어 사이에 쓴다.
   - ； 複文 안에서 구조상 분명하게 並列된 語句 사이에 쓴다.
   - ： 완전한 引用文의 경우 引用符號와 함께 쓰거나 話題 혹은 小標題語로서 文章을 이끄는 語句 뒤에 쓴다.
   - " " ' ' 직접 引用된 말이나 강조해야 할 말을 나타내는 데 쓰되, 1차 引用에는 " "를, 2차 引用에는 ' '를, 3차 引用에는 「 」를 쓴다.
   - 【 】 원문의 注를 나타내는 데 쓴다.
   - · 書名號(《 》) 안에서 書名과 篇名 등을 구분하는 데 쓴다.
   - 《 》 書名을 나타내는 데 쓴다.
   - 〈 〉 篇名, 樂曲名, 書畫名 등을 나타내는 데 쓴다.
   - (( )) 癸卯校正本과 續集에서 산절된 것을 樊南本에 의거해 복원한 경우에 쓴다.
   - —— 人名, 地名, 國名, 民族名, 建物名, 年號 등의 固有名詞를 나타내는 데 쓴다.
   - □ 缺落字 자리에 쓴다.
   - ▨ 毀損字 자리에 쓴다.
   - { } 보충할 글자를 나타내는 데 쓴다.

目次

凡例 · 4

退溪先生文集　卷十九

答黃仲擧【俊良○壬子】… 19

答黃仲擧 … 20

答黃仲擧 … 21

與黃仲擧 … 22

答黃仲擧【癸丑】… 23

答黃仲擧 … 24

答黃仲擧 … 25

答黃仲擧【甲寅】… 25

答黃仲擧 … 26

答黃仲擧 … 27

與黃仲擧 … 28

答黃仲擧【乙卯】… 29

答黃仲擧 … 30

答黃仲擧 … 31

答黃仲擧 … 32

答黃仲舉 … 33

答黃仲舉 … 34

答黃仲舉【丙辰】… 35

答黃仲舉【丙辰】… 35

與黃仲舉 … 37

答黃仲舉 … 37

答黃仲舉【丁巳】… 38

答黃仲舉 … 39

與黃仲舉 … 40

答黃仲舉 … 40

答黃仲舉 … 41

與黃仲舉 … 42

答黃仲舉 … 43

答黃仲舉【戊午】… 44

答黃仲舉 … 46

別紙 … 47

答黃仲舉 … 49

答黃仲舉 … 50

答黃仲舉 … 51

與黃仲舉 … 52

答黃仲舉 … 53

答黃仲舉 … 54

與黃仲舉 … 55

答黃仲舉 … 55

答黃仲擧 … 56

與黃仲擧【己未】… 58

答黃仲擧論《白鹿洞規集解》【(松堂)(朴公)有《集解》, 近始刊行】… 59

重答黃仲擧 … 65

答黃仲擧 … 68

答黃仲擧 … 69

答黃仲擧 … 71

答黃仲擧 … 72

答黃仲擧 … 74

答黃仲擧 … 75

退溪先生文集　卷二十

答黃仲擧 … 81

與黃仲擧 … 82

答黃仲擧 … 83

答黃仲擧【庚申】… 84

與黃仲擧 … 86

答黃仲擧 … 86

答黃仲擧 … 87

答黃仲擧 … 89

答黃仲擧 … 90

與黃仲擧 … 91

答黃仲擧 … 93

答黃仲擧 … 95

與黃仲擧 … 96

與黃仲擧 … 97

答黃仲擧 … 98

答黃仲擧【辛酉】… 99

答黃仲擧 … 100

答黃仲擧 … 101

答黃仲擧 … 103

與黃仲擧 … 104

答黃仲擧 … 106

答黃仲擧 … 107

答黃仲擧 … 108

與黃仲擧 … 109

與黃仲擧 … 110

與黃仲擧 … 110

答黃仲擧 … 112

答黃仲擧 … 112

答黃仲擧 … 113

答黃仲擧【俊良○辛酉】… 115

答黃仲擧【壬戌】… 115

答黃仲擧 … 116

答黃仲擧 … 118

答黃仲擧 … 119

答黃仲舉 … 120

答黃仲舉 … 121

答黃仲舉問目【《心經》○癸亥】… 123

答黃仲舉問目【《近思錄》】… 130

與黃仲舉【癸亥】… 136

退溪先生文集　卷二十一

答李剛而【癸丑】… 139

答李剛而【(楨)○癸丑】… 139

答李剛而 … 140

答李剛而 … 141

答李剛而 … 142

答李剛而 … 142

答李剛而 … 143

與李剛而【甲寅】… 144

答李剛而 … 145

與李剛而【甲寅】… 146

答李剛而 … 147

答李剛而 … 147

答李剛而 … 148

與李剛而 … 149

答李剛而【乙卯】… 150

答李剛而 … 151

答李剛而 … 151

與李剛而 … 152

答李剛而 … 153

答李剛而【丙辰】… 154

答李剛而 … 154

與李剛而 … 155

答李剛而【丙辰】… 156

答李剛而【丁巳】… 156

答李剛而 … 157

答李剛而【戊午】… 158

答李剛而 … 159

答李剛而【己未】… 159

答李剛而 … 160

答李剛而 … 161

答李剛而【庚申】… 161

答李剛而 … 162

答李剛而 … 163

答李剛而 … 163

答李剛而【庚申】… 164

別紙 … 165

答李剛而問目【朱書】… 165

答李剛而【辛酉】… 177

答李剛而 … 177

答李剛而 … 178

答李剛而【辛酉】… 179

答李剛而問目【《朱書》】… 180

與李剛而【辛酉】… 188

答李剛而 … 189

答李剛而 … 189

答李剛而 … 190

答李剛而 … 191

答李剛而 … 191

答李剛而 … 193

答李剛而 … 193

與李剛而 … 194

答李剛而 … 196

別紙 … 196

答李剛而 … 199

答李剛而 … 200

別紙 … 201

答李剛而問目【《朱書》】… 203

答李剛而 … 212

答李剛而 … 213

答李剛而 … 214

答李剛而 … 214

別紙 … 215

答李剛而【壬戌】… 215

與李剛而 … 216

答李剛而 … 217

與李剛而【壬戌】… 218

答李剛而 … 218

與李剛而【壬戌】… 219

答李剛而 … 220

與李剛而 … 222

答李剛而 … 222

與李剛而 … 224

別紙 … 225

答李剛而 … 227

答李剛而 … 228

答李剛而問目 … 230

答李剛而 … 233

別紙 … 234

答李剛而 … 235

答李剛而 … 236

答李剛而 … 237

退溪先生文集　卷二十二

答李剛而 … 241

答李剛而 … 242

答李剛而 … 242

答李剛而 … 243

答李剛而 … 244

答李剛而 … 244

與李剛而 … 245

答李剛而 … 245

答李剛而 … 246

別紙 … 247

答李剛而【癸亥】… 253

答李剛而 … 254

答李剛而【癸亥】… 254

答李剛而 … 255

答李剛而 … 256

答李剛而 … 257

與李剛而 … 257

答李剛而【甲子】… 258

答李剛而【甲子】… 259

與李剛而 … 260

答李剛而 … 261

答李剛而 … 261

答李剛而 … 262

答李剛而 … 263

答李剛而 … 264

答李剛而 … 265

答李剛而 … 266

別紙 … 267

答李剛而【乙丑】… 268

答李剛而【乙丑】… 269

答李剛而 … 270

答李剛而 … 272

別紙 … 272

答李剛而 … 275

答李剛而 … 276

答李剛而 … 278

別紙 … 279

答李剛而 … 281

答李剛而 … 283

答李剛而 … 284

答李剛而 … 285

與李剛而 … 286

答李剛而【丙寅】… 287

答李剛而 … 287

答李剛而 … 288

答李剛而 … 288

答李剛而問目【喪禮○丙寅】… 289

答李剛而 … 291

《別紙》… 292

答李剛而問目 … 296

答李剛而 … 302

答李剛而【丁卯】… 303

答李剛而【丁卯】… 304

答李剛而 … 305

與李剛而 … 306

與李剛而 … 307

答李剛而【戊辰】… 308

與李剛而 … 308

答李剛而 … 309

與李剛而 … 310

答李剛而 … 311

答李剛而 … 312

答李剛而 … 312

答李剛而【己巳】… 313

答李剛而 … 314

與李剛而【庚午】… 315

答李剛而【庚午】… 315

答李剛而 … 317

答李剛而 … 318

答安孝思舊丈【丙寅】… 319

與安孝思 … 320

答安孝思 … 320

答安孝思 … 320

答安孝思 … 321

答安孝思 … 322

答安孝思 … 322

答安義城【瀚○庚申】… 323

答安義城【辛酉】… 323

答安義城 … 324

答安義城 … 324

答安義城 … 325

答安義城 … 326

與安義城【甲子】… 326

退溪先生文集

卷十九

KNL0633(書-黃俊良-1)(癸卷19:1右)(樊卷25:1右)

答黃仲擧【俊良○壬子】[1]

山間不知燈節繁華事。晨坐溪窩, 數杯澆腸後, 索枕欹臥, 窅然一場遊仙之夢未竟, 忽聞跫音, 接得瑰緘。緘中雖無詩, 語意灑然, 如無韻詩。因審履玆泰亨, 神佑淸福, 瞻想欣艶, 蓋不知[2]幽居之爲獨、離索之鈍滯也。荷幸荷幸。

來喩頗以應接撓溷爲恨, 此固仕州縣者之通患。然如公長途, 不可有厭事之心。但日間點檢, 使本原之地卓然有主, 則民社之事, 孰非吾學乎? 正不當如老病之人厭事求閑, 不得已終逃來也。呵呵。

都目政軍職有賤名, 或云: "非他人, 卽滉也。" 親舊多敦責, 不可不往, 近謁大相閣下, 亦諭云云。而滉羸頓益甚, 心疾尤重, 其爲狼狽, 已不可言矣。奈何奈何? 然於私計, 恐決不能也。

承念間來音, 企渴何勝? 未間, 惟冀爲時加珍重。萬萬不宣。《謹拜謝狀。》[3]

---

1 壬子年(明宗7, 1552년, 52세) 1월 15일 禮安에서 쓴 편지이다. 〔編輯考〕 퇴계가 黃俊良에게 보낸 편지는 87통이다. 庚本에 53통이 실렸고, 續集에 14통이 실렸으며, 樊本 內集에 19통, 樊本 遺集內篇에 1통이 추가로 실렸다. 〔資料考〕 黃俊良의 文集인《錦溪集》에는 黃俊良이 퇴계에게 보낸 서신 11통(《外集》卷7:21b~卷7:31右, 卷7:44右~卷7:45左)과 問目 2통(卷7:31右~卷7:44右)이 실려 있다. 初本에는 〈答黃仲擧【壬子上元日】〉로 되어 있고 中本·擬本에는 〈答黃仲擧【壬子】〉로 되어 있다.
2 知 : 初本·中本에는 "如"로 되어 있고 中本의 부전지에 "'如'恐是'知'字"라고 하였다.
3 謹拜謝狀 : 初本에는 "謹拜謝復"으로 되어 있고 文草에는 "謹拜謝復。壬子上元日, 滉。'"으로 되어 있다. 上本에는 없다.

BNL0634(書-黃俊良-2)(樊卷25:1左)

答黃仲擧[4]

尋常傾渴, 顧無續音之便, 忽擎手字兼淸製。滿幅蛟蛇縱橫, 賞詠愛歎, 起懦增氣, 披豁不啻對晤, 慰謝無已。癃疾近死之餘, 蒙此誤恩, 豈堪[5]承當? 顧以嚴召來迫, 不容但已, 微賤又難訴臆, 只得蒼黃前進。足下觀此興緖, 將如何結末? 撫攬前後, 不勝愧縮, 姑欲聽天所爲如何耳。

　　西門之住, 時未可必, 如遂所計, 則景霖相從以續詩社之樂, 亦一事也。筠軒淸趣, 加以新構, 興致可想。李、尹他詩, 曩時所見, 皆不及此。雅和鏘玉幷八字、東都、明遠[6]諸作, 灑落入妙, 披玩歆艷, 不覺自失。切欲技癢效嚬, 以瀆高植[7], 適客到相屬, 來使告忙, 未果恨怍。道間不敢忘所拳拳, 早晚必領微悰。

　　大成又被惡聲之迫, 不得已與僕爲偕西之計, 此翁此事可爲悼心。然於吾病行, 得此心伴, 豈非天幸? 政聲藹然, 古人慰望, 如何可言? 更祈益勵珍重以塞時望。恩恩不宣。謹拜謝復。[8]

　　淸風椒烈, 感荷感荷。

4　壬子年(明宗7, 1552년, 52세) 4월 8~12일 禮安에서 쓴 편지로 추정된다.
5　堪 : 拾遺에는 "敢"으로 되어 있다.
6　明遠 : 中本의 부전지에 "{明}遠恐是樓名。" "'{八}'字及'明遠'未詳。"이라 하였다.
7　植 : 中本의 부전지에 "'植'字未詳。左字殖。"이라 하였다. 〔今按〕中本의 부전지의 '左字殖'은 初本 '左字' 책에는 "殖"으로 되어 있다는 말이다.
8　謹拜謝復 : 拾遺에는 없다.

SNL0635(書-黃俊良-3)(續卷4:1右)(樊續卷4:1右)

答黃仲擧[9]

承寄書來, 動履淸裕, 深慰思渴。僕之樗散, 寸無適用之材, 宿昔分願, 亦豈出於閑素? 一番謬計, 輕以病軀, 嬰此世網, 方謀脫去, 遽至重繞。況此賢關講座, 豈可久冒以受衆賢指點耶? 少俟秋冬以往, 釋去楨肩之擔之後, 次第作焚魚事耳。未間伊鬱, 如何堪遣?

癃字換工, 非誤也。竹閣淸致, 著一癃字, 便覺似殺風景, 故敢改押他字。前書欲說破此意, 忘却不及, 恨恨。然此自謂說已癃病之意, 則恐如此耳, 非謂兩公詩爲然也。

年凶民散, 時事邊釁, 皆非腐儒所能, 如何? 但積憂歎。惟有仁手而官[10]親民, 猶可少行其志, 以幸無告之人耳。《前寄帖, 正緣汨汨, 未暇下筆。》[11] 秋涼多愛。

《客中所得拙句, 草呈, 一笑。》[12]

---

9 壬子年(明宗7, 1552년, 52세) 8월 22일 서울에서 쓴 편지이다. 初本에는 〈答黃仲擧【壬子仲秋念二】〉로 되어 있고 樊本·上本에는 〈答黃仲擧【壬子】〉로 되어 있다.
10 而官 : 續草本의 추기에 "'而'字可疑"라고 하였고, 樊本의 두주에 "'而官'上下, 疑有闕誤。"라고 하였다.
11 前寄帖……下筆 : 續草本에는 없고, 해당 내용이 추기로 되어 있다.
12 客中……一笑 : 續草本에는 없고, 해당 내용이 추기로 되어 있다.

SNL0636(書-黃俊良-4)(續卷4:1左)(樊續卷4:1左)

與黃仲擧[13]

酬唱往復, 自古人切偲輔仁之道觀之, 已爲末事, 而猶有輸情寫意諷喩感發之快, 故古人樂之。今則幷與此一事, 斂手相戒而欲廢之, 可嘆。然豈盡然乎? 林大樹、金季珍輩好之, 不能頓廢, 但畏之之心多也。松岡扣之則[14]答, 武陵扣之亦不應, 此可笑, 亦可悶。僕亦漸畏而漸廢之, 時不能吞而復出之。

　近有與大樹往復數詩, 倦未及寫呈耳。大槪時習如是, 故前來佳篇, 尙未播也。大成以古義責滉, 滉不能從, 而滉又責大成以守道俟命, 大成亦似不能信用, 吾二人所爲, 皆可愧於百世以俟也。僕答大成兩三書, 皆在大成處, 早晚一覽, 有可見敎者, 不惜鐫掞, 無任希冀之至。春和, 切欲下鄕省墓, 而預憂其未必諧也。然則會合誠未指期, 惟益勵進修。不宣。謹再[15]白。

　《貫碧之餉, 感荷遠念。但前已諒懇, 近何復稍稍耶? 僕亦非有他也, 實畏罪耳。呵呵。》[16]

---

13 壬子年(明宗7, 1552년, 52세) 12월 서울에서 쓴 편지로 추정된다.
14 則 : 拾遺의 부전지에 "{恐}落{不}字"라고 하였고, 樊本의 두주에 "'則'下恐脫'不'字"라고 하였다.
15 再 : 續草本의 추기에 "'再'下疑有'拜'字, 考草本次。"라고 하였고, 上本에는 "拜"로 되어 있다.
16 貫碧……呵呵 : 初本의 추기에 "別書家藏■件"라고 하였다. 續草本에는 없고 해당 내용이 추기되어 있다.

SNL0637(書-黃俊良-5)(續卷4:2左)(樊續卷4:2左)

答黃仲擧【癸丑】[17]

書來, 極荷奬借之勤。名山絶境, 有待而發, 臘[18]屐幽探, 必不可無題詠也, 而前書不以辱示爲訝, 故敢扣之。今蒙惠寄兩絶, 且及其名稱, 口詠目想, 已似攜謫仙而望廬峯之勝, 能使病鬱, 灑然如濯。慰幸之餘, 敢效拙膚, 如右錄上。

但有一於此。每書尺往來, 率多推許之言, 不加以相規切之辭以補其不逮, 殆非所望於直諒多聞之益也。觀古人朋友之義, 正不如此。今當弱者先手[19], 只就來詩五言絶, 而質其所疑。蓋前旣云"揮盡千峯筆, 吟成萬瀑雷", 則詩成揮灑之意, 已說[20]盡矣, 而復綴之曰"千[21]張白石紙, 灑作黑雲堆", 無乃重疊揮灑之意, 而前後四句, 互相撑拄, 不諧暢乎? 此所以語奇而意蹟也。滉不揆僭妄, 欲改轉數字曰"誰把千峯筆, 吟成萬瀑雷, 閑張白石"以下云云。如此則首尾串一, 意無重累之病, 如何

---

17 癸丑年(明宗8, 1553년, 53세) 1월 3일 서울에서 쓴 편지이다. 〔資料考〕初本에는 제목 아래 "次八公山瀑布二絶韻" 2首의 원문이 함께 실려 있다. 내용은 다음과 같다. '新發雲泉勝, 千尋想怒雷. 遶床來玩處, 嵐翠幾重堆.' '夢想廬山河落水, 風塵三復紫陽詞. 聞君訪得仙巖瀑, 相逐何時攬絶奇.' 또한 추기에 "次八公山瀑布二絶韻, 見詩內集."라고 하였다. 이 시는 KNP0154(詩-內卷2-73~74)에 〈次韻黃仲擧【幷序】〉라는 제목으로 수록되어 있다. 初本에는 〈答黃仲擧【癸丑元月初三日】〉로 되어 있다.

18 臘 : 初本·中本·拾遺·樊本·上本에는 "蠟"으로 되어 있다. 續草本의 추기에 "'臘', 初本'蠟'"과 "考次"로 되어 있다.

19 手 : 上本에는 "受"로 되어 있다.

20 說 : 拾遺에는 "旣"로 되어 있다.

21 千 : 續草本의 추기에 "'千'疑'閑'【漱】"라고 하였다.

如何?

　凡於拙稿病纇之處, 亦望毋靳痛加鐫誨。不獨詩也, 言行出處, 皆願以是苦口警責, 是乃愛人之道所當然也。春水瀑漲, 雄觀益勝²², 不妨屢²³作淸遊。細和晦翁之詩, 寄示城塵, 以發幽愁也。《謹拜復。》²⁴

BNL0638(書-黃俊良-6)(樊卷25:2左)
答黃仲擧²⁵

賢季之來, 承辱惠書, 可勝欣慰欣慰? 僕勢難力疾奔波, 今方乞解職, 尙未蒙命, 又未知物情之如何, 深以撓念撓念。
　賢季及大用諸近隣文士皆不售玉而歸, 至爲怪歎怪歎。因賢季聞仙舟巖瀑之勝, 翹首南望, 恨不得挿翼於兩腋也。適因小冗, 未及宣抱。惟冀萬重。謹拜謝。²⁶

---

22 勝 : 上本에는 "務"로 되어 있다.
23 屢 : 上本에는 없다.
24 謹拜復 : 拾遺·續草本에는 없다.
25 癸丑年(明宗8, 1553년, 53세) 3월 23일 서울에서 쓴 편지로 추정된다. 初本에는 〈答黃仲擧【癸丑暮春念三日】〉로 되어 있다.
26 謹拜謝 : 文草에는 뒤에 "癸丑暮春念三日"이 있다.

KNL0639(書-黃俊良-7)(癸卷19:1左)(樊卷25:3右)

答黃仲擧[27]

比時無便, 闕於奉問, 忽此投簡, 承眼疾差復, 喜寫何任?

　滉衰病, 不待言, 但旣以病人見信於時, 所當卽去, 而從來無許退之例, 受由之禁, 又作阻梗, 久此鬱鬱, 無可如何。近因友人遊賞回者, 益聞關東山水之勝, 欲乞補嶺東一邑以去, 寤寐此情, 而時無便闕, 未知能遂與否耳。

　雨[28]種惡徵, 至使國罹三空之厄, 撫摩之責, 如救懷襄, 未免神慮之勞, 如何如何? 鬱攸災酷, 又丁此際, 上下憂惶, 罔知攸濟, 天之何爲屢變靡悔之極耶?

　淸泉綠竹, 想多遣興, 新作何斬錄示? 拙吟數句, 聊博一笑。不宣。《謹拜復。》

KNL0640(書-黃俊良-8)(癸卷19:2右)(樊卷25:3左)

答黃仲擧【甲寅】[29]

每於往來人, 流聞南方事, 民不爲人, 官不成儀。念故人在其

---

27 癸丑年(明宗8, 1553년, 53세) 9월 14~30일(그믐) 서울에서 쓴 편지로 추정된다.
28 雨 : 上本에는 "雨"으로 되어 있다.
29 甲寅年(明宗9, 1554년, 54세) 1월 3일 서울에서 쓴 편지로 추정된다. 初本에는 〈答黃仲擧【甲寅正月初三】〉으로 되어 있고 上本에는 〈答黃仲擧【丙寅】〉으로 되어 있다.

中, 何以堪遣? 忽奉手翰, 副以佳篇, 粲然奪目, 吟誦以還, 有以知憂軫之中所樂不撓, 深以欣快。[30] 卽日歲換, 神相愷悌, 淸休滋茂矣。病人所望關東僻邑, 今無佳闕, 失所圖矣。春間, 當不免仍作悠悠人矣。

來喩耕釣寡過之言, 何其有味而能使人起感耶? 雖然, 在左右嘉我鮮我之時, 固難如願。如迂拙老病者, 已辦此事, 乃其分內, 何故妄作一行, 纏繞至此? 可謂迷方之甚者, 言之無益, 置之不復道。《續貂三章, 寫在別幅, 一笑一笑。仁遠已相對晤, 別有書往矣。麻紙之惠, 珍佩罔酬。惟新況益自珍勵。不宣。謹拜謝復。》

李復古物故, 報至矣。周武陵病難支吾云, 可憫可憫。尙冀春和以後少蘇如何耳。

KNL0641(書-黃俊良-9)(癸卷19:3右)(樊卷25:4左)
答黃仲擧[31]

節近楝風[32], 思君思竹, 未嘗暫輟, 得詩得書, 欣慰何待齒牙之

---

30 欣快 : 初本·中本·樊本·上本에는 "欣快欣快"로 되어 있다.
31 甲寅年(明宗9, 1554년, 54세) 4월 19일 서울에서 쓴 편지로 추정된다. 初本에는 〈答黃仲擧【甲寅孟夏十九日】〉로 되어 있고, 定草本에는 〈答黃仲擧【甲寅】〉으로 되어 있다.
32 楝風 : 中本의 부전지에 "楝風, 更考"라고 하였고, 추기에 "傳本亦作'楝風'"이라고 하였다.

餘? 仍審摩撫之勤, 未妨雅韻[33]之勝適也。如老拙, 以病相伴, 隨時隨節, 今又以濕熱在告矣。前詠筍詩, 果爲太早計, 想此日正亂抽也。雲瀑、攬秀之遊, 頃因仁遠書略聞, 而玆復承喩, 副以妙韻, 圭復之餘, 怳若共對香爐酌流霞也。筍、瀑二興, 粗發鄙句, 別紙笑覽爲幸。

《朱書》果留心知好之爲難耳, 固未可期近效遽生厭也。人之所見, 不啻其面之不同, 景遊所懷, 全未可知於桑楡也。然以燕伐燕, 方自愧不暇, 尙復多談耶?

但今南北巨患, 不朝卽夕, 而環顧在我, 無一可恃, 則山林之樂, 亦豈必可保也耶? 以是私憂竊歎, 奈何奈何? 況有民社環百里之守, 如何如何? 相公近上謝箋, 倂乞辭職, 而又未蒙允。恩光至矣, 其如不遂素懷何?《大成不得一命, 再屈鄕任, 想益撓抱。苦無當員, 不得已至此, 未安未安。惟爲時自愛。不具。謹復。[34]》

BNL0642(書-黃俊良-10)(樊卷25:5左)

答黃仲擧[35]

偶閑避暑北窓, 忽枉書牘, 披閱爽快, 眞所謂淸風來故人也。仍審近況, 欣濯尤深。僕頃自秋部又移騎曹, 可謂久蹶騾騰者耶?

---

33 未妨雅韻 : 文草에는 "未時難韻"으로 되어 있다.
34 謹復 : 文草에는 뒤에 행을 바꾸어 "右, 甲寅孟夏十九日, 時錦溪守新寧."이 있다.
35 甲寅年(明宗9, 1554년, 54세) 4월 19일 서울에서 쓴 편지이다.

非但自怪, 人皆爲訝, 可笑。隨緣汩沒, 今已兩月, 事無涓補, 而病乃山積, 不得已又作一番退步而後, 始爲本分歇泊³⁶處耳。

　況今南北羽檄交馳, 正臨食思頗、牧之日, 而迂病書生, 可處其地耶? 頗聞嶺南復有失稔之兆非一, 果若不幸, 則守土之憂, 非獨邊報, 歸農之人, 將至餓踣, 奈何? 僕在此每困於分牌之督, 不謂督限搆文, 又及於臥閣之閑, 是固他日分牌之梯, 千里一笑。惠寄剡板, 珍謝珍謝。佇在汾舟之約, 未間, 惟自重多愛。不宣。謹拜謝報。³⁷

BNL0643(書-黃俊良-11)(樊卷25:6右)
與黃仲擧³⁸

今之得釋負, 甚不易事, 不審何以得便? 歸袖翩然, 想甚適也。卽欲馳省, 恐初到倦接人, 姑待後日。公若近留, 則於老病, 深幸深幸。餘未暇披寫, 惟照。謹奉候。

---

36 泊 : 上本에는 "迫"으로 되어 있다.
37 謹拜謝報 : 拾遺·上本에는 없다. 拾遺에는 뒤에 행을 바꾸어 "今之得釋負, 甚不易事, 不審何以得便? 歸袖翩然, 想甚適也。卽欲馳省, 恐初到倦接人, 姑對後日, 公若近留, 則於老病, 深幸深幸。餘未暇披寫, 唯照。謹奉候。"라는 추기가 있다.
38 甲寅年(明宗9, 1554년, 54세) 7~12월 서울에서 쓴 편지로 추정된다.〔年代考〕中本의 부전지에 "當別爲一書, 而年有未考耳."라고 하였다. 中本에는 없고, 추기에 "與黃仲擧"라고 하였다.

KNL0644(書-黃俊良-12)(癸卷19:3左)(樊卷25:6右)

答黃仲擧【乙卯】[39]

臘望惠札, 正句開讀, 舊戀新慶, 不任慰賀慰賀。去冬, 京師大雪凝沍, 眞所謂五十年中所無。病骨冰埈, 極難溫存, 深蟄牢關, 苦待春姸, 今茲泰陽已啓, 尙爾堅慘, 人日又大雪, 繼以烈寒, 何望昭蘇之期?

聞嶺南過臘無白, 不知近雪能普被未乎? 饑迫之狀, 遠想心痛, 況爲父母親撫摩, 何忍何忍? 監司、敬差皆得人, 有足賴者, 然刮龜無得, 徒爪樹膚, 恐未免急烹鮮之戒耳。

自武陵逝去, 耳中不聞奇論, 令人忽忽。適又當此連歉, 兩老窮喪, 州縣事力, 皆所不及, 深可哀痛。天之施報, 眞可謂舛矣, 奈何奈何? 輓詩, 詞未趁情, 深不稱愜, 示諭云云, 益以愧汗。仁遠復官, 似幸, 但去芳隣, 而遠宦遐方, 豈白髮翁所樂耶? 已來謝恩, 下湖南矣。

滉旣難待受由, 不得已解職而歸, 勢未可隱然而去, 故去冬先遣賤累, 身俟冰泮之候, 舟抵丹山, 計已決。其間不無是非之騰, 然當路相知者, 有深以此去爲當云, 益自不疑。但頃間時相誤有推薦之啓, 辭甚過越, 非惟滉自駭懼, 聞者必多笑怒, 他日之患, 未必不由於此, 不知容措。賴天鑑洞照, 處之平平, 以是帖然, 私極幸祝耳。因此一事, 又不無礙行之嫌, 然計定, 不以小故有所撓改也。

---

39 乙卯年(明宗10, 1555년, 55세) 1월 9일 서울에서 쓴 편지로 추정된다. 初本에는 〈答黃仲擧【乙卯正月旬前一日。罵月念五日書, 當在此下。】〉로 되어 있다.

辱貺兩絶, 珍佩罔喩。不可虛辱, 粗寓近悰, 錄在別幅, 惟祈笑覽。不宣。《謹拜謝復。》[40]

BNL0645(書-黃俊良-13)(樊卷25:7左)
答黃仲擧[41]

近自汾川寄來盛札兼籜團, 云貴价已還。緣此未卽修報, 爲恨。仍審比間官況, 自賑救焦勞外, 福履淸裕。滉路得濕患, 留在臍腹間, 挾舊證互發, 已不可堪。

兄子爲琴梓㙔者, 年甫弱冠, 不意夭折, 門禍至此, 慘悼纏骨。又承有旨, 賜物命職, 且諭"調理上來", 此豈病廢微眇之人所堪乎? 哀慘之中, 加此驚惶, 病覺多尤[42], 奈何奈何? 未免以箋狀極陳病劇未赴之情, 今日始上監司, 方自仄惕, 未知終如何也。

大相令公, 頃來屢愆頤候, 未敢煩進省謁。日夕馳仰, 聞今已康勝, 抃賀抃賀。示及鶴院之設, 令人遠想興慕。門樓命名, 所不敢當, 想必有擬意, 示之則當與鶴院扁額同寫呈。此

---

40 謹拜謝復 : 上本에는 없다.
41 乙卯年(明宗10, 1555년, 55세) 4월 25일 禮安에서 쓴 편지로 추정된다. 〔資料考〕 初本·文草에는 이 편지에 이어 黃俊良에게 보낸 詩가 실려 있다. 初本에는 〈答黃仲擧【乙卯罵月念五日。當在正月書下。】〉로 되어 있다.
42 多尤 : 두주에 "今按'多尤'字無意, 恐當乙。'多尤'字, 傳本同。"이라고 하였다. 初本의 부전지에 "'多尤'未備, {疑}脫誤。"라고 하였고, 中本의 부전지에 "今按'多尤'字無意, 恐當乙。'多尤'字, 傳本同。"이라고 하였다.

亦在早晚事也。今實無興緒握管爲也。籜團佳絶，拙和塞眚，一笑爲幸。何時晤對？向暑加愛。不宣。謹拜復。[43]

SNL0646(書-黃俊良-14)(續卷4:3左)(樊續卷4:3左)

答黃仲擧[44]

昨日，忽然迎眄於哀次，披寫哽塞，兩難爲情。歸來益以悁悁，趁朝追問，慰幸何喩？四年汾舟之約，豈謂憔悴泣逢於靈筵之側乎？痛不可言，痛不可言。

　《朱書》十七冊來矣。今往者自二十至三十七合十冊，其間不無再往之冊，而《申請》、《辭免》二冊，又非所要見，聊以充十冊之數耳。山頽靡仰，時事搶攘，不知今是何年何運而至此耶？惟冀珍重，以圖後面。謹草。

　《鉅竹五六節，後便送來，欲截爲詩筒，剖作筭算耳。》

---

43 謹拜復 : 拾遺에는 없다. 初本에는 이어서 다음과 같은 시 한 수가 붙어 있다. "繡籜編成雙月樣，霜風吹送一庵雲。子猷愛竹何時見，情坐三庚共播芬。" 文草에는 이어서 "乙卯罵月念五日，溪莊病疲答黃新寧書."가 있고，이어서 初本과 같은 시가 붙어 있다. 이 詩는 文集에 수록되지 않았다.

44 乙卯年(明宗10, 1555년, 55세) 6월 14~20일 禮安에서 쓴 편지로 추정된다.

KNL0647(書-黃俊良-15)(癸卷19:5右)(樊卷25:8左)

答黃仲擧[45]

《往者傳聞患腫, 奉慮殊深, 頃自道谷送來辱惠書, 承已痊差, 喜不可勝言。計今調攝日久, 愈覺淸快矣。似聞試擧免行, 大抵瘇[46]差後切忌勞事, 亦喜得便也。》

歸計未遂, 可恨。然事勢之難, 適然相値, 何可強委去耶? 況官滿只隔一歲, 第忍之以幸縣民, 豈非去就之得宜乎?

滉腹中似有痞積, 頓衰眼昏, 不能自力於文字間。欲出而寫憂, 則山響水咽, 只增愁結。秋盡冬來, 楓彫菊歇, 未嘗一開口於其傍, 不過西州門, 始知古人之心矣。詩筒久滯於竹閣, 歲晏幽抱, 幸或有時而催遣, 洗此悁悒。

《朱書》, 有友人欲爲之寫出, 其自五十卷以上者, 先取送爲望。惟照。所冀, 益加珍嗇。不宣。《謹拜復。[47]》[48]

---

45 乙卯年(明宗10, 1555년, 55세) 9월 29일(그믐) 禮安에서 쓴 편지로 추정된다. 初本에는 〈答黃仲擧【乙卯九月晦日】〉로 되어 있다.
46 瘇 : 拾遺에는 "腫"으로 되어 있다.
47 謹拜復 : 上本에는 없다.
48 歸計……謹拜復 : 拾遺에는 없다.

BNL0648(書-黃俊良-16)(樊卷25:9右)

答黃仲擧[49]

前書奉報, 久不得便, 已送道谷, 想付此信矣。開筒得詩, 詞語淸拔[50], 意趣悠遠, 深契鄙懷, 警發多矣。效顰, 錄在別牋, 笑覽何如[51]?

溪、山牢落, 無游興, 嘗一上月瀾庵, 留數日, 又爲方伯見過溪莊而下來, 殊敗人意。詩數篇亦謾寫呈, 他日詩筒之來, 幷賜和敎, 則尤幸尤幸。

《朱書》欲借手諸君寫出, 已蒙道谷斂許五七卷, 餘當徧求鄕友, 但諸人皆未免擧業之累, 恐不得如意耳。聞《家禮儀節》新本在永川, 可圖印惠否?

薑食之惠, 感荷[52]通神。

---

49 乙卯年(明宗10, 1555년, 55세) 10월 禮安에서 쓴 편지이다. 初本에는 〈答黃仲擧【乙卯十月】〉로 되어 있다.
50 拔 : 拾遺에는 "發"로 되어 있다.
51 何如 : 上本에는 "如何"로 되어 있다.
52 感荷 : 中本에는 "荷感"으로 되어 있다.

KNL0649(書-黃俊良-17)(癸卷19:5左)(樊卷25:9左)

答黃仲擧[53]

頃在山, 獲接還筒兼至前三日書, 諷詩省書, 宛若承款。方欲奉報, 不意病骨爲山雪所砭, 暴發氣證。雖幸得差, 慮或再發, 則冱險山路, 出山[54]亦難, 不得已下還溪舍, 今兩日矣。自念散人, 惟山社是爲樂地, 玆又不得恣意棲臥, 病之撓人, 一至於此, 獨坐喟然而已。忽復再枉詩札, 慰此岑寂, 荷意珍重, 不知裁謝。[55]

　永川《家禮》, 心[56]所欲見, 卽蒙寄惠, 深以愧佩。《朱書》, 覽後還鳥, 未晚也。欲去未遂, 此今仕路之通患, 在左右又系[57]於親養, 何能頓釋？ 固當盡吾力所及, 無愧於心, 可矣。

　松岡、南冥事, 窮閭實未聞知, 皆可駭歎, 奈何奈何？ 所恨, 未得其詳耳。

　淸涼峭拔淸峻, 今往, 大雪屢作, 奇變千狀。第病耽恬養, 專廢吟哦, 意欲久玩飽賞而後, 稍稍發之, 造物作魔, 一病遽出, 恍失遊仙之夢, 亦無以持贈於左右, 是爲恨恨。數句掇[58]入

53　乙卯年(明宗10, 1555년, 55세) 윤11월 16일 禮安에서 쓴 편지이다. 初本에는 〈答黃仲擧【乙卯閏十六日】〉로 되어 있다.
54　山 : 初本의 부전지에 "{山}字可{疑}"라고 하였고, 추기에 "{山}指淸涼山"이라고 하였다.
55　裁謝 : 初本・文草・中本・定草本에는 "裁謝裁謝"로 되어 있다. 樊本・上本의 두주에 "一本兩'裁謝'"로 되어 있다.
56　心 : 初本・文草・中本・定草本에는 "深"으로 되어 있다.
57　系 : 두주에 "'系'當從人"이라 하였고, 甲本・樊本・上本에도 동일한 두주가 있다.

詩筒, 不足以塵雅鑑, 一笑爲幸。早晚一到道谷, 可謀面布。未間, 益珍冲尙。《謹拜謝復。》[59]

BNL0650(書-黃俊良-18)(樊卷25:10左)
答黃仲擧【丙辰】[60]

朝已伴呈拙句, 玆擎示韻, 諷味咀嚼, 頓覺開鬱。方與雲長對話, 未及和上[61], 爲愧耳。明若紆顧, 可續前講之餘。但家兄過歲於浮羅村, 今日當還, 明當往拜。似未從容於此, 明明則甚好。惟照。不宣。謹拜謝。[62]

SNL0651(書-黃俊良-19)(續卷4:4右)(樊續卷4:4右)
答黃仲擧【丙辰】[63]

自道谷傳示寄書, 獲審比日素履淸茂, 豈勝忻慰？ 老拙脹證,

---

58 捘 : 文草에는 "綴"로 되어 있다.
59 謹拜謝復 : 文草에는 뒤에 "乙卯閏十六日"이 있다. 上本에는 없다.
60 丙辰年(明宗11, 1556년, 56세) 1월 2일 禮安에서 쓴 편지이다. 初本에는 〈答黃仲擧【丙辰正月初二】〉로 되어 있다.
61 上 : 拾遺에는 "呈"으로 되어 있다.
62 謹拜謝 : 上本에는 없다.
63 丙辰年(明宗11, 1556년, 56세) 4월 禮安에서 쓴 편지로 추정된다. 中本·拾遺에는 〈答黃仲擧〉로 되어 있다.

發歇無定, 諸病相續, 春盡夏來, 都無好況。諸友, 自在憂服外, 或時有相遇, 輒見以前輩相處, 不肯開襟袍[64], 寥寥溪舍, 痴坐度日。

承知小白常作勝遊, 恨不得追蕙路而共淸歡也。奚囊所收想富, 未蒙分餉, 令人不能無憾。後便望無終吝。

紹修, 向非武陵翁, 誰肯犯笑怒創此一段偉事? 幸蒙朝家獎許, 後來當益思張大, 豈意無知之人, 過爲諸公信任, 便認作一己私物, 非惟典守無狀, 反與諸生爲仇敵, 誣搆[65]生事以至此耶? 此間深僻, 不聞外事, 風[66]傳大槪, 徒切慨歎。不知朝意終如何處此? 似聞其人被繫, 只出監司意, 憲文時未到云。然則處之當否, 未可知也。

《仲昷被誣不少, 勢似解免, 是足爲喜。[67] 《延平書》, 俟畢未晚。)[68] 《晦菴書》, 賴諸君分功作程, 非久當畢寫。隨寫隨[69]校, 因此不無得力處, 但苦乏精筋堪此大擔子耳。餘惟[70]爲時珍愛。不宣。《謹拜復。)[71]

---

64 袍 : 中本・拾遺・樊本・上本에는 "抱"로 되어 있다. 續草本의 추기에 "'袍'更考草本次"와 "初本'抱'"라고 하였다. 養校에는 "'袍'疑'抱'"라고 하였다.
65 搆 : 中本에는 "構"로 되어 있고, 定草本의 추기에 "'搆', 初本從木"이라고 하였다.
66 風 : 中本・拾遺에는 "凮"으로 되어 있다. 中本의 부전지에 "'凮'疑'風'字"라고 하였고, 拾遺의 부전지에 "{草}本付標云, '凮'疑'風'字。"라고 하였다.
67 喜 : 拾遺에는 "幸"으로 되어 있다.
68 仲昷……未晚 : 續草本에는 없고, 해당 내용이 추기되어 있다.
69 隨 : 中本에는 없고, 부전지에 "'校'上恐有脫字, 疑脫一'隨'字。"라고 하였다. 拾遺에는 없고, 부전지에 "草本, '校'上疑脫'隨'字。"라고 하였다.
70 惟 : 上本에는 없다.
71 謹拜復 : 續草本에는 없고, 해당 내용이 추기되어 있다. 上本에는 "謹復"으로 되

BNL0652(書-黃俊良-20)(樊卷25:10左)

與黃仲舉[72]

前因勢使，未遂再面，去後馳想，與日俱深。陳弊疏，畢竟如何處分？其於[73]目下施設，可能略就條緒否？道院淸晏，蝶床齋心，想日有新功，恨不得叩以資警也。

前蒙辱和陶山詩，兒子在家，奉受不能謹藏而失之，滉懊恨累日，幸於道谷有錄本，謄[74]來得見，感荷感荷。近日吟興，亦可便得聞否？

島潭主人，頗嗣音塵否？秋來能復來尋仙境耶？滉索居鈍滯，道谷諸丈游從日近，而陶山營葺，邈無端緖，頗以是爲撓爾。所欲言者如霧，病倦草草，都付文卿之行。惟冀當暑益珍。[75]

BNL0653(書-黃俊良-21)(樊卷25:11左)

答黃仲舉[76]

凝佇有日，坼書欣慰。承許枉顧，固當推柴戶以待。汾上之會，已與僉約，明當趨詣以奉款敍，惟照。[77]

어 있다.
72　丙辰年(明宗11, 1556년, 56세) 4~6월 禮安에서 쓴 편지로 추정된다.
73　於 : 初本의 부전지에 "'於'字恐是"라고 하였다.
74　謄 : 初本에는 "矒"으로 되어 있고, 부전지에 "'矒'恐是'謄'字"라고 하였다.
75　益珍 : 文草에는 뒤에 "滉頓"이 있다.
76　丁巳年(明宗12, 1557년, 57세) 4~6월 禮安에서 쓴 편지로 추정된다.

KNL0654(書-黃俊良-22)(癸卷19:6左)(樊卷25:11左)

答黃仲擧【丁巳】[78]

使至辱書, 伏審天獎血忱, 大獲恩恤。自此非但起敝[79], 可成樂土, 其爲一郡永世之賴, 爲如何哉? 爲公爲民, 兩深慰賀。[80] 龜潭主人, 想必負耒急投, 雖老病如滉者, 亦將躍躍然願耕其野矣。此間興緖, 正如來喩。所幸, 兩川諸君, 近皆釋服, 庶有從遊之樂耳。

京奇可駭, 但未知西原爲何人? 金當指重遠否? 窮山不聞外事如此, 可笑。山郡不專爲道院, 正緣催科一事, 今已免此, 公與闔境, 但勤服黃精, 何患不仙? 如僕雖不服黃精, 俟君上昇, 但急捉君袂, 與之同昇, 想不見却也。呵呵。《謹復以賀。》[81]

《崔公之意, 甚好。奈未精校何? 幸爲我謝之。》

---

77 惟照 : 文草에는 뒤에 "溪老頓"이 있다.
78 丁巳年(明宗12, 1557년, 57세) 8월 禮安에서 쓴 편지로 추정된다. 定草本에는 〈答黃仲擧〉로 되어 있다.
79 敝 : 庚本·擬本·甲本에는 "廢"로 되어 있고, 上本에는 "弊"로 되어 있다. 定草本의 교정기에 "廢"로 되어 있다.
80 慰賀 : 中本·定草本에는 "慰賀慰賀"로 되어 있다. 樊本의 두주에 "一本兩'慰賀'"라고 하였다.
81 謹復以賀 : 上本에는 없다.

SNL0655(書-黃俊良-23)(續卷4:4左)(樊續卷4:5右)

答黃仲擧[82]

慘慄秋懷, 兩地同之。前書未復, 再奉嗣音, 深荷顧存。第審肘柳變癰, 至用鍼艾, 狃小成大, 凡事皆然。悚惕之餘, 喜今差痊。

　道院尙資撫摩, 計非久蹈嶺矣。丹崖碧澗, 楓菊秋絢, 想發詩采, 因風勿斳, 慰此岑寂也。

　昨往汾川禫餕, 令人不勝悲慨, 而五龍草土之餘, 神觀無損於平昔, 亦罕見奇事。但不得皆留, 相次散去, 又難爲懷耳。

　索見《晦菴書》字行式樣, 同封寄呈。此乃鄭及第 子中所寫, 自以不滿意堅辭不用者也。大抵活字例皆字疏, 今欲字行皆依此, 則冊太大, 減之則卷增多, 恐皆有礙。俟見印送, 更料理也。見叔意向, 雖甚佳[83]且切, 但功費至煩, 未保能了得此事, 如何如何？ 印樣若稍可, 則當全秩[84]奉寄, 庶僉君親見, 而量事功決可否也。大成晦前欲往, 今姑草報。不宣。《謹拜復。》[85]

---

82 丁巳年(明宗12, 1557년, 57세) 8월 9일 禮安에서 쓴 편지이다. 初本에는 〈答黃仲擧【丁巳仲秋九日】〉로 되어 있고, 樊本·上本에는 〈答黃仲擧【丁巳】〉로 되어 있다.
83 佳 : 初本·中本·樊本·上本에는 "嘉"로 되어 있다.
84 秩 : 初本·中本·拾遺·樊本·上本에는 "帙"로 되어 있다. 續草本의 추기에 "初本 '帙'"로 되어 있다.
85 謹拜復 : 續草本에는 없고, 해당 내용이 추기되어 있다.

SNL0656(書-黃俊良-24)(續卷4:5左)(樊續卷4:6右)
與黃仲擧[86]

秋深露冷，吏隱爲況，想增佳適。碧梧、白鶴，今作仙遊，丹丘黃守，興趣如何？龜潭主人來否？三潭、二巖之勝，皆吾陳跡，所深馳羨。潭主新隱東洞新瀑，他年辦得青鞋會，還此一債耳。

　《晦菴書》一二冊，今欲附上，但前日許示印樣尙未來，姑停以俟之。然反[87]復思忖，見叔有力而多事，道院有志而無力，皆難擔當得許大工夫也。《所祈，蝶夢寒床，愼勿破戒，以觸岳嗔，幸幸。呵呵。》[88]

KNL0657(書-黃俊良-25)(癸卷19:7右)(樊卷25:13右)
答黃仲擧[89]

伻至，奉承詩札，兼餉山芥，俱以感戢，且覺淸氣逼人也。緣被挑興，爲泚塵穎，寫呈別紙，希發一笑。

　朴書，荷留意，此人似微有兩徇之意，是渠病處，然亦自難得耳。其所歸是湖南舊寓否？後須示及。印書，不爲則已，爲

86　丁巳年(明宗12, 1557년, 57세) 8월 21일 禮安에서 쓴 편지이다. 初本에는 〈與黃仲擧【丁巳八月二十一日】〉로 되어 있다.
87　反 : 拾遺에는 없다.
88　所祈……呵呵 : 續草本에는 없고, 해당 내용이 추기되어 있다.
89　丁巳年(明宗12, 1557년, 57세) 10월 17일 禮安에서 쓴 편지이다. 初本에는 〈答黃仲擧【丁巳陽月十七日】〉로 되어 있다.

則須得精字如所示可也。但要辦此一事, 已不入時宜, 可知崔君亦不是占便宜底人。呵呵。餘惟凝清齋閣, 味道增謐。不宣。《謹拜謝復。》[90]

有小伸布, 朝廷別擇人除貢賦, 舉振古所無之典, 欲蘇弊邑。愚意左右所以奉行之者當如何? 竊揆所聞, 寓公過客、遊人、學子, 恐未免有煩費之理, 不知何以處之? 雖云妙斲無傷, 有所過慮, 不敢不豫獻愚耳。[91]

KNL0658(書-黃俊良-26)(癸卷19:7左)(樊卷25:13左)

答黃仲擧[92]

節次接得前月念六書、今月初吉書, 兼示盛什, 聯珠疊璧, 滿把溢目, 所以慰沃渴心者深矣。

曾歷湖西、西夏錦江, 而不及於扶蘇, 東登駕鶴, 而冷泉、俗離亦未探勝。今睹摹寫之工, 令人遠興慨想, 不知公何修而到處作勝遊也。又況携放成而訪隱成, 所得當更不淺耶? 放成心事, 誠不可曉, 隱成昔於試場中, 望見其標, 迥脫凡俗之表。如今久處林下, 必養得尤超異, 恨不得造見之也。

---

90 謹拜謝復 : 文草에는 뒤에 "陽月泥頓"이 있다. 上本에는 없다.
91 有小伸布……預獻愚耳 : 文草에는 없다.
92 丁巳年(明宗12, 1557년, 57세) 11월 5일 禮安에서 쓴 편지이다. 初本에는 〈答黃仲擧【丁巳至月初五日。'昨見四印'書, 疑在此下。】〉로 되어 있다.

催租聲嗟, 勢固不得以盡無, 亦恐不可使秋霜勝春澤耳。印來字樣, 果未精工。今做一大段稀有事, 勞費不貲, 而字本未善如此, 豈不可惜? 所謂乙亥字者, 若能來如期, 則如示甚善。但天使春來, 則此輩等人, 率不能閑放, 寧得皆如其計耶? 恐終歸於虛爾。就中朴重甫素有活字頗精密, 若未得於彼, 則未可以求於此耶?

來詩欲就和一二, 會因客到, 病思亦躓, 未遂爲愧。有詠懷一律, 謾寫別幅, 笑覽何如? 餘惟善衛高寒, 益茂淸福。不宣。《謹報。》[93]

SNL0659(書-黃俊良-27)(續卷4:6右)(樊續卷4:6左)

與黃仲擧[94]

昨見四印, 備聞動靜之適, 又見齎示麗什, 金賡玉酬, 怳若身入丹丘, 爛柯於赤城之傍, 幸幸甚甚。被四印挑興不已, 和得二絶, 幷次碧梧所示數篇, 別幅寫呈, 希發一笑。

向來朴學官卜地事, 竟作如何出場? 其意甚好, 其來已晚, 恐難如計。希正今在何處? 向聞絶無庄舍, 想無所於歸, 殊可念。一書只敍寒暄, 卽有往來人, 可傳否耶? 活字、印紙未來乎? 歲晏窮閭, 情況悄然, 何時披對? 向風遡懷。不具。《謹白。》[95]

---

93 謹報 : 上本에는 없다.
94 丁巳年(明宗12, 1557년, 57세) 11~12월 禮安에서 쓴 편지로 추정된다. 初本에는 〈與黃仲擧【疑在丁巳至月初五日書下。】〉로 되어 있다.

KNL0660(書-黃俊良-28)(癸卷19:8左)(樊卷25:14左)

答黃仲擧[96]

碧梧之還, 得奉惠答, 諭意諄悉, 且警且慰。龍巖纂書, 未免有病痛, 正如盛諭。程、朱論學, 固以居敬、窮理爲第一義。龍巖就許多名言中, 拈出此四字爲入道之門, 亦不易。但其裒輯不廣, 格言多漏, 就其所收, 亦多刊落, 要語或有闕誤。想其於學, 本不曾緊密用工, 纔見得聖賢之言可喜處, 便以爲吾已知之, 無復精思力踐深造自得之實。故自處遽高, 而不自知其用心苟簡, 至於如此。來諭因彼做未到, 自懼其未易做, 眞警切之言也。然吾輩能因是自勉則可, 或反萌自怠之心, 則其病根尤難拔去, 更可懼耳。

　　餘三編, 不復一一跋語。龍巖云:"文之所作。"其師卽朴松堂也。龍巖本要題跋, 然滉意旣覺有未安處, 固當相曉, 令其修改後看如何？但病眸昏翳, 不能究覽。公須細較, 貼標見還, 是亦朋友之義也。大抵書雖未盡善, 終是今世所罕, 甚可尙也。

　　希正無所歸, 欲來耕雲, 勢所不免, 如公所處, 似亦爲宜。但不知其能有忠僕, 不待主來而墾荒力穡, 令土有所資耶？又或彼慮其難而不來, 則公終有徇時負友之愧, 於此極須審處。觀古人立脚不轉, 正在此等處, 皆其力量所勝如何, 非他人所能與也。

---

95 謹白 : 文草에는 뒤에 "溪老"가 있다.
96 丁巳年(明宗12, 1557년, 57세) 12월 16일 禮安에서 쓴 편지이다. 初本에는 〈答黃仲擧【丁巳十二月十六日】〉로 되어 있다.

而盛不能不爲外累所牽[97]而不來耶？然則丹丘竟無臥雲人耶？未涯款會，臨風依然。《謹拜復。》[98]

KNL0661(書-黃俊良-29)(癸卷19:10右)(樊卷25:16右)
答黃仲擧【戊午】[99]

《前數月間，連得書問，殊慰思渴。不欲過境便人干歷於鈴下，久稽修報，茲復。》[100] 伻來奉簡，承遠駕初旋，氣韻沖適，三春悵戀，頓爾開豁，深幸深幸。溪莊春事，抵晚多睽，不風卽寒。巖臺澗阿，占景雖新，並未成形，其於養疾逐興，未甚[101]穩快。
　　今過百五，山花始拆，東君伎倆，自此可逞，想不至失此樂事。但頻見碧梧，謂"當花時皂蓋必來"，佇俟忡忡。今得示喩，知心期莫遂，悵惘不可爲喩。
　　書中所謂北虞，指何事耶？ 南方將肆海氛之惡，此憂不尠[102]，不知國家將何以辦得？漆室之嘆，窮巷尙不堪，況有民社者耶？宜乎不得越局而來汾上也。
　　成健叔淸隱之致，令人起敬，可惜時人不甚知其高耳。然知

---

97 牽 ： 上本에는 "牢"로 되어 있다.
98 謹拜復 ： 文草에는 뒤에 "滉頓"이 있다. 上本에는 없다.
99 戊午年(明宗13, 1558년, 58세) 3월 4일 禮安에서 쓴 편지이다. 初本에는 〈答黃仲擧【踏靑後日】〉로 되어 있고 拾遺에는 〈答黃仲擧〉로 되어 있다.
100 前數月……茲復 ： 拾遺에는 없다.
101 甚 ： 拾遺에는 "堪"으로 되어 있다.
102 尠 ： 初本에는 "勘"으로 되어 있고 부전지에 "'勘'恐是'尠'字"라고 하였다.

不知何關於隱者事? 惟公屢過其門, 所得想多也。其所論曺楗
仲之爲人, 亦正中其實矣。其於義理未透, 此等人多是老、莊
爲祟, 用工於吾學, 例不深邃, 何怪其未透耶? 要當取所長耳。

朴龍巖編書, 前書所論皆然。但滉不敢加手於其間, 而有
所去取, 非徒識不及, 亦苦衰憊無餘力故爾。至於《擊蒙》、《衛
生》等編, 貼寫所疑, 又歷論其病處疑處爲一書, 寄還其人, 欲
其自加修改, 庶得盡善無慊而可傳云云。但歷觀古今, 如此等
人, 率多自信太過, 不肯聽用人言, 未知此老於愚言, 終如何
也?《朱書》, 極荷留意。此書已經五六次校過, 每校每得有誤。
然今可謂畢校, 若印工定來, 猶當依戒送上, 今姑[103]未也。《理
學編》, 謹已承領。《今獻》等三書, 聞名渴見, 俟來惠寄, 以破
昏瞀, 幸幸。

而盛書見示, 如見其人, 慰荷慰荷。但恐亦爲俗冗所縛,
終不復作龜潭主耳。然朴希正若來, 仙境殊不落莫, 足慰人意。
前書滯傳之意, 具悉。烏有先生今作有大人先生, 頎[104]然肯顧
於梅塢寂寥之中, 閑伴娛趣殊不淺。皆是敦遣之力, 感感。餘
惟進德珍茂。不宣。《謹拜謝復。》[105]

---

103 姑 : 拾遺에는 없다.
104 頎 : 定草本에는 "欣"으로 되어 있고, 교정기에 "頎"으로 되어 있다.
105 謹拜謝復 : 文草에는 "謹拜謝復, 踏靑後日, 滉."으로 되어 있다. 拾遺·上本에는
없다.

KNL0662(書-黃俊良-30)(癸卷19:11左)(樊卷25:17左)

答黃仲擧[106]

汾川傳書, 承諭誨諄切, 感荷至意。《晦菴書》旣不免節取之僭, 又間有註解, 此尤妄作之罪。本欲求敎於瑕纇, 今何溢爲獎許而欠於攻砭耶？引釋之缺, 誠如所喩, 甚多疎漏。但窮山無史籍, 又精力短少, 不能大段用心, 深覺未滿人意。中間有數處謬誤, 賴鄭子中指出得改, 爲幸不可勝言。玆亦有望於明眼, 更加[107]訂駁, 苟有缺誤, 得以隨手添補修正, 勿視此爲定本而憚改也。古人於書, 雖旣印, 猶不住修改, 況未印乎？

知四同人過逢之樂, 甚羨想也。時甫吾與之分深, 洪亦曾因其兄知其爲佳士, 但不得款密耳。每欲因時甫相問, 未知其字爲何。示及爲幸。見叔有所師, 固應異於恒人也, 可尙可尙。

希正見排淸議, 未知爲何事耶？若果有之, 諸公之歸責, 正所甘也。然懵陋彼時得見《延平書》, 正賴此數人之力, 因其人與其書, 有所感發策厲者不少。只爲此人得時方盛, 不與之憧憧往來。其於跋文, 則記其實, 不得不稱道耳, 況彼時斯人主淸議而無顯過耶？

和受、龜菴、若成,[108] 早晚約時甫, 一作仙遊, 未知能及叱

---

106 戊午年(明宗13, 1558년, 58세) 4월 14일 禮安에서 쓴 편지이다. 初本에는 〈答黃仲擧【戊午孟夏望前一日。〈與黃仲擧紙尾〉, 當在此下。】〉로 되어 있다.
107 加 : 樊本・上本에는 "可"로 되어 있다.
108 和受……若成 : 中本의 부전지에 "'和受、龜菴、若成', 更考。"라고 하였고, 추기에 "手本亦同"라고 하였다.

石翁在洞天時耶?《餘略別紙。謹拜復。》[109]

KNL0662A(書-黃俊良-30-1)(癸卷19:12左)(樊卷25:18左)
別紙[110]

此書[111]大要, 專主於學問, 故雖闊言大論, 辯如懸河, 非尙其文也; 微詞奧義, 寂寥短章, 非隱其敎也。蓋其句句節節, 莫非師友授受淵源宗旨, 亦莫非相與切磋琢磨責勵警勉之言, 故其作人爲學之功, 非他書比也。惟學者先須收斂身心, 以冷淡家計作辛苦工夫, 於此, 鑽硏咀嚼, 久久不輟, 方始眞知其味之可悅[112], 而得其力也。

109 餘略……謹拜復 : 上本에는 없다.
110 〔資料考〕初本 15책에는 이 편지에 연이어 만년에 개작한 〈別紙〉 改本이 실려 있다. 이것을 初本(15책)이라 부르기로 한다. 마찬가지로 中本 권13에도 이 편지에 연이어 만년에 개작한 〈別紙〉 改本이 실려 있다. 이것을 中本(권13)이라 부르기로 한다. 初本(15책)의 추기에 "晩年改本"라고 하였고, 中本(권13)의 부전지에 "此元集無"와 "當書"라고 하였고 추기에 "此削之, 依例入書於上別紙。"와 "重見上"라고 하였다. 中本(권13)에 기록되어 있는 부전지 및 추기는 이 중첩 서간인 〈別紙〉가 본래 元集에 없었는데 뒷날에 실림으로써 위에 실린 〈別紙〉와 중첩되었다는 사실을 지적하고 있으며, 부전지와 추기는 기존의 예에 따라 이 중첩된 〈別紙〉를 없애고 이 〈別紙〉의 내용을 위에 있는 〈別紙〉에 반영해야 한다는 주장과 중첩된 〈別紙〉를 그대로 남겨두어야 한다는 편집상의 견해를 각각 밝힌 것이다. 初本에는 〈與黃仲擧紙尾【時仲擧謀印節要書。○疑在戊午年間, 晩年改本。見《自省錄》】〉으로 되어 있고, 中本에는 〈別紙【見《自省錄》】〉으로 되어 있다.
111 此書 : 初本(15책)에는 앞에 "云云"이 있고, 별행의 추기에 "別紙【晩年改本】"라고 하였다. 中本(권13)에도 앞에 "云云"이 있다.
112 於此……可悅 : 初本·中本에는 "久久覺得理義之悅心, 眞如芻豢之悅口, 方始眞

不然, 旣非擧子決科之利, 又無學士斯窓之需。且今人爲[113]學, 不困於訓詁誦說, 則必眩於文詞繪繡, 其能俯首抑心[114]於此, 滌腸胃之葷血, 味衆人之所不味者, 寧有幾人? 然則雖使印出, 其如人不肯讀何? 雖然, 揚子雲猶知俟後世之子雲, 凡君子述古垂世, 但務明吾道, 以俟知者知肯者肯耳, 不當徇[115]世俗之[116]好惡而爲取捨也。若[117]逐時好求人悅, 以幸其書[118]之行世, 不幾於侮聖言而辱吾道乎?

《近觀湖南新印行奇上舍 大升所選《朱子書》, 其主意專在於先生之文章, 雜取諸文, 共爲四卷。此則頗中時好, 人當樂觀也, 亦如金思齋所選《性理大全》書, 今之擧子鮮有不讀者, 但其意不過以是爲剽掠潛竊之資耳, 是可傷也。奇選泛而無法, 使人無入頭處, 無下手處, 人雖讀之, 其效亦何以異於彼? 恐難以此等規模有望於益人進修也。》[119]

能有味於此書。"으로 되어 있고, 樊本·上本에는 "【《錄》有'於此鑽硏咀嚼'六字】, 久久覺得【《錄》作'不輟'】理義之悅心, 眞如芻豢之悅口【上十二字《錄》無】, 方始眞能有【《錄》作'知其'】味於此書【《錄》作之'可悅'】"로 되어 있다. 이하 樊本과 上本 상의 《自省錄》 관련 교감 기록은 전례에 따라 일괄 삭제한다.

113 爲 : 初本·中本·樊本·上本에는 "之"로 되어 있다.
114 俯首抑心 : 初本·中本·樊本·上本에는 "抑心俯首"로 되어 있다.
115 徇 : 初本·中本·樊本·上本에는 "問"으로 되어 있다.
116 之 : 初本·中本·樊本·上本에는 없다.
117 若 : 初本·中本·樊本·上本에는 뒤에 "欲"이 있다.
118 書 : 定草本·庚本·擬本·甲本에는 "事"로 되어 있다. 定草本의 교정기에 "書"로 되어 있고, 甲本의 두주에 "'事', 一本作'書'"로 되어 있다.
119 近觀……修也 : 初本(15책)·中本(권13)에는 없다.

答黃仲擧[120]

近久未聞問, 馳想日增, 甚覺停雲之詠有無窮意味, 忽辱珍翰, 所以紓糾起懶者至矣。仍審霾熱, 起處爽適, 又深欣濯。前月中家有冗患, 旋已無事, 但身憊尤倍[121], 小小看書, 亦漸當全廢, 不是少撓, 而積潦害稼, 田里嗷嗷, 令人意思殊不佳也。

四子議論氣槪如此, 雖間有過中墮虛之病, 要不是俗流鄕原之比, 眞可賞也。其間得失, 似不能無之, 徐更商量。鄭子中想已還家, 時未通問, 凡事未知何如。然字之得否, 政所不及, 蓋印出非急故也。

所喩《朱書註解》, 示意甚當。滉本抄此書, 意不及於印行, 故其所註解, 亦初不謂爲註解, 只有考有得, 隨手箚錄以備忘耳。固未周悉, 不足以示人。但其誤字、疑字處, 恐不可無註, 且出處時事卷內先生去就先後, 則皆依年譜而註入, 似無差誤。又恐非此, 不知其書中意指曲折, 去之無乃欠乎? 大抵此等事, 須反復參詳, 庶免罪過。雖和受得字而來, 切勿遽下手, 更以盛意量其去取之宜, 貼標示及, 容其改定也, 至幸至幸。

郡學本地, 臨水甚佳, 而歲被水患, 移構之責, 正在前守而

---

120 戊午年(明宗13, 1558년, 58세) 6월 8일 禮安에서 쓴 편지이다. 初本에는 〈答黃仲擧【戊午六月初八日。當在孟夏望前一日書下。】〉로 되어 있다.

121 尤倍 : 初本·中本·定草本·庚本·擬本·甲本에는 "倍尤"로 되어 있다. 初本의 부전지에 "'倍尤'二字疑當乙"이라 하였고, 추기에 "本文如此"라고 하였다. 中本·定草本의 추기에 "'倍尤'當乙"이라 하였고, 甲本의 두주에 "'倍尤', 一本乙"이라 하였다. 鄭校에는 "'尤'字可疑【鄭】"이라고 하였다.

不果, 心常愧恨。今欲移之, 爲一郡深賀深賀。未知所卜定在何所, 然無水似未盡善, 此則在所審決也。希正答書, 經年乃得, 甚慰甚慰。雖其所失不可謂無, 要是此邊人, 吾常向之, 每以暴得時用, 慮其不善養, 今此去國, 實其幸也。

　　書中"俟秋欲來"云, 未知果如何結末也。《白鹿規解》, 滉所深疑者多矣, 來目徐當詳報。汾川送書, 卽索報, 未暇細思, 俱俟後便。《謹拜復。》[122]

BNL0664(書-黃俊良-32)(樊卷25:21右)

答黃仲擧[123]

不意承惠書, 開慰則有之, 不知於何得此不好之聲? 示報又不以詳直, 使人惶駭欲倒耶? 今年來自以爲已無此憂, 身甫帖[124]席, 其機尙未轉移, 而寧復有此等事? 無乃只公事, 而容有誤聞耶? 不然, 彈駁隨作, 安保厥後之如何耶? 前書閑中反復, 有不可無再詳處, 故隨意妄發, 寫在別幅, 不敢有隱於左右故也。切勿以示人, 此時尤不可耳。

　　《規解》來冊及所藏冊, 幷欲送之, 雨作未果, 當俟後便。

122 謹拜復 : 上本에는 없다.
123 戊午年(明宗13, 1558년, 58세) 6월 21일 禮安에서 쓴 편지이다. 初本에는 〈答黃仲擧【戊午六月卄一日。六月初八日書, 當在此上。】〉으로 되어 있다. 文草에는 〈答黃仲擧書 丹山衙吏〉로 되어 있다.
124 帖 : 文草에는 "貼"으로 되어 있다.

餘惟靜愼光膺寵命。如此老謬，決無他意。不宣。謹復。[125]

KNL0665(書-黃俊良-33)(癸卷19：14左)(樊卷25：22右)
答黃仲擧[126]

向也獲奉問字，兼示《孤樹書》十帙與所答前論《鹿洞規解》，佩幸未易言悉。顧緣比日爻象難卜，疾病侵凌，意緒頗不佳，修復不時。玆復惠以長牋，縷縷諄切，前後誨益，感愧稠疊。

《孤樹書》儘雜駁，然賴以見國朝規模大致，深荷垂示以破蒙蔀也。《規解》之論，盛意槪得之，尙有更商量處。《晦菴書》三四以下，亦當裹袱奉納，數日來，偶苦河魚，不出東舍，兒輩又皆不在，無人搜檢冊子，亦未得條釋來喩以報，姑俟後便，良愧不敏也。

至於兩擬之事，自是銓曹不審而然耳。風傳已有物議云，此理之當然，何足怪乎？來喩亦未知此意，故云云，非徒來喩爲然，滉亦聞之太晩。只以受職之後，則處之極難，故甚不得已，上章自劾，度今明當徹宸[127]嚴，而咋間始聞有議云，若早聞此，安用自劾爲哉？待臺章數月闃然，故作此事，想因此買人拍笑一場也。然今亦無如之何，屛息待天而已。此間事，難

---

125 謹復 : 文草에는 뒤에 "戊午六月二十一日"이 있다.
126 戊午年(明宗13, 1558년, 58세) 윤7월 23일 禮安에서 쓴 편지이다. 初本에는 〈答黃仲擧【戊午閏七月卄三日】〉로 되어 있다.
127 宸 : 初本에는 "震"으로 되어 있고 교정기에 "宸"으로 되어 있다.

以筆氊, 而去就則無患, 或更有他虞耳.

　　仙郡果不利霾歲, 宜勞覆煦之念. 校學已卜遷, 甚善甚善. 此固不可以歉故而輟也. 禹祭酒正合鄉賢之祠. 吾禮每欲圖之, 而無便未遂, 盍先於仙郡以爲他日吾禮之效之也? 但不奠蕉荔, 則無以爲祠, 適祠在校傍, 因釋奠而略爲奠禮, 似亦可行於久遠也. 如何如何? 因傳殊草草, 何時一笑以敍鬱戀? 似聞九秋來見碧梧, 然否? 謹拜.[128]

《而盛能不忘作仙, 可取.》[129]

BNL0666(書-黃俊良-34)(樊卷25:23右)

與黃仲擧[130]

潦盡秋淸, 氣調想益勝茂. 滉粗保, 自劾勢所不免, 但遣人久而未還, 應是留中未下, 未得發落而然. 未測終如何, 方深惕懼而已.

　　前稽《規解》之報, 今略略云[131], 於意云何? 而盛已來否? 島潭, 龜潭, 竟卜何勝? 希正亦來止何決? 聞菊節當來汾上, 其不見尼於試事, 能成志否? 秋水十分淸澈, 彼此同之, 病者

---

128 謹拜 : 文草에는 "戊午閏七月, 滉"으로 되어 있다.
129 而盛……可取 : 文草·上本에는 없다.
130 戊午年(明宗13, 1558년, 58세) 8월 초순 禮安에서 쓴 편지로 추정된다.
131 前稽……略略云 : 初本의 부전지에 "■■疑有缺."라고 하였다.

不能往, 君可不來無泛?

SNL0667(書-黃俊良-35)(續卷4:6左)(樊續卷4:7右)
答黃仲擧[132]

《續續書來, 感荷存顧[133]之勤, 而裁報不時, 甚愧不敏也。卽日秋淸, 關峽襟韻超然, 不勝遐想。昨者遣京人回, 伏審朝報中傳敎之意, 滉所自劾, 似深[134]忤旨, 不知終如何。政院云"當有下書", 而時未承受, 但自惶戰而已。當初啓意, 不審馴至於此, 中間自劾, 雖勢有所不得已, 亦失機會。所以尤見紕繆, 想物議隨騰, 自有所處, 今姑不能預料耳。

境內失稔, 字撫之憂不少, 加以刷括驚散離鴻之集, 未免軫撓高懷, 可歎。御史昨過此縣, 檢田多錯, 官中亦有所現云。時未詳聞, 而恐不能無事, 公私之擾, 又可旣耶?》

黌舍旣移, 可謂一境之慶。禹先生祠事, 前書略報, 未達耶? 三間備制固好, 然亦當視力所至。所喩"校傍小構, 安其位牌, 春秋釋奠日, 略供香火之奠", 旣是舊居, 可圖經遠, 豈非適宜? 惟量處。《餘具前幅, 草此。謹復。》[135]

---

132 戊午年(明宗13, 1558년, 58세) 8월 15일 禮安에서 쓴 편지로 추정된다. 初本·文草에는 〈答黃仲擧【秋夕】〉으로 되어 있다.
133 存顧 : 樊本·上本에는 "顧存"으로 되어 있다.
134 深 : 拾遺에는 "甚"으로 되어 있다.
135 餘具……謹復 : 文草에는 뒤에 "秋夕, 滉白"이 있다. 拾遺에는 없다.

KNL0668(書-黃俊良-36)(癸卷19:16右)(樊卷25:24左)

答黃仲擧[136]

近書已修報, 送于汾上, 想今可徹座隅。忽復奉問, 審悉見諭之意, 開釋爲深。數日前, 伏承有旨, 深峻莫測, 爲臣子而得此於君父, 將何以自處? 求死無路, 徒積震慄。人皆煎迫云"不可不往", 雖滉意亦然, 但入城後難處者非一二。又非新有除命, 又非召來之旨, 如此而進, 更似有別觸駭機之疑, 姑此少遲, 冀聞時義[137]所嚮而處之。 前日使滉得早聞祭酒、副提皆免之由, 自劾章, 決不上矣。今之狼狽, 正是自作, 愁中時自哂也。噬臍何及? 若不得已, 竟作一行, 或往或來, 當得一款, 斯爲幸耳。

汾舟之約, 似未諧淸秋, 信造物多戲劇耶? 禹先正祠事, 前書粗布, 未知中否?《星山廟院事, 近兒子寯因往宜寧, 見盧牧亦已言及其意, 似叩可否云。聞來, 鄙料正如來諭。然建廟立院, 自是可欲之事, 不欲沮之以少欠事, 如何如何?

《孤樹》一書, 極荷投示, 皇明一代, 大略粗見於此。已抄存其要, 今以回納, 惟視至。《晦翁書》, 聞子中處有故, 權相家《朱書》善本, 近送抄本, 托子中有所校勘, 未還, 故未上。幷照。》秋香欲發, 主人心事如許, 良自負愧。《不宣。謹復。》[138]

---

136 戊午年(明宗13, 1558년, 58세) 8월 18일 禮安에서 쓴 편지이다. 初本에는 〈答黃仲擧【戊午中秋後三日】〉로 되어 있다.

137 義 : 두주에 "'義', 恐'議'之誤"라고 하였고, 甲本·樊本에도 동일한 두주가 있다. 上本의 두주에 "'義'恐'議'"라고 하였다.

138 不宜謹復 : 上本에는 없다.

KNL0669(書-黃俊良-37)(癸卷19:16左)(樊卷25:25左)
與黃仲擧[139]

昏朝兩晤, 怳覺一夢。龜潭棣隱, 棹舟出接, 對酌餉尊, 霞想飄飄, 老作入塵之行, 未必非大幸也。但隱處無耕地, 隱君不能無眉案之戀, 恐鍾山之靈, 終有馳烟之移也。然拙蹤今日正作周顗, 先貞後黷, 何暇問他? 願公早勸其善爲謀也。若不能擧家爲湌松絶粒, 不如買地近郡, 爲小築置家於彼, 而身往來偃息於此, 猶足爲龜潭主而少償素志之超遠也。如何如何?《垂濟路窘, 送至舟次, 感荷感荷。謹白。》[140]

KNL0670(書-黃俊良-38)(癸卷19:17右)(樊卷25:26右)
答黃仲擧[141]

僕冒寒遠涉, 艱關入城, 僶臥西城舊寓, 恰一月矣。頃甞因烏川兩金之行, 附呈一紙, 懸懸之思, 未知達否? 忽墮珍封, 披讀如面, 慰滿企抱, 深荷深荷。

　　虞庠之事, 願公勿道。枉已, 其能直人乎? 僕之維谷如此, 何士習之敢論? 況心熱頓劇, 已爲呈退計矣。漫刺之勸, 果似

---
139 戊午年(明宗13, 1558년, 58세) 9월 26일 忠州에서 쓴 편지이다. 初本에는 〈與黃仲擧【戊九卄六】〉으로 되어 있다.
140 垂濟……謹白 : 上本에는 없다.
141 戊午年(明宗13, 1558년, 58세) 11월 1일 서울에서 쓴 편지이다. 初本에는 〈答黃仲擧【戊午至月朔朝】〉로 되어 있다.

出於愛過之憂，但非徒身病，馬病欲死，尙未如戒。默而思之，此等不入時宜者非一二，可慮可虞，亦復任之而已。汾陽之會，恨未得同賞晤於其間也。舊溪花竹，思之，只增愧色耳。

《晦菴書》，旅病幷廢，此等工程，得爲道院之玩，深幸深幸。校記亦非病思所堪，姑未敢應命，愧愧。台鼎替代，想聞之矣。今擧多得人，有奇大升者，學問人物，過於前所聞，聖朝得此儒用，實斯文大慶也。書來，不及龜潭消息，何耶？《謹復。[142]【惠芥芳烈。拜感。】》

松岡趙公之訃，已聞否？九月晦，以監會試試官入漢城，感病，乃陰證裏熱也。中間彌留，誤以爲退熱，失於治療，十月卄四，奄忽而逝。逝後家闕百用，非公私賻物，無以爲喪。淸德如此宰相，豈易得乎？哀哉痛哉。

KNL0671(書-黃俊良-39)(癸卷19:18右)(樊卷25:27右)

答黃仲擧[143]

辱惠書，喜承素履淸茂。想味詞旨，有以知時月之間，殊有獨詣自欣之趣，幸幸甚甚。

滉此行，迫於事勢，自是七顚八倒。假使不病，已無足云，況病至於十分耶？月初因冒寒强仕，病峻發，殆難自救，僅而

---

142 謹復：上本에는 없다.
143 戊午年(明宗13, 1558년, 58세) 11월 30일(그믐) 서울에서 쓴 편지이다. 初本에는 〈答黃仲擧【戊午一之日晦】〉로 되어 있다.

免死。顧以皐比函丈，非我養病之地，不得已三辭，蒙恩置散[144]有日矣。人生脆薄，自見松岡事。旅枕病懷，日覺無聊，歸計何可禦也？只緣苦寒，未敢勇於決行耳。

來喩責以獻替，規以和光，意甚盛也，言甚厚也。但念以此病當此會，雖古人，未必能明目張膽而有爲。如滉之愚，學未成而病已劇，今之來，惶恐奔走之餘，環視其中，枵然無物，只有隨身兩膝在耳。如是欲效所責，不亦左乎？惟所規二字，甚可畏也。然據鄙見，身爲極陋至迂之人，邂逅虛名，際此失當之地，惟低一頭退一步，勿太近前，是爲正當道理。因可謀爲斂跡林藪以遂補過之願，乃所以免所規二字之罪。不然，誠恐徒失其故步而卒墮於二字之坑塹，無疑矣。

龜翁兄弟凍臥於冰崖雪壑之中而有以自樂，不意今世有此人也。第其計太闊脫，每憂其無以繼之而不終其隱事也。道院事，力難及於山家，固然也。僕來時若見崔見叔，欲勸其波及山人，適值其病，未果也。至今以爲恨缺。

伯勳慈祥不擾，眞蘇敝良吏也，遽以憂去。新除，僕亦有望於李，乃得許人，郡人眞不幸，書院重不幸也。奈何奈何？承親闈有少愆候，雖隔一嶺，妨於日侍之恨，果如所喩也。

《朱先生書》，得留意，甚善。蓋此書亦非無雄辯巨論使人鼓舞處，只緣其文平實紆餘，其用如布帛，其聲如廟瑟，其味如大羹，無侈麗震耀之辭以眩人喝人，故人皆不喜讀。雖如趙士敬之篤實、金惇敍之好尙，並不曾過目。惟李大用知愛之

---

144 置散：上本에는 "散置"로 되어 있다.

至, 寫得一過, 然猶其後遂不復看, 似不得其味也。竊瞯仲擧明快爽敏之資, 所欠, 沈潛淵慤意思耳。今乃能遜志抑首, 玩心於絶絃之瑤琴, 味衆人之所不味, 其過人遠矣, 而其所得詎有涯耶？昔孫公傅從馬公伸, 求見《程先生書》, 馬公與之書, 而知孫之將不苟於去就。未幾, 孫公以義去職, 而卒爲名臣。今人何獨不及於古人哉？ 壁立萬仞而不沒於頹波之中, 其不得於此書乎哉？

　　陶山明春欲構小舍, 以爲暮境歌詠先王之道之所, 已約隣僧, 而一行妨事, 欲付兒子, 稟議梧翁而爲之, 已送圖子矣。不意兒子又復齋郞, 其勢又不得不來, 信事之多魔也。然僕之泝問仙源, 若及雪漲, 猶可及彼之營, 如至桃花浪則已緩矣。此心耿耿, 何日面輸？ 未間珍重。

KNL0672(書-黃俊良-40)(癸卷19:20左)(樊卷25:29左)

與黃仲擧【己未】[145]

龜潭翁來京相見, 益聞與鳧鳥游陟巖洞之美, 令人更厭東華軟紅香土。馳羨之餘, 所以慰釋病懐者, 可勝道哉？脹證未已, 今轉爲浮氣, 或見於面顔肢體, 似不是小患。若遲遲其歸, 恐至於欲去難運之劇。但尙未有的確可去之端, 要於晦朔間, 可決其遂否矣。官舶之回, 乘之甚便好, 今次吾計未成, 而爲龜仙

---

145 己未年(明宗14, 1559년, 59세) 2월 5일 서울에서 쓴 편지이다. 初本에는 〈與黃仲擧【己未二月初五日】〉로 되어 있다.

所先, 可歎。問之船人, 水路梟鳥之颶, 適在晦前, 則似可諧計。
只恐回馬亦由此船, 則其回不與吾晦朔之行相値, 奈何?

《昨司饔正姜盇自都監見過, 問之則外方五六官式定差員
磨勘後, 又定一二差員, 總一道正案, 來勘于都監事, 已移于
八道云云。然則公之來京, 似亦難卜, 如何如何?》

龜翁盡室茹芝之計, 疎而太奇, 何可訾也? 若爲計端的,
則人間永無此等奇事, 所以爲此翁深服也。姜生, 時未邀見,
困於病甚故也。賀淵公寄示〈雪擁〉佳句, 欲和思涸, 可笑。松
岡今夜將出都門, 懷抱甚惡, 不能縷縷, 都付龜翁。

KNL0673(書-黃俊良-41)(癸卷19:21右)(樊卷25:30右)

答黃仲擧論《白鹿洞規集解》【(松堂)(朴公)有《集解》, 近始刊行】[146]

"正其義不謀其利", 以義對利說, 而又引"利者, 義之和也。"
於不謀之意如何?

146 己未年(明宗14, 1559년, 59세) 2월 서울에서 쓴 편지로 추정된다. 〔編輯考〕初
本에는 편지 제목 上欄에 朱墨으로 "自此至'高明以爲何如', 當上書於己未二月初五日
書下."라고 추기 되어 있고, 또한 편지 제일 뒤 본문 아래에도 "疑在己未二月初五日
書下."라는 小註가 있다. 이것은 初本에서는 이 편지가 辛酉年(1561)에 보낸 편지들
사이에 편성되어 있었기 때문이다. "己未二月初五日書"는 이 편지 바로 앞에 편성되
어 있는 KNL0672(書-黃俊良-40)를 가리킨다. 현재는 이 지시에 따라 편성되어 있
다. 〔資料考〕이 편지는《自省錄》에도 실려 있다. 中本에는〈答黃仲擧論《白鹿洞規
集解》【松堂 朴公有《集解》, 近始刊行, 見《自省錄》。】〉으로 되어 있고 初本의 추기에
"自此至'高明以爲何如', 當上書於己未二月初五日書下."라고 하였고, 中本의 부전지
에 "一依《自省錄》書之."라고 하였다.《自省錄》에는〈答黃仲擧【俊良】論《白鹿洞規集
解》【松堂 朴公有《集解》, 近始刊行。】〉으로 되어 있다.

自利之本而言之, 利者, 義之和, 非有不善。如《易》言利不利, 《書》言利用之類, 是也。自人之爲利而言之, 在君子則爲心有所爲之害, 在衆人則爲私己貪欲之坑塹, 天下之惡, 皆生於此。利之爲言, 隨處不同如此, 董子此言, 本以君子心術精微處言之, 未說到衆人陷溺處, 故朱子引孔子義和之說以明之。

夫以利爲義之和, 則利不在義之外, 正義而利在其中矣, 乃復言不謀其利, 則又似利在義外爲二物, 有欲其爲此不爲彼之意。此來喻所以疑其牴牾, 而其實非牴牾也。蓋利雖在於義之和, 畢竟與義相對, 爲消長勝負者, 非利之故然, 人心使之然也。故君子之心, 雖本欲正義, 而臨事或不能一於義, 而少有意向於利, 則是乃有所爲而爲之, 其心已與義背馳, 而所謂利者, 非復自然義和之利矣。

所以朱子以義之和釋利字之義, 旋以有所爲三字, 說破謀利之害, 然後知此說利字, 初非不好, 緣被謀之之心, 便成不好了。然則引義之和與不謀之意, 有何礙乎?

況此處若非先生如此硏精停當, 細意說出, 則人將矗著眼看, 以此利字爲貪欲之利, 謀字爲營求之謀。其於仁人心法毫氂之辨, 相去遠矣, 則董子此說, 安得與先難後獲同其微旨乎?

雖然, 於此又須知自有所爲之心, 而墮於衆人之坑塹, 亦不多爭分數。始得若曰"吾但爲有所爲之利, 不與衆人同惡", 則已爲小人之歸矣。朱子謂此與孟子"何必曰利"、"行法俟命"同義。《規解》不載此語, 松堂之意, 蓋不可曉。[147]

---

147 曉: 初本·中本·樊本·上本에는 뒤에 "(問)行有不得, 反求諸己。(答)《解》所引《中庸》'道不遠人'一段, 舊亦疑其有不合本說處, 就所藏冊子內, 圈標不合之節, 每欲

雖有善思, 不當而動, 則不可不克。

詳此一條, 既曰思曰動曰克, 則非指一性渾然思慮未萌之時而言, 乃就心思修省處, 言其檢治思慮二三之患。其意若與東萊所謂雖思之善亦不敬者合, 但下一克字, 太壓重了。克者, 勝敵之名, 只可言於己私, 若善思而失動者, 但當省改, 而主於一耳, 恐無克勝之義也。"寶鑑點南金"之喻, 未知出於何書? 其意則近禪。然求之吾學而善觀之, 則恐亦無害。

蓋心不能主一而動於二三, 所思雖善, 已不得全其心體之虛明, 故明道亦有反鑑索照之說。今松堂之意, 亦非欲使人勿思, 但欲主一於所當思, 而勿貳以二, 勿參以三耳, 然則此條無甚誤矣。

先格明德, 次格修身。

此段, 來喻所論, 大概得之。蓋格物, 所以致知, 當無物不格, 自性情身心, 皆在理會。然言格物則是[148], 而言格明德、格修身則不成語矣。以明德之明對修身之修, 則明乃明之之明, 而兼知行說, 格致與修身, 皆舉之矣。今曰格明德, 則未知格爲知耶? 明爲知耶? 格爲知, 則明之知爲剩; 明爲知, 則格之知爲疊矣。復曰格修身, 則是明德之知行外, 更有格修身之知行

奉質而不果。今以呈似, 未知如此去取, 當否如何? 添入《孟子》一段, 亦何如?"一條 가 더 있다.

148 則是 : 庚本에는 "則則是"로 되어 있다. 鄭校에는 "'則是'之'則'字恐衍惑誤【鄭】"이라고 하였다.

耶？亦不成道理，亦不成語言矣。先格次格之非，與來喩所辨誠正格致分先後之說[149]同，茲不復云。[150]

愚[151]嘗反復《規》後諸說，而僭爲之論曰："《規解》後首引一貫之旨，次之爲邦之道，而附以已說。其意若有所不足於《規》，而以是補其闕，可謂善矣。雖然，以滉所聞，殆不能無惑焉。

古之聖賢敎人爲學，豈不欲人人知道，而立談之頃，盡擧以傳付耶？然而不能者，非靳道之傳而畫人於卑近也，勢有所不可也。

三千之徒日游聖門，而所講者惟孝悌、忠信、《詩》、《書》、執禮，其論仁也，亦止於爲仁之事而已。及其久也，隨材成就，各有所得，而一貫之妙，惟曾子、子貢可以與聞焉。故至於是而後乃告之，非得已也。

先王敎人之法，今可見者，《小學》、《大學》也。《小學》之敎，固所以盡人事之纖微曲折，至於《大學》，雖有以極其規模之大，然以言乎其知，則就事物而言窮格，以言乎其行，則由誠意、正心、修身，而後推之於家國，而達之於天下。其敎之有序，而學之務實也，如此。

其論治也，猶不過存心出治之本而已，未及乎制度文章之際。如夫子之告顏淵，何也？損益四代，爲百王大法，惟顏子

---

149 說：庚本에는 없다. 鄭校에는 "恐{有}闕【鄭】"이라고 하였다.

150 云：初本·中本·樊本·上本에는 뒤에 "(問)學而無所得，何物操存養之？(答)示喩與延平說暗合者然矣。但以語病言，上云操存，則下'養之'二字爲贅，下云存養，則上'操'字下'之'字皆爲剩矣，不但溢而已。"一條가 더 있다.

151 愚：初本·中本·樊本·上本에는 앞에 別行低一字로 "來喩此規，始於五敎云云，未免摸索之疑。"가 있다.

可以得聞之爾。至於《大學》，乃爲天下立通法，聖人豈可誣天下之英才，而概於爲學之初，躐等而告之哉？且子朱子之學，全體大用皆備，而其爲學者立規也，特以五倫爲本，而係之以爲學之序，終之以篤行之事，不及於道體之全者，其亦孔門之遺意，先王[152]之教法也。

博學以下，致知也；篤行以下，力行也，以是二者，待天下之士。理無精粗，由粗而得精，語徹上下，下學而上達，如群飲於河，各充其量。高而爲聖賢，下而爲善士，皆可以得之於此。若所謂"一貫之旨"、"爲邦之道"，蓋有待而發焉，非闕而不擧也。今不察此，而欲引而補之，其亦不思之故也。

至其所自爲說，則其言雖多，要以誠敬爲主，"毋不敬"以上，主敬而言，"道有體用"以下，主誠而言。其主敬而言者，辭氣之間，雖有急迫之病、齟齬之疵，尚不至大繆矣。主誠而言者，病痛尤多。教當循序，言貴適時，今率爾而論道之體用，以及於誠，發之無端，一病也。

《中庸》，論道之書也，中以未發爲言，和以已發爲言，以顯性情之德爾。今論學規，而引以爲言，殊不親切，二病也。

以《大學》之明德、新民擬於《中庸》之中和，理雖無二，名義異指，附會相配，俗儒之陋也。今取以爲說，鑿經言，誤後學，三病也。

立天下之大本，誠意正心而後，可言也。今曰"格明德以致明，而立天下之大本"，則是但能致知而大本已可立矣。其下又

---

152 王：庚本·擬本·甲本에는 "生"으로 되어 있다. 甲本의 두주에 "'生'，一本作'王'"이라고 하였다.

曰"而[153]誠意正心", 則是立大本而後, 方可以誠意正心矣。先後倒置, 語意無倫, 四病也。

於天下之達道, 言行, 可也, 而今曰"定天下之達道", 已爲未穩。且據《中庸》而論達道, 自誠正以下, 皆可言也。今斷自修身以下而言之, 失於勘析, 五病也。

"大而化之, 誠神之妙", 是聖人地位, 顔子之所不逮, 今以語於學規, 與前之引"一貫"、後之論"乾乾不息, 便是天"者, 同歸於虛說, 六病也。

大抵儒者之學, 若升高必自下, 若陟遐必自邇。夫自下自邇, 固若迂緩, 然舍此, 又何自[154]而爲高且遐哉? 著力漸進之餘, 所謂高且遐者, 不離於卑且邇者而得之, 所以異於釋、老之學也。

今未一擧足而遽責以窮高之升; 未嘗發軔而亟期以[155]極遐之陟, 天下安有此理哉? 又不能致詳, 徒恃其一言半句, 而欲有得焉, 則是使人妄意懸想, 大言詆嚇, 而卒陷於欺天罔聖之罪矣。其爲害, 豈但小小文義之差而已哉?

嗚呼! 今之經生學士以文字發身享利者, 其視道學二字, 不啻如堇喙, 未嘗開一口下一筆, 憪然自以爲得計。斯人也自挺於流俗之中, 乃能投戈講學, 橫槊思道。雖中遭折辱, 不自沮廢, 至取前賢敎人之法, 註釋以曉世, 亦可謂毅然大丈夫矣。惜其所見猶未免疏脫, 《集解》雖甚發明, 而仔細考之, 有數條

---

153 而: 中本의 부전지에 "'而'字當考"라고 하였고, 추기에 "手本亦有"라고 하였다.
154 何自: 初本에는 "自何"로 되어 있다.
155 以: 初本에는 없다.

不合者;〈後說〉雖好意思, 而究極論之, 又有如前所云者, 使人不能無遺恨於此也。然則今當如之何而可也?

夫非議前輩, 固後學之不敢輕也。然至於析理論道, 則一毫不可苟也。故晦菴與東萊訂定《知言》之醇疵也, 南軒亦與焉。南軒, 五峯之門人也。以弟子而議師門之書, 不以爲嫌者, 豈不以義理天下之公也? 何先何後? 何師何弟? 何彼何此? 何取何舍? 一於至當而不可易耳。

故是解也, 得與其門人之識道理公是非者, 考論其得失, 而去其所可去, 存其所可存, 改刊以行於世, 則後學之幸也, 而所以爲松堂地者, 亦不爲不厚矣。不審高明以爲何如?"[156]

KNL0674(書-黃俊良-42)(癸卷19:28右)(樊卷25:37左)
重答黃仲擧[157]

前承別紙所論《鹿洞規解》之說, 多病因循, 久未報, 爲愧也。

---

156 何如 : 初本에는 뒤에 "【疑在己未二月初五日書下】"가 있다.
157 己未年(明宗14, 1559년, 59세) 2월 서울에서 쓴 편지로 추정된다. 〔編輯考〕初本에는 제목이 "答黃仲擧"로 되어 있고, 題下에 小註로 "答黃仲擧論《白鹿洞規集解》, 疑在此下."가 있다.《白鹿洞規集解》를 논한 앞의 편지가 이 편지 다음에 와야 한다는 것이다. 하지만 初本에는 또한 제목 아래의 小註를 朱墨으로 刪去하고, 上欄에 역시 朱墨으로 "此間當書論《白鹿洞規集解》"라고 하였다. 현재 문집은 이 편집 지시에 따라 편성되어 있다. 또한 그에 따라 편지 제목도 "重答黃仲擧"로 바뀐 것으로 보인다. 〔資料考〕이 편지는《自省錄》에도 실려 있다. 初本에는 〈答黃仲擧【見《自省錄》.'答黃仲擧論《白鹿洞規集解》', 疑在此下.】〉로 되어 있고, 中本에는 〈重答黃仲擧【見《自省錄》】〉으로 되어 있다.

"利者, 義之和", 所以致疑之由, 引人心道心之說, 而指其異同處, 辨析細密, 可見其思之深矣。然於鄙意猶有所未穩者, 輒再稟可否焉。其謂此利字衮合說在義和之中則是矣, 謂彼私字已說出流於不好之地則非也。朱子謂:"形氣屬自家體段上, 便是私有底物, 不比道便公共, 故謂之私也, 亦未便是不好。"眞西山亦謂:"私猶言我之所獨耳。"然則此私字不可謂流於不好之地, 明矣。又謂:"前則似說天理中有人欲, 後則謂因天理而流於人欲。"此說亦未當。

蓋利字之義, 循其本而言, 只是順遂便益之名。君子之處事以義, 未嘗不順遂便益, 故曰:"利者, 義之和。"如云"循天理則不求利而自無不利"者, 是也。若以利爲人欲, 則天理中一毫著不得, 何云義之和耶?[158] 大抵此利字、私字皆與尋常利、私字迥然不同。所指處雖異,【形氣之私, 指知覺發用[159]處言; 義和之利, 指操術謀爲處言。】而類例則相似,【私是自家所有而已, 非私欲也, 猶利是順遂便益而已, 非利欲也。】引而爲證甚善, 但所自爲說處, 反自拖泥和水說了, 恐是玩理未熟之故。幸加反復, 則所謂未發之蘊, 只於此而有得爾。

《大學》修己治人, 體用該載, 則固然矣。然以止至善當一貫, 以絜矩、財用、用人爲制度文章之事, 則恐未然也。蓋至善與一貫, 雖非二理, 然至善是指事事物物各有恰好底道理而言, 如君仁、臣敬、父慈、子孝之類, 是也。一貫是從大原大

---

158 耶 : 初本・中本・樊本・上本에는 뒤에 "形氣之私, 旣云'未便是不好', 則又豈可謂之流於人欲耶?"가 있다.

159 用 : 上本에는 "明"으로 되어 있다.

本至千差萬別處, 一齊貫串說來, 如天地之至誠無息, 而萬物
各得其所, 聖人之心, 渾然一理, 而泛應曲當, 用各不同, 是也。
所指之處不同, 立言之旨亦異, 不可以理同而牽合爲一說也。
況至善加以止字, 則正是曾子於其用處隨事精察而力行之事耳。
豈可便以爲衆理之會于一而與一貫同其旨乎？絜矩之用, 雖
至廣, 然只是就因心度物得其均齊方正處言, 固非制度文章之
謂。至於財用、用人, 亦不過說"有天下者[160]於此等事, 如此則
善而得, 如彼則不善而失。"或勸或戒, 皆推廣絜矩之義而已,
何嘗有一句說及制度文章事耶？

何謂制度文章？如一部〈周官〉所記許多法制, 又如〈經禮〉
三百、〈曲禮〉三千, 文質損益與[161]凡政教號令, 皆是也。當時
顔淵所問, 乃問治天下之法, 非論學也。故孔子就四代禮樂,
斟酌文質之宜, 立萬世常行之法, 畫一以告之, 隱然有周公制
禮作樂底意思。若《大學》方教人以修己治人之學, 舍存心出治
之本, 而遽及於此, 則不幾於倒置而不切於受用乎？故愚謂此
亦有待而發也。若以其見於用處而可謂之制度文章, 則又有不
然者。夫子嘗曰："道千乘之國, 敬事而信, 節用而愛人, 使民
以時。"夫以敬爲本而有四者之事, 豈不是兼該於體用？然而
龜山以爲"此特論其所存而已。未及乎爲政也。"然則愚以《大
學》一書爲存心出治之本而未及乎制度文章者, 豈爲無稽之言
乎？外至善而尋一貫, 固無是理。然欲遂指至善爲一貫, 是見

---

160 者：初本・中本・樊本・上本에는 "者之"로 되어 있다. 初本의 추기에 "一本無'之'
字"라고 하였다.
161 與：初本에는 "及"으로 되어 있고 교정기 "與"가 있다.

派流而認爲源頭, 其可乎? 爲邦之本, 固具於平天下章。然欲遂指此章之說, 爲制度、文章、損益皆備, 則是猶製[162]衡而不爲星子曰:"關石和鈞, 已具於此。" 其可乎?

大抵通天下萬物, 只此一理。故義理語言, 若儱侗合說則無不可同, 牽引指說則無不近似。終無奈當初聖賢立言本意不如此, 不足以發明經訓, 適足以晦眞理亂實見, 此學者之通患也。古人所以終身講學惟日不足者, 豈不以義理微密處, 易差難明如此, 及至下手著脚, 又忒不易, 而又不容休罷故耶? 感足下有疑相難, 往復不置, 故聊發其愚, 幸勿廣也。[163]

KNL0675(書-黃俊良-43)(癸卷19:31右)(樊卷25:41右)

答黃仲擧[164]

僕一出七閱月而歸, 所接無非失己徇人之事。獨有歸過龜潭,

---

162 製 : 두주에 "'製'當去衣"라고 하였고, 甲本·樊本·上本에도 동일한 두주가 있다. 鄭校에는 "'製'去衣似當【鄭】"이라고 하였다.

163 也 : 初本·中本·樊本·上本에는 別行으로 "常愛晦菴先生詩曰: '步隨流水覓溪源, 行到源頭却惘然。始悟眞源行未到, 倚節隨處弄潺湲。' 深味此詩之意, 可知止至善不可以爲一貫矣。"가 있다.

164 己未年(明宗14, 1559년, 59세) 3월 16일 禮安에서 쓴 편지이다. 文草에 주묵 부전지 "自此至 前因勢使書, 疊書。"가 있으며, 주묵 추기에 "其間有答吳長水書。"가 있다. 文草에는 이 편지를 필두로 黃俊良에게 보낸 편지 18통과 詩 4수가 수록되어 있으나 그 수록 순서는 뒤섞여 있다. 그 편지들 중 5번째 6번째 사이에 長水察訪 吳仁遠에게 보낸 편지 〈答吳察訪仁遠〉이 1통 끼어 있다. 주묵 추기의 내용은 그것을 가리킨다. 이 편지는 개인 소장 유묵으로 남아 있다. 初本에는 〈答黃仲擧【己未三月十六日】〉로 되어 있으며, 文草에는 〈答丹陽黃仲擧書〉로 되어 있다. 〔今按〕文草의 제목은 이 편지만의 것이 아니라 일종의 분류명이다.

得與仙翁梟烏, 左拍右挹, 細討巖潤之勝, 痛湔塵慮, 此一事粗償宿債。寤寐餘想, 伻來溪上, 蒙寄追問, 令人又不勝忻釋也。

　病人獲保餘息, 回見衡宇, 不可謂非幸。但辭狀一節, 時未結末, 隱憂尙不淺淺。且自過嶺以來, 日苦應接之煩, 疲憊方倒臥調攝耳。

　《道學錄》二冊送上, 視至。看過, 瓜去時, 投還于此, 此非西送之件故也。或瓜或閑, 皆不在遠, 必一來汾川, 跂幸跂幸。《惟尊照[165]。謹拜謝復。》[166]

KNL0676(書-黃俊良-44)(癸卷19:31左)(樊卷25:41左)

答黃仲擧[167]

辱書自汾上送來, 知正月霜旱之憂, 彼此所同。今雖小雨, 挾以風雹, 農望尙缺, 未知仁風所被, 已能優洽否? 果若則道院淸快與民同樂之意, 倍於常日矣。滉辭病文字, 上已期月, 猶未聞罷免之報, 方此撓鬱耳。

　承喩與二李、崔、洪諸人, 相遇款語, 斯皆可人, 想多有佳論, 傾挹何勝? 但鄙人於花潭、南冥, 皆素所慕用之深, 豈敢妄肆詆斥? 惟不欲阿私所好而溢爲稱譽, 故有下帷之評、未

---

165 照 : 初本에는 "炤"로 되어 있다.
166 惟尊照……謹拜謝復 : 上本에는 이 내용이 없다. 文草 뒤에 "己未三月十六日"이 있다.
167 己未年(明宗14, 1559년, 59세) 4월 12일 禮安에서 쓴 편지이다. 初本에는 〈答黃仲擧【己未四月十二日】〉로 되어 있다.

醇之論。今數公徒以所尊所師之故，猶懷不滿於此言，然則其意必欲推而上之以躋於孔、孟、程、朱之列而後爲足耶？

大抵人之造道，自有淺深高下之等，豈他人所能强推而上之高列哉？此滉所以恐懼不得徇人而輕許也。若以是爲嫌，而至於吹毛起鬧，決非君子之用心。彼數公者如有聞於所尊所師，必無是事。不然，雖身遭中傷，實亦命也，何憂畏之過深耶？

來喩讀書林下之言，殊使人感歎無已。但其中，似未免有仰人鼻息以爲慘舒之意，何耶[168]？足下近日學問見識，漸近道理，深有望於左提右挈之助，今此過防之慮太深，是雖見愛之甚，故如此。然一向持是心以往，將有變所守以徇世俗之弊，其爲害豈小哉？末路過防，誠不可無，但用心之少差，必陷於失身喪節之域，故僭言之。足下其復之。

至於朱、陸之辨[169]，與今所論大不同而難言。然旣有來喩之云，則當竟其說也。晦翁先生身任道統之責，憂禪學之惑世，不得不力攻其說，彼乃角立而忿爭，幾成仇怨。賴在此者有以大服天下之心，故彼門人弟子不唯不成猜狠，逃墨來歸者，往往有之。今日之事，自以空疎一凡夫，指人所景慕者之得失，宜其人之怫然怒氂然相詆毀也。顧旣以道義論人物，不容以己之未至而少有苟且之談，故冒發其言而不知改，此固滉之罪也。(《朱書》二冊果來。今以頻雨，恐濕未呈，隨後爲計。只此不具。謹拜復。[170])

---

168 耶：上本에는 "也"로 되어 있다.
169 辨：初本과 中本에는 "辯"으로 되어 있고, 定本에는 "辮"으로 되어 있으며 두주에 "'辮'字從言, 恐非, 當作'辨'。"이라고 하였다.

KNL0677(書-黃俊良-45)(癸卷19:33左)(樊卷25:43左)

答黃仲擧[171]

頃以俗節展墓，累日在溫溪，回來得見伻寄來書幷所回《言行錄》，恨未及修復，其後一向因循，致令盛价再來索報，殊有遭慢之愧。見謂'硬擔勇荷'，誠不著題之語，未敢承也。只是粗有窺斑[172]於此事，不敢被人拂掠而遽有變改，故前書云云。蓋於此不能自樹脚跟，非唯無望於此理，亦不得爲東漢間自好人物矣。

《理學錄》，諸人所評皆當，深喜所見於鄙抱不約而相符契，幸甚幸甚。但考他書，吳康齋晚節與家弟訟鬩，有識甚加嗤薄之，不知其事之如何？若果爾，此亦不得爲全人，誠可謂造詣之難，而爲千古學道者之至戒也。

白沙亦有失節於貂璫之譏，此則恐出於吹毛之口。然觀其學術，專是禪虛。得非緣虛甚不免有制行之疎處耶？未可知也。鄙意數公外又有章楓山差強人意，如何如何？醫閭、篁墩之不錄，誠不可知。而楊月湖所造，因其贊語，可以概見，則凡所去取盡出於天下之公議，何可必也？

《晦菴書》末二冊，韋袱包上，視至爲佳。就中，滉自一行狼狽以還，精神益耗，意緒闌珊，雖隨分整理舊業，殊未專精致力於此書，而此書亦被人借看，率在他處。其於他書寓目，

---

170 謹拜復：上本에는 없다.
171 己未年(明宗14, 1559년, 59세) 5월 10일 禮安에서 쓴 편지이다. 初本에는 〈答黃仲擧【己未五月十日】〉로 되어 있다.
172 斑：上本에는 "班"으로 되어 있다.

未若此書之浹洽。此書所得, 寢遠寢忘[173], 懍然深以爲懼。惟幸高明留意於此, 皆非諸人所及, 願更加究心, 升堂覩奧, 庶幾昧者亦有所賴以相發揮也, 至禱至禱。

而盛讀得《心經》, 靜中必有深契, 眞是吾徒之慶幸, 須勉勸以成其美爲佳。第其人心地, 實近疎蕩, 今劈初頭先看《心經》, 恐雋永未入而厭怠遽生也。須兼看《言行錄》等書, 使多見古人得道者之處心、行事之跡, 爲可以欣慕愛樂處, 使其中心誠願, 不能自已。此時, 回頭看《心經》若《晦菴書》等, 當是大別, 非前日比也。

承郡人借寇之擧, 此乃理勢之所必然。若遂其計, 豈徒郡民與寓公之幸, 於高明亦未爲非幸。蓋優哉游哉, 以畢素願, 此處世之良策也。《紙盡。不宣。謹復。》[174]

《遷陵事, 仰深憂煎。》

KNL0678(書-黃俊良-46)(癸卷19:35右)(樊卷25:45右)
答黃仲擧[175]

近似阻音, 忽捧手翰, 郡寢清暇, 味道超然, 令人挹餘芬而發遐

---
173 寢遠寢忘 : 定本에는 '寢遠寢忘'으로 되어 있다.
174 紙盡……謹復 : 上本에는 이 내용이 없다.
175 己未年(明宗14, 1559년, 59세) 6월 禮安에서 쓴 편지로 추정된다. 初本의 주묵 추기에 "六月"로 되어 있다. 初本은 〈答黃仲擧【己未】〉로 되어 있다.

想也。

　　滉螻蟻微生, 久於世而自作身患, 旣沒沒於名途, 寧以是逐逐以終身可也。顧爲二豎所苦, 思欲退處閑養, 一以少延性命, 一以粗免羞恥, 無他意也。不圖年來上誤天聽, 非徒恩命之濫加, 亦不許其辭退, 愈久愈堅, 至於今日, 勢尤[176]難處, 而物論紛紛, 憂畏殊深, 奈何奈何?

　　曹楗仲[177]之言, 頃因碧梧翁示以所得盛書, 書末言及, 故略知。又吳仁遠在京, 見曹以書喩及, 其言亦與來示同之。所云諸公之責滉, 果似然矣。然古人於甚不得已處, 亦有假他事以爲去就者, 彼豈不誠於事君而然哉? 所惡甚於所託故也。

　　況如滉焚黃請告, 自循法例, 而病未還朝, 故因遂乞退, 斯豈託事不誠如談者之云乎? 顧人不深考古義, 而責人太苛耳。然餘人不敢望, 楗仲[178]、見叔之意, 亦似是彼而非此, 更向何人而明此心耶? 命也, 置不復云。

　　昨者工曹丘口下來, 此極未安[179]。適加添暑痢, 困倒煩憒, 不任起程以觸千里炎程之毒, 不得已姑令丘口先上, 身且旬月遲遲, 以觀痢病差否, 以決行止。明日丘當發回, 方此伏枕仄悚。今後人言, 想益多也。不知如此時, 如楓山者處之, 當如何?

　　臨瓜去就之計, 細思之, 似亦有理。若爲海警所尼, 似難如意, 當因時制義, 正不必固守一說也。

---

176 尤 : 上本에는 "又"로 되어 있다.
177 仲 : 初本과 中本에는 "中"으로 되어 있다.
178 仲 : 初本과 中本에는 "中"으로 되어 있다.
179 安 : 初本에는 이 글자가 없으며 주묵 교정기에 "安"으로 되어 있다.

KNL0679(書-黃俊良-47)(癸卷19:36左)(樊卷25:46左)

答黃仲擧[180]

頃與梧老屢相從, 扣左右動靜, 則亦未細知云。每秋風入耳, 輒有慕徒懷人之感, 忽辱訊音, 備悉近況, 深以慰釋。仍知棄官竟未[181]如計。於此, 公亦已試去就之多掣。當此際, 雖欲爲飄然脫略如古所云, 寧可得耶?

如僕老物, 天畀[182]百病, 使不得效筋力於聖世, 勢至無可如[183]何, 敢爲三辭, 前月卄四日, 承奉有旨, 許遞水曹付西樞。其中雖有未安之敎, 恩賜至深至厚。顧時論以滉初受由焚黃因而乞退爲不當, 言議紛紛, 親舊見愛者多與書憂之, 令強來息謗。然鄙意尤以爲難者, 身病如此, 與恒人去就不同, 旣蒙恩許閑而復進, 則厥後益難退矣。故且此惶愓守窮耳。

公交承之後, 當有小[184]隙, 可來汾上。滄浪秋水正淸, 東籬佳菊吐穎, 政不可負此一期也。

《呂舍[185]俊而不重, 每慮其狼狽, 今果然, 可嘆。彼其初來,

---

180 己未年(明宗14, 1559년, 59세) 8월 15일 禮安에서 쓴 편지이다. 初本에는 〈答黃仲擧【己未仲秋秋夕】〉으로 되어 있다.
181 未 : 庚本과 擬本에는 "不"로 되어 있다.
182 畀 : 上本에는 "卑"로 되어 있다.
183 如 : 初本에는 "奈"로 되어 있으며 교정기에 "如"로 되어 있다.
184 小 : 鄭校에는 "'小'字似作'少'."라고 하였다.
185 呂舍 : 初本의 부전지에 "'舍'上必脫'上'字."라고 하였고, 中本의 부전지에 "'呂'下必脫'上'字, 手本同, 無亦不妨."라고 하였고, 樊本과 上本의 두주에 "一本頭標, '舍'上有'上'字."라고 하였다.

本不專爲病人之見。今若與所主相失, 歸計必極難, 其何以處之? 或能於貴郡迓[186]迎, 從馬指圖, 遣至金遷, 由水上去, 無乃一厚意耶?

　　李寧越送紙, 本不敢, 且未知所以求題此圖之意, 姑受置以俟後如何耳。《朱書》不須急還, 但赴都時不可不還耳。》

KNL0680(書-黃俊良-48)(癸卷19:37右)(樊卷25:47左)
答黃仲擧[187]

曩者惠示兩說, 皆義理深奧, 久而難其報, 今始粗述謬見, 呈稟可否, 幸垂商訂回諭。就中'腔子外是甚底?', 當時各下一轉語, 故今亦別下語如左。

腔子外是甚底, 亦只是這箇物事; 這箇物事是甚底, 卽滿腔子底物事。曰:"然則惻隱之心, 亦在外耶?"曰:"自這一箇腔子, 通天地萬物, 只此一理。理一, 氣亦非二, 故曰:'一人之心, 卽天地之心。'【程子語】 腔子外更別有甚? 只是這箇無方體可言, 無內外可分。此仁者所以與天地萬物爲一體, 惻隱之心足以普四海彌六合也。然這也不是懸空底物事, 人有腔子, 乃其爲樞紐總腦處。故這箇物事, 充塞在這裏, 爲天下之大本。由其無方體無內外, 故充塞在這裏底心, 卽是體萬物普四海底心, 非

---

186 迓 : 初本에는 "送"으로 되어 있으며, 樊本과 上本에도 "送"으로 되어 있다.
187 己未年(明宗14, 1559년, 59세) 8~9월경 禮安에서 쓴 편지로 추정된다.

外腔子而別有箇體萬物普四海底心也。故謂腔子外亦只是這箇, 則可, 以其外底卽是內底也; 謂惻隱之心在外, 則不可, 以心非在外之物也。"【心本無分於內外, 而先賢論心, 或有分內外說處, 蓋言各有攸當故也。程子曰: "心豈有出入? 亦以操舍而爲言耳。"朱子嘗答南軒書, 論未發時在中, 已發時在外之理, 而其末云: "然此義又有更要子細處。夫此心廓然, 初豈有中外之分? 但以未發已發分之, 則須如此, 亦若操舍、存亡、出入之云耳。"此兩語可見心無內外, 有可分內外之時。今滉就腔子外, 論其所有, 非如論未發、已發之義, 故以無內外者言之耳。】

曰: "旣云: '腔子外亦只是這箇', 則無所往而非這箇, 何故程子卻云: '他人食飽, 公無餒乎?'朱子亦云: '向腔子外尋, 則莽蕩無交涉。'"曰: "以理言之, 固爲一體, 以分言之, 則不能不殊, 在我則我底爲大本, 在你則你底卻爲大本。陳經正乃云: '我見天地萬物皆我之性, 不復知我之所爲我。'是知理一而不知其分之殊, 是不知主我爲立大本底道理, 故程子以是曉之。朱子語黃毅然曰: '天命之性, 不只是這處有, 處處皆有, 只是尋討, 先從自家尋起'云云。若人不於自家身上求, 卻去腔子外尋覓, 是舍樞紐大本之所在, 而向別處馳走求索。如吾性分, 有何交涉耶?"

來示甚善, 但所問在腔子外而先說[188]內面底道理, 似不相應。且所問只要論腔子外所有, 來示說及功效處, 似欠親切, 是爲可疑耳[189]。

---

188 說 : 저본에는 "設"로 되어 있으나 初本과 中本에는 "說"로 되어 있다. 이에 근거하여 바로잡는다.

人心備體用, 該寂感, 貫動靜。故其未感於物也, 寂然不動, 萬理咸具, 而心之全體無不存, 事物之來, 感而遂通, 品節不差, 而心之大用無不行。靜則寂而未發之謂也, 動則感而已發之謂也。人之所以參三而立極者, 不出此兩端而已。

故來喩所謂"未接物前, 不起不滅之時," 所謂"虛靈之地, 炯然不昧", 所謂"喜怒哀樂之未感, 思慮云爲之未擾", 皆屬之寂然而靜, 卽所謂未發也, 所謂"纔思時", 所謂"思索時", 所謂"窮格時", 所謂"思慮紛糾時", 所謂"事物應酬時", 皆屬之感通而動, 卽所謂已發也。

其所謂"至靜之中, 有動之端"者, 亦非謂已動也, 只是有動之理云耳。故此亦當屬之未發也。未發則爲戒愼恐懼之地, 已發則爲體察精察之時, 而所謂喚醒與提起照管之功, 則通貫乎未發、已發之間而不容間斷者, 卽所謂敬也。竊詳來喩, 以心之未接物前爲寂然不動, 思索、窮格、與事物應酬時爲已發可觀, 而於二者之間, 又把靜而微動思而未著者, 爲未發時看。此意雖似精密, 而大段有病也。蓋靜則未動, 斯爲未發, 安有微動之靜可喚做未發者乎? 思則已著, 斯爲已發, 安有未著之思可喚做未發者乎?

向見尹彥久有心有三關論, 今此所論正與相似。但彥久說, 記得不全, 大槪以爲心有在外關者、中關者、內關者, 其說尤有病。公則不然, 只以心之動、靜、微著而分三截看, 雖不至如彥久之病, 然其實[190]則一也。

---

189 來示……疑耳 : 中本의 주묵 부전지에 "更考。"라고 하였고, 부전지에 "此條當何盡。" 이라고 하였다.

程子心爲已發之語, 偶發而旋自說其誤, 今不當引以爲證。才思卽是已發, 則實不易之至論。朱子答呂子約書, 說此甚分明, 可考見也。何可以才思爲說得輕而可屬之未發乎? 末段論聖人無事體察及學者用功處, 甚善。

---

190 實 : 初本에는 "失"로 되어 있으며, 養校에는 "'實'恐'失'。"이라고 하였다.

退溪先生文集

卷二十

KNL0681(書-黃俊良-49)(癸卷20:1右)(樊卷26:1右)

答黃仲擧[1]

曾因梧老, 似聞來汾可及落帽之辰, 旣不遂矣, 則但悵望嶺雲, 無以遣懷。於是而得書, 喜可知矣。仍悉去就之際, 雖多牽掣, 微恙已和, 代者臨至, 大槪已入淸涼境界中。蓋地上自有神仙, 只投紱歸來之日, 是也。何必鍊丹於赤城山下然後謂之仙耶?

太學末官, 似可優游任意於進退之間, 但後有要除, 欲不赴則勢難, 赴則與今之所辭, 似有揀擇取舍之疑。此疑謗所由起, 此正難處之機, 如何如何? 然又安可預料其後難而舍面前之樂地耶?

三冬之間, 當富有靜得, 毋惜分惠以破老昏也。《魯論》、《朱書》, 謹具承納。標題當如戒。

滉頹塌益甚, 聞謗以來, 蝟縮龜藏, 以待時論之定。自度精神筋力於夢寐起處之間, 大覺衰退, 不敢以久客人間自期。時閱陳編, 得如毫芒, 失若丘陵。所居陜隘[2], 厭涉俗冗, 益思結小齋於陶山以頤老病。秋來, 小試營度, 而財力遽屈, 年不與人謀, 又將停役以坐嘆耳。

所卜處有小峯, 高臨遠望, 與梧老吹帽於其上, 名之曰翠微, 取牧之詩中語也。司馬公曰:"不知天壤之間, 復有何樂可以代此也?"眞知言哉! 眞知言哉!

---

1 己未年(明宗14, 1559년, 59세) 9월 13일 禮安에서 쓴 편지이다. 初本에 〈答黃仲擧【己未菊月十三日】〉로 되어 있다.
2 隘 : 上本에는 "陋"로 되어 있다.

呂上舍不知有子因不失親之戒。其狼狽取悔，何足怪哉？大抵輕俊有才氣，不以義理鼚淬之，恐其人之失身，不但今時之事而已。寧越寄畫之意，承悉。所未知者，必取楮子島，是泛畫京都諸勝耶？或別有他意耶？所欲知者此耳。汾會想不甚遠，不多及。未間珍衛。謹復。

BNL0682(書-黃俊良-50)(樊卷26:2右)
與黃仲擧[3]

頃者數日相從，幸矣。別後尤覺多闕於款扣[4]，但增馳思。閑中拙句，一笑何如？近時詩筒久無往復，無乃吾輩闕一職事耶？梧老冒寒遠去，殊可念。然[5]健快不以爲難，足慰心耳。

　　四七說，熟看想多病痛，切勿示人，急宜見還，并指示病處，容可修改，甚幸。所望，有使[6]卽寄書耳。

3　己未年(明宗14, 1559년, 59세) 10월 27일 禮安에서 쓴 편지이다. 初本에는 〈與黃仲擧【己未陽月晦前二日】〉로 되어 있다.
4　扣 : 初本에는 "叩"로 되어 있다.
5　然 : 두주에 "一本, '然'下有'其'。"라고 하였고, 上本에도 동일한 두주가 있다. 初本의 뒤에 "其"가 있다.
6　使 : 두주에 "'使'疑'便'。"이라고 하였고, 上本에도 동일한 두주가 있다. 中本의 부전지에 "'使'疑'便', 手本亦作'使'。"라고 하였다.

KNL0683(書-黃俊良-51)(癸卷20:2右)(樊卷26:2左)

答黃仲舉[7]

馳想懸懸, 忽覩珍緘來自道谷, 曾是不意, 慰遣病鬱深矣。仍審臘寒, 燕養超茂, 見趣日新, 尤足以起懦增氣也。

滉深畏舊證因寒復作, 閉戶擁爐, 慚慚朝夕。時有意會處, 無人告語, 只自欣慨交心。然終是衰耗欠精力, 不能有所進益, 可嘆可嘆。

不赴學職, 果有後日取舍之嫌, 人之譙責所不能無, 只有解由一事可以自諉。況若有因此得數年之閑, 其益亦不可量, 何遽憂人言而有所前卻歟? 所處甚好甚好。

惠酬瓊什, 前三今二, 爛耀几案, 玩繹之餘, 深得雋永, 第以便遽, 未及續貂, 當竢後日耳。

《淵源錄》中程門人有漏及楊月湖所論, 未曾料理, 故未敢爲說如何? 但致堂、五峯之所以不錄, 非有遺也。晦菴意只以及門之士爲限爾, 則胡康侯已是不及登門, 而私淑於上蔡諸公而已。以是, 僅容參錄, 其下固不能盡錄也。邢和叔之得列, 滉亦每疑之。至如《群書》, 以安國康侯爲二人, 此甚可笑。大抵《群書》爲書, 多未滿意, 今未可[8]悉論也。

今所編錄, 非敢擬續前錄, 但欲自知考亭以下諸子之學術如何, 而病德昏倦, 不能自強, 又欠考冊書, 終未就緒, 是慮耳。

---

[7] 己未年(明宗14, 1559년, 59세) 12월 9일 禮安에서 쓴 편지이다. 初本에는 〈答黃仲舉【己未臘月初九日】〉로 되어 있다.

[8] 可 : 初本에는 "暇"로 되어 있다.

承示始知龜翁有海鹽⁹之除, 幾見猿鶴之驚怨。 賴翁之堅臥不出, 儘一奇事, 可尙可尙。昨得小報, 金大觀新除黃澗, 得非龜翁之代耶?

開春, 梧翁必來, 公若仍閑, 必能一來, 一趁烟波之約, 深企深企。餘惟益衛以膺泰慶。不宣。¹⁰

《昨報云: "檜山等處來禽及梅, 開花結實。"方竊怪之。今詩又有披雪看梅之語, 是非獨南方爲然也, 而梅臘非怪, 怪其結實, 故謾及之。

朴重甫曾取《算法》去, 今想已傳寫, 須索取, 因便送來, 爲幸。舊所粗得, 今皆不記, 其法本不可失也。更望毋¹¹忽。重甫恐多事忙¹²還故云。》

KNL0684(書-黃俊良-52)(癸卷20:3左)(樊卷26:4右)

答黃仲擧【庚申】¹³

獻歲發春, 陽在梅梢, 一紙惠音, 巡簷索笑, 眞不可禁。仍審靖

---

9 鹽 : 初本과 定本에는 "鹽"으로 되어 있다. 中本에는 "鹽"으로 되어 있고 주묵 부전지에 "'鹽'疑'鹽'。"라고 하였고, 추기에 "手本作'鹽'。"이라고 하였다. 樊本과 上本에는 "鹽"으로 되어 있다.

10 不宣 : 初本의 뒤에 "謹拜復"이 있다.

11 毋 : 上本에는 "無"로 되어 있다.

12 忙 : 初本에는 "忘"으로 되어 있으며, 中本의 주묵 부전지에 "忘"으로 되어 있다.

13 庚申年(明宗15, 1560년, 60세) 1월 7일 禮安에서 쓴 편지이다. 初本에는 〈答黃仲擧【庚申人日】〉로 되어 있다.

頤新迓, 泰慶川至, 超然意象, 令人想味起懦也。老拙昏憒日深, 年增而學減, 得公留意如此, 甚慰傾望。

　四印盧君書及來諭之意, 謹以[14]具悉。此事, 前已屢見盧君與其壻李叔獻詢及, 亦嘗粗以鄙意報之矣。只緣僕胸中未甚判得此一事是非分明, 故言不見信而云云耳。今更略告於左右。

　夫以中朝書院言之, 亦非一槪, 或只祠先聖先師, 或祠其地之先賢, 或無廟祠而就其所祠, 又或非盡道學之人如盧書[15]所擧者。然則以文烈公忠節, 雖祠於院, 似若無不可者, 但書院本爲明道學而設, 人非道學而廟祠[16]未安, 則盧君所謀立祠院傍, 以護以享, 庶便於事而可久遠, 何不可之有乎？若如來諭, 立廟故居, 復後裔以守, 恐又別生一事, 難期久遠也。如何？

　盧書及《史傳》, 且留此, 容得反覆。盧君考據詳審, 言皆有理, 不可易議之也。《筭本》, 隨後取還, 不至失去, 則幸甚。餘惟珍重加勵。不宣[17]。

---

14 以：初本·中本·定本에 "已"로 되어 있으며, 樊本과 上本에도 "已"로 되어 있다.
15 書：定本에 "君"으로 되어 있으며, 庚本과 擬本에도 "君"으로 되어 있다. 甲本에도 "君"으로 되어 있으며 두주에 "'君', 一本作'書'."라고 하였다.
16 祠：初本에는 "祀"로 되어 있다.
17 不宣：初本 뒤에 "謹拜復"이 있다.

BNL0685(書-黃俊良-53)(樊卷26:5右)

與黃仲擧[18]

春序將半, 想韻致日覺超勝。此間凡百, 不異前度。但大成來旣較早, 遽欲謀還, 又自造錦溪令, 高駕不來汾上, 近無面晤之便, 殊失本圖。

江上書室, 不量經始, 旋見力殫, 不過啁焉[19]中輟而已。大成深以公之行止爲憂, 無乃當更思之耶[20]?

KNL0686(書-黃俊良-54)(癸卷20:4左)(樊卷26:5左)

答黃仲擧[21]

辱報書兼惠訓[22]四絶, 誦玩之餘, 不覺目失玄花而心豁昏霧也。但前日修書後, 再見尊岳翁, 旣以公之不往仕爲甚非, 又推原其故, 以爲出於不佞相汙染以陷於作過之地, 歷數所聞於都下人言之可怵者, 責譬甚峻, 令人發愧汗也。

18 庚申年(明宗15, 1560년, 60세) 2월 1~9일경 禮安에서 쓴 편지로 추정된다.
19 焉 : 拾遺에는 "然"으로 되어 있다.
20 思之耶 : 初本 뒤에 '雪消氷泮淥生波, 翡翠鸂鶒日又多。縱使臨江成小築, 春風猶阻故人何。'라고 하였다.
21 庚申年(明宗15, 1560년, 60세) 2월 10일 禮安에서 쓴 편지이다. 初本에는 〈答黃仲擧【庚申仲春初旬】〉으로 되어 있다.
22 訓 : 初本의 부전지에 "'訓'恐當作'酬'。"라고 하였고, 주묵 추기에 "本作'訓'。"라고 하였다.

滉旣自摧謝, 仍言"仲擧行止, 自是其所見如此, 彼豈牽於人以爲行止者耶?" 翁殊不見諒, 奮袖[23]而起。想翁詣公之意, 應爲煎督起公, 令踰嶺去也。書來, 何無是意耶?

如滉非不知世患可畏, 命與病謀, 自詮伏窮山外, 他無一條可行路, 撞著面前, 不得已硬著迂僻二字, 爲斷了一生計。在公所處之宜, 恐不與此間事同條共貫也。但有一妄言, 不可不呈。旣出, 有不可不猛省者, 守正則多礙, 隨衆則失身, 此爲第一難事耳。如此之言, 亦似相汙染, 呵呵。

溪源得地, 遙爲一區雲物馳慶無涯[24]。陶山之營, 自是住不得, 自作辛苦, 時以自哂。俟先就一間, 抱書臥雲, 想差勝晉人拍浮酒船中也。《筭本》, 收拾送還, 感幸感幸。

未接顔範, 書何能悉? 臨風依然。《謹拜謝復。》

KNL0687(書-黃俊良-55)(癸卷20:5左)(樊卷26:6左)
答黃仲擧[25]

前日見書意, 微有幡然之志, 及見大成, 又聞已取入都之諾云, 心甚喜豁, 以爲通人趣捨, 固不必滯於一隅。意其或者已踰嶺

---

23 袖: 上本에는 "袂"로 되어 있다.
24 無涯: 初本과 中本, 그리고 定本에는 "無涯無涯"로 되어 있으며, 樊本과 上本에도 "無涯無涯"로 되어 있다.
25 庚申年(明宗15, 1560년, 60세) 3월 1일 禮安에서 쓴 편지이다. 初本에는 〈答黃仲擧【庚申踏靑前二日】〉로 되어 있다.

過龜潭矣。

今忽得書, 何其與前[26]聞異耶? 公意雖欲不負初志, 其如負梧翁一諾何耶? 自今梧翁之憂公益甚, 而歸咎於病人益峻, 奈何奈何?

然此則止一方之患耳, 時人之蓄怒積猜於不犯[27]之地者不尠, 不知公能無畏於此耶? 前則止[28]一病漢, 不能爲有無於世, 故置之度外。若其屈指而數, 上指者多, 則或有激發之機, 如之何如之何? 然如我龍鍾, 自無可免之道, 如在左右, 無乃別有可處之道耶? 但不可俯仰隨人如桔槔, 斯則爲古今仕者之第一義, 雖死, 不可變吾守耳。

又非不知"隱几工夫大, 揮戈事業卑", 而特地衰憊, 不能自力於尊所聞行所知。以是, 恒自愧懼, 每思縱不能收效於吾身, 得見人之收效於此事, 亦一幸也。如公若一向在閑地, 其事業、工夫, 有甚大於經營四方之日, 請勿過於優游, 以爲交遊者之幸, 是所祈懇耳。

明彥, 近讀其《易理策》, 眞是昻鶴避雞群者, 而所守所處之不凡又如此, 他日固未可量也。但未知朝廷所以養成此人當如何耳?

龜翁不能終守龜隱, 理已先定, 滉所以每深憂之。然不爲

---

26 前 : 上本에는 "傳"으로 되어 있다.
27 不犯 : 中本의 주묵 부전지에 "'不犯', 可疑."라고 하였고, 추기에 "手本亦同."이라고 하였다. 定本의 두주에 "'犯'字, 疑."라고 하였다. 樊本과 上本의 두주에 "'不犯', 可疑."라고 하였다.
28 止 : 上本에는 "只"로 되어 있다.

抗塵容走俗狀而移三徑於月嶽之下，若能終堅素節於此，則是依舊爲方外隱君子，何必龜潭能聳人孤節哉？

陶山之築，正是免不得，今始立得三間，而資力無繼，勢當中輟。然所立之屋，秋來可趁棲息矣。潭中舊有船，中廢，今勸其居民，方謀復舊。若此數事成就，閑散職事，不至曠闕，能來料理，共享其樂，又大幸也[29]。

SNL0688(書-黃俊良-56)(續卷4:6左)(樊續卷4:7左)
答黃仲擧[30]

時月之間，頗阻信字。昨偶出陶舍，金文卿袖傳惠問，然後喜可知也。兼[31]盧四印寄囑長書與左右論學一紙，三復悚然，皆非鄙人所能及也。

四印本是詩文手段，乃能極意於斯文作興之事如此，則其中之所得，豈獨詩文而已？深可歎服[32]。但記文之作，何不求之當世之巨手，而左索至此，又不直責於此，而宛轉以求之

---

29 幸也 : 初本 뒤에 "滉拜復"이 있다.
30 庚申年(明宗15, 1560년, 60세) 5월 禮安에서 쓴 편지로 추정된다. 初本에는 〈答黃仲擧【庚申五月日】〉로 되어 있으며, 樊本과 上本에는 〈答黃仲擧【庚申】〉으로 되어 있다.
31 兼 : 初本과 中本 뒤에 "得"이 있다. 續草本의 추기에 "'兼'下, 初本有'得'字."라고 하였다. 拾遺의 부전지에 "兼下有'得'字."라고 하였다. 樊本과 上本 뒤에 "得"이 있다.
32 歎服 : 初本과 中本에는 "歎伏"으로 되어 있다. 續草本의 추기에 "'服, 初本作'伏'."이라고 하였다. 拾遺에는 "嘆伏"으로 되어 있다.

耶? 將由向者見囑海陽書院記, 辭不應之故耶?

大抵此等事, 處之實難。近世所創書院如永川、江陵, 皆嘗見求, 鄕校如丹陽, 亦曾誤囑。不但盧之於海陽也。以病廢荒拙, 何敢抗顔一一應之耶? 然其間事切[33]如丹陽而不應, 後日追思, 不無悔焉。故頃日榮川新院, 不得終拒, 乃偶一破戒耳。然猶想買笑怒於人人不少, 況欲屢爲之耶? 只緣盧君之美意, 不可不賞味而遽還之。故示書姑置巾衍中, 時出翫以浣愁疾, 後日當謹回納。如有通便, 善爲我辭焉。惟冀珍勵加重[34]。

KNL0689(書-黃俊良-57)(癸卷20:7右)(樊卷26:8右)

答黃仲擧[35]

霖潦跨月, 平陸成江, 但切停雲之懷。忽枉珍翰, 承悉近況, 又將西邁, 戒轄臨日, 益遠之悵、進用之賀, 交集難雙。

人生仕宦, 亦非分外事, 流行坎止, 聊爾隨緣, 固不當如愚病晚悟者之膠守一隅爲終身家計也。但聲利海中, 易以溺人, 最是能自守不辱身, 爲第一義耳。

南符之乞, 果亦非失計, 細思之, 無如此善, 仍以早爲上耳。未遂面別, 勢之然爾, 奈何?

33 切 : 樊本과 上本에는 "功"으로 되어 있다.
34 加重 : 初本 뒤에 "庚申五月日, 陶叟白"이 있다.
35 庚申年(明宗15, 1560년, 60세) 6월 22일 禮安에서 쓴 편지이다. 初本에는 〈答黃仲擧【嘉靖庚申六月卄二日】〉로 되어 있다.

鄙人積患, 當此暑潦, 迭見侵撓, 殆不可支。四印索文, 初以病辭報書, 後來使守門不去者彌月[36], 強苦絶物, 亦殊難事, 勉綴數語以塞責, 卽以草本投之。此無留本, 無以副索以求郢正, 恨愧。

臂珠事, 所論甚當。滉亦如盛意, 勸其去像, 只用栗版云, 未知彼肯聽信否耳。其答書亦不起草, 只循俗下小簡, 故亦未副上。

前日所示之論, 如前所陳, 今亦未及奉報, 謹俟後日。餘萬萬, 便遽未及一二。惟冀益懋崇深, 以慰遐望。《謹復。》

《前來仁父書本及《迎鳳志》一冊附來, 使送納, 視至。入都見鄭子中, 爲致問意, 且告《朱門諸弟錄》許欲借示, 顒俟其來, 切切毋泛之意, 幸甚幸甚。公幹及審姪等處, 曾修未送之簡, 送去, 煩付從人傳之亦望。》

KNL0690(書-黃俊良-58)(癸卷20:8右)(樊卷26:9右)
與黃仲擧[37]

枉騎山門, 得遂半日之款, 感幸多矣。想今下車之初, 一境騰

---

36 彌月 : 初本의 부전지에 "'彌月'之'月'恐是'日'字。"로 되어 있으며, 樊本과 上本의 두주에 "'月'恐'日'【舊標】"로 되어 있다.

37 庚申年(明宗15, 1560년, 60세) 9월 6일 禮安에서 쓴 편지이다. 初本에는 〈與黃仲擧【庚申重九前三日】〉로 되어 있다.

慶, 遙賀遙賀。

　　就中前言宋、李潭陽坐次事, 當時酬語之際, 不深致思, 信口云云。繼而思之, 乃只說一邊, 未周一邊之語。蓋滉所云"二品官不可以化民待之"者, 自爲土主者不可自尊於彼之意言之耳。若以爲民者言之, 又豈可以土主之尊待而任處主坐[38]耶? 此當兩讓而皆不敢當者也。

　　然則終何定乎? 鄙意兩讓之餘, 各坐本位, 而土主之坐遷就近下, 不敢直與相對, 以示不敢當之意而已。不知如此可乎? 不可乎? 況土主正三品, 又有間於秩卑者乎? 州中有二品官, 必已遇此事, 旣欲聞所處之曲折, 又以謝前日之妄言故云耳。

　　僕謬秩如此, 而居鄕以來, 未嘗入城, 故不遇此事, 若土主臨衡門, 則推尊土主而已。今欲因公講此禮, 以備或値之所處, 寧不幸耶?

　　且書院事, 仁甫所處凡事, 竟如何耶? 滉所與往復之言, 具在可考耶? 鄙見反覆[39]熟思, 不過如此, 此外無可善處之道故然耳。不知更有[40]可以善處者乎? 若欲更定[41], 滉意又有一說。二李之中, 文忠事跡, 據《勝覽》, 則似可稱述如記文所云, 據史及墓誌, 則殊未滿意, 無乃撰《勝覽》時, 容有文之者耶? 是則以位金先生之上, 誠有未安。佔畢公趨庭州學, 謁廟有賦, 以祠於州地, 未爲不可。今若以佔畢代文忠, 則於人情士論,

---

38 主坐 : 上本에는 "坐主"로 되어 있다.
39 覆 : 初本과 中本에는 "復"으로 되어 있으며, 樊本과 上本에도 "復"으로 되어 있다.
40 有 : 初本과 中本에는 뒤에 "某條"가 있으며, 樊本과 上本에도 뒤에 "某條"가 있다.
41 定 : 上本에는 "從"으로 되어 있다.

無乃恰乎？李剛而, 必與⁴²相見, 其言以爲如何？

頃聞所擧時論之意, 非徒以所祠之賢爲未滿, 幷與景遊、仁甫創建書院一事爲罪, 雖賢如邦寶者亦云, 未知此是何等見識議論耶？前此世人雖或有怪於書院事, 猶未有⁴³倡言攻擊之意者, 以大臣中有主之者故也。今忽如此, 此於斯文興替, 所關非輕, 甚可傷痛。吾輩雖不當與之抗爭是非, 豈可仰其鼻息, 隨倡隨和, 喪其本志, 變其前說, 以爲書院當廢乎？此中有無限說話, 未可筆旣, 姑略擧之, 惟照諒。《謹拜。》

KNL0691(書-黃俊良-59)(癸卷20:9左)(樊卷26:11右)
答黃仲擧⁴⁴

人來惠書, 具審下車以來, 體味茂慶, 深所慰豁。

如滉病憊, 一與枉駕日無異。自落帽會以後, 率與梧老相從款話⁴⁵, 楓菊佳辰, 不作都負。但距枉過之時, 纔數朝暮耳, 而不與相値, 是爲恨恨。

想公養閑未幾, 遽攖塵簿, 不無揮厭之意, 然職思其憂, 惟在自盡其心, 切勿以遺落廢務爲高致, 則州民之福也。

---

42 與 : 初本에는 "有"로 되어 있으며, 樊本의 두주에 "'與', 一本作'有'。"라고 하였다.
43 有 : 定本에는 "見"으로 되어 있으며, 庚本・擬本・甲本에도 "見"으로 되어 있다.
44 庚申年(明宗15, 1560년, 60세) 9월 29일(그믐) 禮安에서 쓴 편지이다. 初本에는 〈答黃仲擧【庚申九月晦日】〉로 되어 있다.
45 話 : 定本에는 "語"로 되어 있으며 교정기에 "話"로 되어 있다.

賓主坐次,如所處,恐亦無妨者,蓋權公非罷散,乃二品朝貴也,如何如何?

三賢向南之禮,非別有所據,但以意料之,如古所謂三賢、五賢、九賢之類,其人無大優劣,而竝祀於一廟,則何可以南面與配從處之?勢不過竝列皆南向而已,故前與仁甫如是說耳。

寒暄南向之論,泛以尊道學之義處之,則如此何疑?但滉所以未安者,略見於與仁甫書中,前日面陳,亦粗露其意,不審於盛意云何?自後學尊先進之意言之,滉言亦甚未安。然寒暄若比程、朱道統之傳,雖不計年代可也。其或未然,而徒以其崇尙道學之故,而如是處之,竊恐寒暄有靈,不肯顧享於穆淸之位也。若苦以下坐爲不可,衆論亦難獨排。且如示喩東西對列,雖前例未有所據,在不得已之變禮,或似爲可。

彥久公欲捨文烈,以何故耶?必以數珠爲病而然也。然滉意爲賢者諱,自古有之,生當衰末,所立如此,豈易得哉?習俗之累,且可置之,古賢如趙淸獻、陳忠肅,皆有此累,而淸風百世,祠享處非一,此何獨苛責?至如文忠,雖賢,恐不及乃祖,而去取如此,豈所當耶?

佔畢出處,雖亦似然,然亦難以是議其人。其人於本朝,有山斗之望,亦欲加詆,則更於何處得人來耶?但此則非其鄕人,其祀非出於不得已,議若不順,不如休之。

洪太虛所見如此,誠不可曉。非徒太虛,今之所謂賢者,往往所見皆出於此。然數三年前,猶未有肆然爲排擊之論,今忽如此,必有所以然也,深可悼悶,奈何?然自未有彈章之前,凡可爲者,爲之以待之,至於無可奈何,則聽於天而已,但不可張皇以促激世議也。

金師魯, 聞其多病久矣。何意遽爲古人？怛怛不可言。

木活字甚不易如此, 但誠欲印出其本, 更欲一過目, 恐更有商量處故也。時甫處數卷, 若攜往, 後便附來何如？剡藤, 近有用處, 深荷深荷。紙盡未具。《謹復。》[46]

SNL0692(書-黃俊良-60)(續卷4:7左)(樊續卷4:8左)
答黃仲擧[47]

《辱惠書, 承審盛府游刃, 及物弘多, 而體候神相休佑益勝矣。滉近賴梧老來住[48]跨朔, 其間往來風流, 頗得兩適, 忘其爲馬上人矣。

公幹之來, 只留兩日, 顚遽匆匆而去, 反敗人佳興, 可笑。今則梧老亦去, 溪山寂寞, 陶舍未堪偃息, 閉戶溪莊, 德臥熨病而已。

《朱書》在幽谷者四冊, 曾已來此, 欲一過目恐或有修補處。而近緣湖南奇明彥寄來書[49], 甚有議論, 書近五四[50]千言,

---

46 謹復 : 樊本과 上本에는 없다.
47 庚申年(明宗15, 1560년, 60세) 11월 1일 禮安에서 쓴 편지이다. 初本에는〈答黃仲擧【庚申至月初一日】〉로 되어 있다.
48 住 : 上本에는 "往"으로 되어 있다.
49 來書 : 初本에는 "書來"로 되어 있다.
50 五四 : 中本의 부전지에 "'五四'恐當乙."로 되어 있으며 주묵에 "更考."로 되어 있으며 부전지에 "手本同."으로 되어 있다. 樊本과 上本에는 "四五"로 되어 있다.

不得不略有報答。以是, 不暇工夫及《朱書》。今蒙來索, 不得取上, 殊愧不敏也。然不可不經點檢而徑送, 且俟後便耳。今來三冊, 謹亦收得, 添補與否, 經手可決, 未可預料。

許國善頃來說此事, 活字之印, 雖亦善, 不如開刊可久遠而功費不大相遠云, 不知此言如何？鄙意刊費尤多, 此言固難從耳。》

祠次, 諸人議論甚有理。滉前亦慮及於此, 所以不欲如此者, 正緣金先生之靈有不敢當之意故耳。然如此難斷之事, 何可取決於一夫之口耶？正當廣咨於衆士之論, 從其善者, 要不可改爲當, 千萬勿拘謬說, 善處爲幸。

《送來屛書, 當依戒, 後便回納。陶僧, 前有所聞, 欲往輒止之。今再聞命, 想不聽止, 可笑。惠貺筆墨薑魚, 愧佩。適値曛暮, 不宣, 惟珍綏萬善。謹拜復。》

BNL0693(書-黃俊良-61)(變卷26:14右)
與黃仲擧[51]

日至隆寒, 遙想剚劇恢地, 神相清休, 日以茂勝。衰拙病況, 僅亦無他。

前示《朱子書》, 稍稍取送, 故二冊呈去, 并其凡例同封, 惟視至處之。屛書亦寫往, 恐不足掛眼耳。

---

[51] 庚申年(明宗15, 1560년, 60세) 11月 18일 禮安에서 쓴 편지이다. 初本에는 〈與黃仲擧【庚申至月十八日, '祠位何定'別紙, 疑在此條之下。】〉로 되어 있다.

陶山僧冒進, 無乃有撓官方耶? 破戒至此, 亦可笑, 可悚可悚。

琴生蘭秀今已進煩閣人耶? 其人年荒無聊, 往托其親於南方, 不得已欲資於左右以濟, 中間脚費, 想不至斥外也。所念故及之, 餘在僧報。謹拜。[52]

KNL0694(書-黃俊良-62)(癸卷20:11左)(樊卷26:14左)
與黃仲擧[53]

祠位何定? 道學爲主之說, 終覺爲當, 但鄙意兩李配位、從祀, 皆爲未安。蓋君臣同德, 而位有上下, 則臣配君, 聖賢同道, 而德有大小, 則賢配聖, 或從祀。今兩李之於寒暄, 以學則不可謂同道, 以德則似無甚大遠, 徒以後代道學之名爲主, 而壓前代忠賢之人爲配, 竊恐事體、情理, 皆有所未穩, 如何如何?

故妄欲寒暄爲上, 兩李次之, 皆正南向之位, 而寒暄與文烈兩坐之間, 隔以屛障, 使各自爲尊, 而不相降壓, 則旣不失尊崇道學之意, 而又可以申寒暄推讓前賢之志, 遂兩李勿享非宜之義, 其於祭官行禮、謁員致敬, 並無有礙理難行之事, 無乃可乎?

52 謹拜 : 初本에는 "謹白"으로 되어 있다.
53 庚申年(明宗15, 1560년, 60세) 11월 하순 禮安에서 쓴 편지로 추정된다. 初本에는 〈與黃仲擧別紙【此書, 疑在庚申至月十八日書下。】〉로 되어 있다. 中本에는 〈別紙〉로 되어 있으며, 주묵 부전지에 '與黃仲擧'로 되어 있다.

琴生歸時,口授此意,想已傳稟。但琴生以隔屏爲未盡,欲別門以出入,當時以爲當矣,更思之,異門似太甚分別,不如同門而只隔屏障爲穩,故具此再稟耳。

KNL0695(書-黃俊良-63)(癸卷20:12左)(樊卷26:15左)
答黃仲擧[54]

風雪寒齋,懷人悄坐,忽擎珍緘,不啻登音之喜。因承剸煩恢刃,起處茂勝,尤以慰豁。

四七謬辯,甚荷留意。見還跋文,承獎借之意,感悚。但此往復議論,纏互盤錯,乃於文簿之暇,疎決穿透,挈其要領而定之,甚不易也。獨於謬說,太似多可,無一砭藥之惠,而於明彥之說,則多所指點,無乃或者反以黨同伐異有疑於高明乎?大抵時俗不勝其猜訝,而吾輩閑中,又起此爭辨,自相攻擊,殊爲未安。前日來書,有明彥不肯竪降幡之語。正使不降,恐難更與爭鋒,姑藏之巖穴,以待後世之公論如何耳。

雲長、文卿,皆有才不學,果如所喩。《朱書》已措置將印,深見盛意。但每思此一事,亦恐不入時宜,公亦可謂與世殊調者,可笑可尙。點印固[55]亦慮難,何可强耶?

金止止事實,所聞殊鮮,未敢云如何。願勿驟定,俟博采公議而定,未晩也。

---

54 庚申年(明宗15, 1560년, 60세) 12월 禮安에서 쓴 편지로 추정된다.
55 固 : 上本에는 "恐"으로 되어 있다.

《聯錦》序, 已寫送于汾川, 今令此人稟取而去, 惟照察。
便人立門俟報, 未及覼縷。惟冀泰履多慶。《謹拜上復。》

KNL0696(書-黃俊良-64)(癸卷20:13左)(樊卷26:16左)
答黃仲擧【辛酉】[56]

便風惠簡, 是日踏青, 獨與梧老, 對酌陶舍, 開緘捧讀, 相與不
勝其遐想也。卽今監場已過, 又迫大蒐, 未知能免賢勞之再煩
否? 和煦鼎新, 神相動靜, 益膺清福。

　滉觸藩之勢, 無一合宜, 只得歸結於漳濱, 惕息以俟。前
月末, 復承下旨, 又有後日之憂, 方此恐悶。第以華使無聲, 且
得詮伏, 到臨時又看如何。來喩所謂好晚窮勝, 殊未覺入手裏
也, 可嘆。近事, 如聾如瞽中, 或得於風過, 茫不知要領, 徒悶
人意, 奈何?

　記文所以要還者, 院祠定論殊異於記意, 其間非獨諸人議
論不同, 雖滉往復書尺, 亦多前後之異。上之欲收藏勿出如龜
城書院, 下之欲修改其大相牴牾處以免人之誚訶。今示如此,
無可如何, 愧縮不自勝。雖然, 新刊未廣, 猶可或措手。乞須以
一本投示, 容得究其前後謬說, 而有所圖免也,《至懇至懇。

　《晦菴節要》三冊封上, 視至爲幸。但此事亦緣左右決意來
煎迫, 滉謹匿又不能堅, 以至始事, 非但攪弊各官, 正是不入時

---

56 辛酉年(明宗16, 1561년, 61세) 3월 9일 禮安에서 쓴 편지이다. 初本에는 〈答黃仲
擧【辛酉三月初九日】〉로 되어 있다.

宜, 恒未安心。旣已張皇, 則不容中輟, 如是應副, 還自笑也。
且其讐校, 固知左右剚治無暇, 須得好人付之, 庶可無慊於掃
塵。吳教官, 聞是好人, 未可付託耶? 權生亦可, 未知還自湖
西, 更肯任責否?

梧老無端來家, 欲因而不還, 正當新使到界, 如此殊非去
就之宜, 未免勸使回鞭, 迎命後欲來, 則須在任呈病而後可遂
浩然之志云。梧老果然明乃還矣。滉之勸還, 非勸其勿來, 欲
令其合宜去就耳, 於意云何? 惟照。

預修此簡, 送于汾川, 未卜遲速。不多及。》

KNL0697(書-黃俊良-65)(癸卷20:14左)(樊卷26:17左)

答黃仲擧[57]

伻惠珍緘, 獲審近況勝迪, 甚慰懸戀。禁烟佳節, 庶有澆展之
行, 已與梧老, 同切跂想。承示賢勞再礙, 未遂瞻晤之願, 忡悵
何任? 僕且此屛伏, 於拙爲幸, 第苦病脚登山未健快, 老眼看
花不分明耳。

梧老已作關東還計, 一夕幡然改圖, 決意勇退。此一著甚
不易事, 可尙可尙。蓋滉前日所云, 欲全去歸曲折, 而此老一
著, 則不拘小小節目。苟欲舍之, 則須如此, 始快耳。

《朱書》, 不已其功, 可無中輟, 幸幸甚甚。但弁首之文, 豈

---

[57] 辛酉年(明宗16, 1561년, 61세) 3월 13일 禮安에서 쓴 편지이다. 初本에는 〈答黃
仲擧【辛酉暮春望前二日】〉로 되어 있다.

敢多讓？只以抄節先賢之文, 已極僭踰, 不欲重負罪累, 欲望盛文, 略述所以抄節印行之意於卷末, 使覽者知出於某時某人妄作之餘, 以爲取舍之決。此則非唯人不甚怒, 亦可分謗, 千萬祈懇。仍須切戒鋪張過情之語, 一字若犯此戒, 則決不可示人傳後。蓋高明之病或在於誇耀處, 故云云, 更宜留念《留念。

江舍先粧兩間, 今日塗墍, 正乏防風之具, 落紙之惠適至, 甚佳。何時對床爲通夕之欵？惟冀爲時加重。不宣[58]。》

《明彥竟無一字之報, 想不以苦口爲當然故耳。》

SNL0698(書-黃俊良-66)(續卷4:8右)(樊續卷4:9左)

答黃仲擧[59]

近阻相問[60], 方深傾渴, 忽辱惠音, 承官況勝迪, 不任欣寫之至。老拙伴病依舊。

陶山書舍, 近方裝得一間, 數日偃息於其中, 意甚稱適。自此非遇疾恙[61]與銀鱗作祟之日, 可享靜樂於此。爲幸殊不淺, 所恨不得與高明共之耳。

---

58 不宣 : 初本 뒤에 "謹拜謝復"이 있다.
59 辛酉年(明宗16, 1561년, 61세) 4월 11일 禮安에서 쓴 편지이다. 初本에는 〈答黃仲擧【辛酉淸和十一日】〉로 되어 있고, 上本에는 〈答黃仲擧【辛酉】〉로 되어 있다.
60 問 : 初本·中本·拾遺에는 "聞"으로 되어 있다. 樊本·上本에도 "聞"으로 되어 있다.
61 恙 : 初本·中本·續草本·拾遺에는 "蟿"으로 되어 있으며, 樊本·上本에도 "蟿"으로 되어 있다.

《山舍幹僧前受盛和兩絶，歸日不以告示，昨者始出呈見，因得誦味詞趣，感歎彌日不能去懷也。》[62]

梧老歸田節目殊疎，勢不得不還赴，使老友獨盤旋於溪山間，是可恨耳。

《朱書》之印，留意如此，何患無成？但公旣自無餘隙，只付文吏，掃塵未盡，勢所必爾。如何如何？滉意不待粧繢[63]，只以印本一件，逐卷送來，幷其元本，容得勘過誤字，貼標還上，庶可依此一件，剪改其餘件。如此而後粧出，則似可無甚差誤也。如何？

序則於滉心，殊未愜恰，以其辭繁而未造約也。假使修改得如意，決不可以之弁首，增召人訾病，但請如前所云。跋文，不得不煩於左右，雖自印自跋，固無所嫌，蓋古今如是者多，人不怪怒故也。《初卷印目錄，似不妨，惟在量處爲幸。《迎鳳志》，承許見示，企幸企幸。三物之惠，甚佳。》餘惟爲時珍悉。《不宣。》[64]

---

62 山舍……懷也：續草本에는 이 내용이 없으며, 추기에 "山舍幹僧前受盛和兩絶, 歸日不以告示, 昨者始出呈見, 因得誦味詞趣, 感歎彌日, 不能去懷也."라고 하였다.
63 繢：初本·中本·拾遺에는 "潢"으로 되어 있다.
64 不宣：初本의 뒤에 "謹奉謝"가 있다.

KNL0699(書-黃俊良-67)(癸卷20:15右)(樊卷26:19右)

答黃仲擧[65]

隔月阻音, 劇有遡懷, 承惠華牋, 縷悉滿意, 感佩良深。仍審愷悌神相, 福履沖裕。端陽澆展之行, 亦庶有覯見之幸, 而官私作梗, 自古所歎悵, 如之何?

　幽棲之適, 言所不形, 避炎之辰, 屛跡溪間, 果似細謹。吳、曹兩君之評, 誠有之。但此是禁臠之地, 其不敢近, 乃理之當然, 禮所當謹故耳。若彼禁常在, 則本不當[66]盤旋於其間。幸緣夏秋際二三朔之外, 江山風月, 無人收管, 而近求他勝, 莫有其[67]比, 故聊就之, 以爲送老之地, 其可冒官禁而舍我靈龜耶?

　〈雞伏堂銘〉, 深荷錄示。但其說曠蕩玄邈, 雖於老、莊書中, 亦所未見, 旣未嘗學, 焉敢議及? 其人固非尋常, 而其學又難學也。

　《朱書》印已過半, 何其始遲而中敏耶? 李大用肯留意, 必大得力, 又何幸之甚耶? 其界行之斜, 未可一正之乎? 夾註之詳, 固未可盡印, 得印貼籤處亦足矣。索寄二卷, 則不謂印功之速如此, 時未勘過, 未付此便。近當勘了, 送託金文卿, 俾遇便卽付, 當不患其不及也。

---

65 辛酉年(明宗16, 1561년, 61세) 5월 3일 禮安에서 쓴 편지이다. 初本에는 〈答黃仲擧【辛酉端午前二日】〉로 되어 있다.

66 當 : 上本에는 "敢"으로 되어 있다.

67 其 : 上本에는 "此"로 되어 있다.

《白沙》、《迎鳳》二書, 蒙寄甚感。但《迎鳳》非徒記文疎鹵, 其往復論議, 屢變不定, 終亦不是取用之本, 何故幷入錄耶? 四印雖始收之, 後來士論已不如四印及鄒書之意, 則鄒書之入錄贅矣。須卽命刊去其板, 幸幸甚甚。

大抵議禮聚訟, 自古而然。滉則無固必之意, 在公從長而決, 無貽後譏爲善。節日上冢之餘, 氣倦窓暗, 書不盡意。惟冀以時珍毖萬萬。《謹拜謝復。》

邸報雷變, 駭憂不勝[68]。奇明彥昨寄書來, 又大張雄辯, 儘是奇士, 但不無好勝之端耳。《惠及三物, 感怍又深。》

KNL0700(書-黃俊良-68)(癸卷20:16左)(樊卷26:20左)

與黃仲擧[69]

月初, 盛价遽還, 匆匆報書。爾來旱熱已甚, 似聞南方不如此, 伏想理劇神相, 德範益茂。

滉陶山天職, 不敢以屋舍未備曠廢, 列壑攢峯, 幸不以病坊歸誚, 殊覺愚分之安耳。

前日索取《晦菴書》末二冊, 畢勘封上。但聞此擧功費不

---

68 不勝 : 初本과 中本에는 "不勝不勝"으로 되어 있으며, 樊本과 上本에도 "不勝不勝"으로 되어 있다.

69 辛酉年(明宗16, 1561년, 61세) 5월 15일 禮安에서 쓴 편지이다. 初本에는 〈與黃仲擧【辛酉五月望日, 當在「辛酉端午前二日書」下】〉로 되어 있다.

貨, 旣云過半, 雖不容中輟, 深恐有撓於官方[70]。不知文之、剛而兩公, 能不憚置力於其間耶?

《迎鳳志》, 近方披閱, 其間多及於賤名, 此甚繆脫。滉每怪世之謗書院者, 於迎鳳爲尤, 未知其故, 今乃知有由然也。若又見此書, 恐因而激發, 不但如前謗而止也。切告勿輕傳布, 且當深藏, 俟後日看如何而出之, 未晚。但其闕誤處, 不可不修正, 故別紙寫出呈上, 須令逐件細考, 一一塡改, 其加紅點處, 詳以回敎是望。

因思此一卷書, 仁甫用意, 想亦非泛泛, 然猶誤闕如此, 則所印《朱書》, 卷帙許多, 勢難趁日所印, 一煩精鑑點勘, 其多脫誤可知。愚意寧遲數月, 必須得士人曉事忠實者, 再三校過, 十分精補, 使無太疎漏處。若苦無可任人, 取其一件幷元本, 送來于此, 讎校付標回納, 因以竝改諸件, 何如? 非不知此非病力所及, 若甚不得已, 則欲倩士敬諸人之力故云耳。

前書欲於明春歸耕故溪, 得無有所感發而云爾耶? 苦說歸田, 昔人所歎, 如或未遂, 又恐詩僧之議其後也。呵呵。金文卿云: "來月間, 輶儀當來嶺下。" 未知信否? 言未盡意, 惟冀加愛萬萬。《謹拜白。》

---

70 官方 : 中本의 주묵 부전지에 "'官方', 更考。"로 되어 있으며, 추기에 "手本同。"로 되어 있다.

答黃仲舉[71]

頃得月初五日手書，知動止佳裕，以豁戀抱。兼寄示跋語及朝報，尤深荷幸。但彼時，有轤旆當來安東之云，故來人以梧老之命不受答簡而歸。其後無便風，久矣未報，恨恨。

《迎鳳志》，勘草近末四五段，有欲得回示，以正前所寄本之在此者，乃無答語，豈多事偶未照管之故耶？且其書多及賤名，必致笑怒，故勿廣布寄之意，尤所懇懇，幷祝念採。惟其勘出，誤闕不改，則有不成文理處多，須細加補改，又不可不令四印知有此誤闕也。

《朱書》序文，曾已草得，而自覺其爲節要已犯不韙，重以自序，尤爲僭冒，又其言太多剩出，故不欲示人。今見跋語甚善，且好得此在書尾，旣可以不掩溘妄作之罪，又可以與公分受指目之謗，幸甚幸甚。但其間猶或有未穩處，輒以愚意有所添減，以聽商酌去取如何耳。其中表章之功以下數語，尤甚未安，決不可如此下語以招您惹事也。

〈七峯進齋說〉，深感寄示之厚。金處士之名，聞之稔矣，今始得見其文字，慰此慕想之心。末世自處如是之人，已爲可敬，其言之有得有失，固未暇[72]及也。山間不聞外事，示事果有其慮。然未知首尾，適增悶人也。恐有便不及知，預作一簡，送

---

71 辛酉年(明宗16, 1561년, 61세) 윤5월 28일 禮安에서 쓴 편지이다. 初本에는 〈答黃仲舉【辛酉閏月卄八, 「辛酉五月望日書」, 當在此上。】〉로 되어 있다.
72 暇 : 上本에는 "可"로 되어 있다.

之汾上, 俟便卽付上。不多及。

KNL0702(書-黃俊良-70)(癸卷20:19右)(樊卷26:22左)
答黃仲擧[73]

《前書接於使還後, 追作報書, 遣在汾上, 欲其有便, 卽以附上, 其書未往而復此承教, 獲審近況佳迪, 其於欣慰, 不比尋常。》滉前月在陶山, 靜養頗適。一日大雨, 山水暴至, 壞塘頹砌, 力不能修整, 殊礙幽趣, 入于溪莊有日矣。大抵田家飢歲, 又値恒雨作災, 民不聊生, 不知天意竟如何也?

印書垂畢, 可賀。而序文不敢之意, 前書盡之。前承草示跋文, 甚佳。其間有一二未安處, 妄以私見略加增損而上, 方深汗仄。今來改本改處不多, 而鄙意所在與前本無甚有異, 故不再妄下商量, 而仍回封納, 以聽雅鑑。合前後本與鄙意所云而量裁用之, 爲幸。其中今日表章之功以下數語, 切不可如此自作笑謗之咀也, 至懇至懇。

鹿峯精舍事, 甚善甚善。彼中士人, 乃發如此之願慕, 將由使君與敎官倡作之力耶? 勝於此間之俗遠矣。扁額, 當依示。但浩然樓, 然樓二字, 相接呼之, 音不響亮, 作養浩樓何如?

頃因李大用, 聞州學頹圮, 將謀繕[74]修。苟如是, 可謂俱

---

73 辛酉年(明宗16, 1561년, 61세) 6월 7일 禮安에서 쓴 편지이다. 初本에는 〈答黃仲擧【辛酉六月初七日】〉로 되어 있다.
74 繕: 上本에는 "善"으로 되어 있다.

全, 而又可塞洪監司之責盧牧矣。然若專[75]用力於是, 而書院
一事, 徇時意而弛之, 則與彼所見何異哉?

《紙墨乾[76], 愧佩。餘縷前書。惟祈茂對三伏, 德理兼優[77]。》

《李剛而近以浴椒來榮, 約相過訪, 時未到耳。明彥書在陶
山, 未送。》

BNL0703(書-黃俊良-71)(樊卷26:24右)

答黃仲擧[78]

伻至坼緘, 承悉秋凉起處康迪, 甚慰瞻仰。前日梅巖之行, 偶
呈戲語, 不謂浼及雅覽, 而又謝垂和之不時, 令人愧汗。

鹿峯扁額, 所示小幅, 適失所在, 據所記寫去, 其後得小
幅, 則非但遺却堂齋, 天淵以閣爲臺, 自笑踈漏之甚。今來紙,
當依戒寫上。但凡作大字, 水墨喜漬, 必須太染者, 可無漬患。
加以此紙雨水霑半, 殆難行筆, 奈何?

迎鳳堂齋之名, 雖微若倒置, 恐或無妨, 姑待仁甫之答看
如何。院志欲送, 而恐爲雨霑, 不果耳。《晦菴書》, 向見見樣

---

75 專 : 樊本과 上本에는 "全"으로 되어 있다.
76 紙墨乾 : 初本의 부전지에 "'紙墨乾'乾'下, 恐有脫字。"라고 하였고, 中本의 부전
지에 "乾'下又脫。"라고 하였고, 樊本과 上本의 두주에 "'乾'下恐有脫字。"라고 하였다.
77 兼優 : 初本 뒤에 "謹拜復"이 있다.
78 辛酉年(明宗16, 1561년, 61세) 7월 18일 禮安에서 쓴 편지이다. 初本에는 〈答黃
仲擧【辛酉孟秋十八日】〉로 되어 있다.

印字, 固知其未甚精好, 乃木字之通病, 其未盡善, 勢所無如之何。賴極力圖措, 訖了鉅役, 不易得也。要須十分勘校, 無令有誤闕耳。蒙許製琴事, 荷幸。所慮, 良材難得耳。

來月示有會逢之約, 不勝翹望, 但念守令多牽掣, 秋來尤甚, 何可必乎? 頃者李剛而掃萬遠訪, 冒大水再駕乃到, 而適崖路水阻, 不得入陶山, 僅一會宿於縣館而別, 不如意之歎, 兩切奈何?

新秔鹽鮓, 珍餉感佩。餘未縷擧, 留俟面晤。謹拜謝復。

KNL0704(書-黃俊良-72)(癸卷20:20右)(樊卷26:25右)

與黃仲擧[79]

三日相從, 可謂款洽, 而別後有無限合商量而未者, 要之必待賦歸之日, 得遂共棲之約而後, 乃可耳。

今日定向豊邑否?《節要書》分布, 更須審處。若非心好之人, 不但爲[80]章甫之於越人, 或不免明月之有按劍矣。《吾意如鄭子中、奇明彦、南時甫諸人不可不與, 若趙士敬則已見許矣。》

昨來林下, 掩關而臥, 味古人"江村獨歸處, 寂寞養殘生"之句, 懷抱殊甚悵然。惟願自愛。《謹白。》

---

79 辛酉年(明宗16, 1561년, 61세) 8월 10일 禮安에서 쓴 편지이다. 初本에는 〈與黃仲擧【八月十日】〉로 되어 있다.

80 爲 : 初本에는 없다.

SNL0705(書-黃俊良-73)(續卷4:8左)(樊續卷4:10左)

與黃仲擧[81]

頃一再遣書, 想一時煩達矣。今遇金士源來告行, 復有小[82]陳。
　《晦菴書》, 雖前有寫本, 今有印本, 常患無人肯讀。日者金伯純之弟士純, 落魄來投, 問以知向方之書, 不免勸以讀此書。
　病中因此時時遮眼, 看得誤處。第一卷幾張, 其上張最下一行旣印, 而次張最上一行, 疊印其一行矣。又〈答陳廉夫書〉題下註俊卿之子, 此子字, 當作孫。蓋廉夫名址, 俊卿之孫, 非子也。幸卽命修改, 何如?
　滉前所以請勿遽布者, 慮有此等故也。且近得南時甫書, "欲得此書, 曾已懇扣[83], 不知竟可得否?"云云, 幷照。餘在士源之行。不具。

KNL0706(書-黃俊良-74)(癸卷20:20左)(樊卷26:25左)

與黃仲擧[84]

陽月向闌, 想臨撫爲況勝裕。僕家中疹魔近方益熾, 避在陶舍,

81　辛酉年(明宗16, 1561년, 61세) 9월 21일 禮安에서 쓴 편지이다. 初本에는 〈與黃仲擧【辛酉九月卄一日】〉로 되어 있다.
82　小: 初本과 中本에는 "少"로 되어 있으며, 續草本의 추기에 "'小', 初本作'少'。"로 되어 있으며, 樊本과 上本에도 "少"로 되어 있다.
83　扣: 初本·中本·拾遺에는 "叩"로 되어 있으며, 續草本의 추기에 "初本'叩'"로 되어 있으며, 樊本과 上本에는 "叩"로 되어 있다.

今已浹月。趙士敬及數四人來伴, 山間不爲寥落, 有足以慰釋窮儜者。

豐山 柳生 希魯亦來寓月瀾, 欲讀《朱子全書》。觀此人志趣, 殊不易得。但《全書》浩汗, 非一二年所能究業, 恐力未包羅, 而心先倦怠, 告令先看《節要》而後, 量力而及其餘, 則可無向者之弊。柳云: "先《全》而後《節》, 乃錦溪之命也。"滉亦姑賞其志, 而聽其爲耳, 如何? 且此事, 後生中向意者, 其初頗多, 而未幾觀之, 不爲世習所奪, 必爲父兄禁斷, 滔滔皆然, 未知此人竟如何[85]也?

近考《節要》誤處, 別紙寫去, 命改爲佳。如此, 當改處必多。金生士純讀此書, 課程甚遲, 滉亦常在病叢, 日間若得稍惺, 卽料理所纂書, 未暇專事校勘, 恨恨。願雖已粧䌙[86], 勿遽分布, 則續續可校報改正也。

所纂《理學錄》, 今幾斷手。但鄕間善書諸友, 各以事故星散, 不似往年寫《節要》之時。紙地亦僅有數三冊, 餘未有所措, 向者似有相許之意, 但慮才經印書後, 力或難及, 則不可强耳。大槪比《節要》書, 三分似加一二分矣。

近尙牧寄到風詠樓上梁文, 詞采燁然, 雖似有文勝之疑, 然在上梁之體, 不以爲疵。文之欲令僕題跋, 旣許而鄭重, 未敢下筆, 行且謀之。餘祈珍勉。《謹拜。》

---

84 辛酉年(明宗16, 1561년, 61세) 10월 26일 禮安에서 쓴 편지이다. 初本에는 〈與黃仲擧【辛酉陽月卄六日】〉로 되어 있다.
85 如何 : 上本에는 "何如"로 되어 있다.
86 䌙 : 初本·中本·定本에는 "潢"으로 되어 있다.

SNL0707(書-黃俊良-75)(續卷4:9左)(樊續卷4:11左)

答黃仲舉[87]

懸懸日久, 忽奉珍緘, 知動履佳裕, 慰喜不可言。僕病拙依前。近與士敬諸人, 栖息陶山, 今已浹月, 適樂頗多, 恨不得與高明共享此味也。

但《晦菴書》, 自以病中有他所事, 不自料理, 只因金士純閱讀勘出, 因得誤處, 而士純程課遲遲, 僅及數卷, 恐未了畢而書已分, 無及於事也。近校數字, 已報書送之汾上, 想付此人以上也。其書之未能徧及, 勢使然也, 奈何？

所編書事, 亦於前書報云, 今乃先事惠致筆墨糧物, 深荷爲人圖事之厚。士敬輩因此可安坐過冬於此, 全荷腆賜, 感感。

《欲裝冊子等語, 未詳示意如何？》適因甥姪慶席賓客臨門, 忙未一一, 續當具白。《【仁遠老遭此事, 可嘆。】》[88]

BNL0708(書-黃俊良-76)(樊卷26:26左)

答黃仲舉[89]

閉關之日, 信至開門, 披閱惠音, 警益之深如三字符, 感佩不已。

---

87 辛酉年(明宗16, 1561년, 61세) 10월 30일(그믐) 禮安에서 쓴 편지이다. 初本에는 〈答黃仲舉【辛酉陽月晦日】〉로 되어 있다.

88 慶席……可嘆 : 拾遺에는 이 내용이 없으며, 부전지에 "慶席, 賓客臨門, 忙未一一, 續當具白."라고 하였다.

滉以江水寒逼書室, 病骨未免畏避, 昨入溪舍。

前雖受書貲, 勘草未完, 尙未始端耳。且前書報答, 追思有二誤。所云金生士純, 名誠一, 乃金伯純之弟, 非向所謂漢城金就礪也, 乃不辨而含糊報去。且所喩欲粧冊子云云, 卽指所送紙地而言, 當接客匆遽, 乃以不解來意報去, 皆可笑也。

〈風詠樓記〉, 果諾而未作, 間適有人言星牧已作記來矣, 因謂若是不須疊作, 辭之則文之乃送盛作上樑文來曰: "仲擧所作者此耳, 然記不須作, 只欲揭此樓上, 願以數字綴跋語云云。" 僕不敢每辭, 乃已僭題而還之, 文之想必謄傳以瀆雅覽矣。盛文閎麗可喜, 雖有文勝之嫌, 在上樑之體, 不覺爲病, 跋語之病, 後望示誨。不宣。[90]

BNL0709(書-黃俊良-77)(樊卷26:27左)

答黃仲擧[91]

臘寒異甚, 倍切馳想, 辱書之至, 承動履佳勝, 不任欣慰欣慰。因筠老聞左右當有鳳城之行, 今來喩所云中止者, 不知其謂停鳳城之行, 抑雖來鳳城而不來汾川云乎?

---

89 辛酉年(明宗16, 1561년, 61세) 11월 6일 禮安에서 쓴 편지이다. 初本에는 〈答黃仲擧【辛酉至日】〉로 되어 있다.
90 不宣 : 初本은 뒤에 "謹拜謝。碧編感作。"이 있다.
91 辛酉年(明宗16, 1561년, 61세) 12월 19일 禮安에서 쓴 편지이다. 初本에는 〈答黃仲擧【辛酉十二月十九日】〉로 되어 있다.

僕惻寒龜藏於此，朋友雖或枉顧，難共山齋之味，不如且作後期之爲得計也。

精舍朋友近將散去，其間數人欲不動搖，僕固勸之使去，禀父兄之意，以爲行止。僕之所爲，無乃太徇時習乎？自知甚不滿人意，然事有不得不然者故耳。

誤字，續當依示奉報，此便則未及，恨恨。太輝、希正，不可不與之，但未畢而徑與之，亦爲未盡，須於前後所報所改，一一收錄，因便寄示，令自改之爲佳。但聞朴翰處亦與之，此則似與前約不同，無乃遭暗投之怪耶？

《節要》命名不改之喩，已聞命矣。亦知其非有病也，但其字音，差不響亮，恐因此致人不便於稱云，故聊禀之耳。

《理學錄》，許欲印出，甚幸[92]。而深恐一成便爲定本而印之，不無後日增損之難之悔，故不欲刻日速就也。但所喩[93]來秋賦歸之意，竊恐今之仕宦，莫便於州縣，何必乃爾耶？然則安知其不及在官日可就定本而有以處之乎？

老眼昏燈，草不成字，不能多及。惟冀茂迓泰慶。謹拜謝。
【碧乾，感怍感怍。】

---

[92] 甚幸：上本에는 "幸甚"으로 되어 있다.

[93] 喩：上本에는 "諭"로 되어 있다.

BYL0710(書-黃俊良-78)(樊遺內卷4:2右)

答黃仲擧【俊良○辛酉】[94]

終日凝竚，得示，知在明臨，又以欣企。但過行之旆，出拜陶山甚好，而有礙未果，坐屈溪舍，悚仄悚仄。惟留面悉。謹奉謝。

KNL0711(書-黃俊良-79)(癸卷20:21左)(樊卷26:28左)

答黃仲擧【壬戌】[95]

忽承人日所寄書，遙知故人思故鄉兼思病舊珍重之意，獨恨其欠卻題詩寄草堂耳。

　滉艱保折膠之寒，得春半月，尙未解寒圍，重以歲時人事頗冗，本縣及鄰邑送舊迓新，過訪亦煩，有妨調攝。今則幾若了得，而家間復有不腆禮幹，度至仲春初，方可放閑山舍中耳。

　釋負歸田之喩，向亦有此意，想必非謾說不情之語，不知何故起此念耶？近因筠翁，聞仁政之下，不無小民暑寒之咨，多由於親舊應酬之擾所致。此事，滉當初已憂之已規之，乃不留意，今何如矣？且新寧、丹陽之政無此，而今乃有之，無他，自以爲此處可以潤九里，故人之干索，浩不可禦，以至此耳。

94 辛酉年(明宗16, 1561년, 61세) 월일은 미상이며 禮安에서 쓴 편지이다. 初本에는 〈答黃仲擧〉로 되어 있다.

95 壬戌年(明宗17, 1562년, 62세) 1월 15일 禮安에서 쓴 편지이다. 初本에는 〈答黃仲擧【壬戌上元日】〉로 되어 있다.

今若可改則速改，不可收[96]殺，不如飄飄然歸臥錦溪往來吟弄竹溪風月爲上策耳。

文之風詠樓事纔結末，又遭變故，狼狽去任云，殊駭聞聽。此雖出於惡風，君子不可不自反而痛創，不知文之又何以爲心也？

又聞李剛而，創祠之謗甚騰。今雖稍息，亦殊未安。大抵吾黨，多上人口舌，令人悒悒不樂。更望吾友十分猛省，毋令坐受人指點，以慰吾徒之屬嚮也，幸甚幸甚。

兩生之志，果甚可愛，只緣未敢違父兄之意，皆作西行。其得未深，而其汨已及，何能保其終有望也？

《節要》書誤處，歲前續致者，已達否？今又一紙送上，此其終考者，但近末則臨散忽忽，似未子細，只得依此改正而已，其他難保無誤也。《伏惟尊照。謹拜復。》

《藥飯饋貲，愧荷愧荷。但如此每不敢辭，滉實親舊之擾之尤者，乃不能自改，而望公之改，其可乎？呵呵。》

KNL0712(書-黃俊良-80)(癸卷20:23右)(樊卷26:30右)
答黃仲舉[97]

文卿齋傳辱報書，謹悉苾撫多暇，欣慰無比。滉於冰溪雪壑之

---

96 收：上本에는 "改"로 되어 있다.

中, 艱保病軀, 得見和煦之候, 今已數日。第緣孫兒新婦來見, 未免隨俗行禮, 舉家騷騷過了一箇月, 昨今少定。緣此神思亦覺未甚寧靜, 俟得出山居, 當有好意思, 與春物俱欣欣然, 乃知常人之情, 不能不與所遇之境而有遷改, 可爲警懼耳。

知與吳敎[98]講究《朱子書》, 在大府佐偬中, 尙能如此, 尤不易得, 深爲歎聳。"義理無窮, 光陰易邁", 此切至之言, 唯用力於此者知之耳。

徐密陽緣何病長逝? 其人深有可取, 亦聞有意爲學, 尤以向意, 今聞其終有大失措, 因用心而成疾云, 不知然否? 若果爾則豈不爲賢者之累耶? 大抵懲忿大是難事, 如文之之事, 亦失於此一著也。然則與不學而任喜怒生事者相去何遠哉? 亦可懼也。

無忘賓旅, 固爲善政, 但凡事只在過與不及之間。前所奉告, 恐或過厚而成弊云耳。

剛而所處損縮, 此亦聞之。且太宗祀[99]典不可創建之意, 曾已告之, 已罷去矣, 只祀金角干, 而加以李益齋、李石灘云云。滉意此三人, 若名爲鄕賢, 而令鄕人主祀事, 則無所不可, 若以屬之精舍, 而令諸生祀之, 則角干武德之人, 不合於祀學, 必起爭論, 又甚於星山書院事也。未知剛而終如何處置也? 此

---

97 壬戌年(明宗17, 1562년, 62세) 2月 6日 禮安에서 쓴 편지이다. 初本에는 〈答黃仲擧【壬戌二月初六日】〉로 되어 있다.

98 敎: 初本의 부전지에 "'敎'下疑脫一字."라고 하였고, 樊本과 上本의 두주에 "'敎'字下恐有'官'字."라고 하였다.

99 祀: 庚本에는 "祠"로 되어 있다.

事, 滉初不知, 而物議以爲與滉通議爲之, 可笑。

　李斯文《洪範內篇解》, 滉聞而欲見久矣, 不得一寓目, 今若刊行, 則當得一見, 何幸何幸!《內篇》義理, 本所未曉, 假使早見, 何能有所容喙於其間耶?

　《朱書》誤字一紙, 前日入于書辭, 而未及封納, 今方呈似。但恨未及畢改, 而稍已分之, 今送無及於事耳。人日詩, 圭復爽然。人遽未及續貂, 容俟後日。《伏惟尊照。不宣。謹拜復。》

KNL0713(書-黃俊良-81)(癸卷20:24左)(樊卷26:31左)

答黃仲擧[100]

辱書, 具悉近況淸裕, 不任欣浣[101]。滉憒憒依然, 又因僧病, 舍山入溪, 今已半月, 殊覺寥落。

　曾聞吳教官有意相顧, 企渴深矣。但若待江舍安復, 則已迫例避之辰, 其前則溪間無可與周旋處, 悵悵悵悵。其人能自振拔如此, 誠願一見以發蒙吝, 不知何日可遂此願耶?

　剛而好處甚好, 第恐見識有未透處, 不無晩節之可憂, 已屢苦口, 未知他以爲如何耳?

　蒲節會面, 久於凝望, 今示如此, 信多不如意事, 奈何?《臘

---

[100] 壬戌年(明宗17, 1562년, 62세) 4월 20일 禮安에서 쓴 편지이다. 初本에는 〈答黃仲擧【壬戌淸和二十日】〉로 되어 있다.
[101] 欣浣 : 初本과 中本에는 "欣浣欣浣"으로 되어 있고, 樊本과 上本에도 "欣浣欣浣"으로 되어 있다.

味, 感愧。適曛暮未縷。謹拜謝復。)》

KNL0714(書-黃俊良-82)(癸卷20:25右)(樊卷26:32右)
答黃仲擧[102]

筠老還後, 緣違未見, 今日方會於山舍, 相與談彼中事, 亹亹懷想。忽見來使, 投以珍翰, 何異親接幽款也?

　老拙幸此無他。近喜筠老來歸, 適會戌七旣望, 方約爲赤壁之遊。不意造物戲劇, 大水懷襄, 遂敗勝事, 悵懊至今。然而因此水卷去魚梁, 得乘其隙, 來寓陶庵[103]已數日。此則似欲以之相償而相慰也。

　中秋佳節, 若得來賁, 最深企幸, 而會葬[104]之差, 無乃竟作睽違耶? 是又可虞者耳。伽倻酬唱, 竟靳辱示, 可憾。

　柳景文, 志趣見識, 深可嘉尙, 今在門館, 又與吳子强相講磨, 必大進益, 甚幸甚幸[105]。大抵星府人士能風動鼓作如此, 不易今日見此事也, 無任聳歎之至。

　《理學錄》, 以其亂草多改易, 未可借手, 皆自寫已, 難趁速, 又近方再檢《語類》, 則遺漏頗多, 未免作爲新功, 追收竄

102　壬戌年(明宗17, 1562년, 62세) 7월 22일 禮安에서 쓴 편지이다. 初本에는 〈答黃仲擧【壬戌七月二十二日】〉로 되어 있다.

103　庵 : 樊本과 上本에는 "菴"으로 되어 있다.

104　會葬 : 中本의 주묵 부전지에 "'會葬', 更考."라고 하였고, 추기에 "傳本亦同."으로 되어 있다.

105　甚幸甚幸 : 上本에는 "幸甚幸甚"으로 되어 있다.

錄。緣此攪動, 前後互易, 勢未卒然了斷, 見寫之件, 只當爲中草耳。以此屢蒙印出之喩, 未得如戒, 殊有不敏之愧。

《續近思》, 何敢僭率承敎？ 惠寄新粳, 感佩。餘惟履度萬重。不宣。《謹拜復。》

BNL0715(書-黃俊良-83)(樊卷26:33右)

答黃仲擧[106]

歲晏山中, 馳往倍深, 忽擎來翰, 眼明心豁, 仍審臥治淸暇, 忻賀又深。

此間別無他撓, 一味老憒, 雖有友朋遠來, 不能大有磨切。自月旬以後, 又因江舍寒凜, 入于溪齋, 諸人亦多散去, 非久將空書舍矣。

向聞吳子强欲來, 深以爲幸。今已辭去, 則此後無望其來, 大是恨缺。大抵朋友篤實躬行者, 與之處, 互有資益, 其不然者, 非但無益, 反有損也。

所喩疑目, 憒何有覰得處？然旣辱投示, 未可徒還, 奉留徐求[107]一二奉報, 惟照。

就中有少禀, 向云《理學編》書, 頭緒頗繁, 精力不專, 久未就緒, 想今冬庶可斷手, 而元、明以下, 囑之士敬, 膽寫草

---

106 壬戌年(明宗17, 1562년, 62세) 10월 18일 禮安에서 쓴 편지이다. 初本에는 〈答黃仲擧【壬戌陽月十八日】〉로 되어 있다.

107 求 : 初本에는 "究"로 되어 있다.

本, 已在士敬處矣。但年前惠寄紙地, 已浪費於他閑慢處, 須
得數百張空冊乃可, 而未有得勢。後有人來, 留意寄來, 何如？
且此書雖成, 僅半於《節要書》, 但今所寫本, 僅爲中草, 而剪
綴改換, 不成模樣, 又欲正書, 則力所不及, 恐老人數年功力
卒歸於虛棄也。俟訖中草, 當奉呈以聽指敎耳, 幷惟鑑諒。餘
祈仕學俱優, 以副所望。謹拜謝復。

惠蝦, 感荷。近日兩使俱入花府, 聞似有欲過之意。山門
頗有車馬消息, 令人不免有撓閑意思也。士敬, 今年窮到
十分, 而債督令嚴, 勢至破家, 恐不能安坐供書役也, 可
嘆可嘆。

KNL0716(書-黃俊良-84)(癸卷20:26右)(樊卷26:34左)
答黃仲擧[108]

見天心日, 欣逢[109]手翰, 千里共此來復之慶, 幸甚幸甚。
　滉且此無他, 只覺今年畏寒倍昔, 不敢頭出, 出便不平。
又有一事非常愧懼, 素有沈酒之失, 近年稍稍醫治, 自謂已免
此過。前月方伯見訪, 偶發情興, 不覺昏醉, 多至失常。醒而思
之, 正如韓子所謂"躋攀分寸不可上, 失勢一落千丈强", 一操

---
108 壬戌年(明宗17, 1562년, 62세) 11월 17일 禮安에 쓴 편지이다. 初本에는 〈答黃
仲擧【壬戌日南至】〉로 되어 있다.
109 逢 : 初本에는 "奉"으로 되어 있다.

舍之間, 而善惡之分如此。其於來喩過當之言, 益無以爲答, 奈何奈何?

鄒御史事, 不謂千載之下, 復見呂祖泰之出, 而呂不免杖配, 鄒乃見聽, 又更有辭賞職一段, 奇節尤可尙也。

華使之出, 丁寧擾及疲氓, 將有群盜之慮, 此非小事, 而他不暇[110]計也。

子强, 深所願見, 今年已乖, 可恨。士敬如今始得義理蹊徑, 眞箇難得, 但不免時有太執不通處, 待其用功深, 而此病漸瘳, 則尤好耳。前聞有所分以救倒懸之急, 深謝深謝。然而叫突之撓, 終歲不免之勢, 可悶可悶。二冊荷意垂副, 卽付士敬, 可了此事, 庶有日矣。前來詢葬,

已有妄對, 柳景文已攜去汾上, 想今可上呈矣。景文淳靜, 儘可喜, 來留半月, 歸僅數日耳。分印事, 非不美意, 但事恐有礙故云云, 今悉示意。

晨往省家廟, 觸寒臥呻, 草草不具。《謹謝。》[111]

《月城尹, 又欲遠來, 已懇辭之, 不知終如何?》

---

110 暇 : 上本에는 "可"로 되어 있다.
111 謹謝 : 初本에는 "謹拜謝"로 되어 있다.

答黃仲擧問目【《心經》○癸亥】[112]

  一卷。"《詩》曰：'視爾友君子'"，附註："畢竟周之卿士，去聖人近。"周之卿士，去聖人不遠，故氣象與後世之人不同。

此說是。

  一說："周之卿士，去聖人近，如芮伯之徒，可作抑戒之辭，而戒王之辭與自警之語，氣象自是不同。"

此說非是。〈抑〉詩，武公所作也。所以擧周之卿士者，〈大〉〈小雅〉諸詩，多是周卿士所作，故因論〈抑〉詩，兼指諸作者，而稱美之云云耳。

  "顔淵問仁"，附註："伊川先生曰云云，其本也眞而靜。"五性便是眞，未發便是靜，恐不可作兩截看。看作眞而靜，故五性具否？又曰："眞是無極之眞，靜言其初未感物時。"則此指受命降生之初而言也。所謂未發者，指寂然不動未與物接之前，則非所謂未發之中也，乃本然之性也。下文"形生情動"，是性動而爲情否？

---

[112] 癸亥年(明宗18, 1563년, 63세) 1~2월 禮安에서 쓴 편지로 추정된다. 中本에는〈答黃仲擧心經問目〉으로 되어 있고, 定草本·樊本·上本에는〈答黃仲擧問目【心經】〉으로 되어 있다. 〔資料考〕庚本의 부전지에 "〈心經問目〉"으로 되어 있다.

此段,看得有病。蓋"其本也眞而靜"與"其未發也五性具焉"者,固非兩截事。但其爲說,則實作兩重說了。第一番,只指本然之性,不雜人僞,湛然淵妙處說,故曰"其本也眞而靜。"第二番,再就前所謂靜處,說破所謂眞者之名目,故曰:"其未發也,五性具焉云云。"非因此而有彼也。故朱子與蔡元思論此云:"伊川文字,如此多頭項,不恁纏去。"又謂之疊說,是也。來諭欲看作眞而靜故五性具,則是眞靜與五性爲兩物,相待而有,其可乎?

來諭:"眞是無極之眞,靜言其初未感物時,則此指受命降生之初而言也。所謂未發者,指寂然不動未與物接之前,則非所謂未發之中也,乃本然之性也。"竊詳來意,以眞而靜,爲人之始生未感物之時,而以所謂未發之中者當之;以未發也五性具,爲後來省事之人未與物接寂然不動之時,而以所謂本然之性者當之。此意甚差。

蓋人始生未感物時,固眞而靜;其省事之人,當其未感物也亦眞而靜矣。故未與物接之前未發之中,卽降生之初本然之性也。此事無前無後,無小無大,貫通只一理,只是纔感物後喪之者人耳。

"天命之謂性",附註:"若說天地,只是一個知也。"我知子知,猶有人我之別,天地不可分而爲二乎? 抑天人一理,不可分而爲二乎? 又曰:"〈本傳〉云'天知神知',亦可謂一個乎?"

人與我固可分,天與地不可分,伊川說如此。若朱子意,則以

爲己與人，天與地，只此一理，皆不可做二個知看。故旣說己
知人知，又引伊川語以明之。《易傳》"天地之妙用謂之神"，則
天知神知，亦豈非一個知乎？

　　二卷。"《大學》所謂'誠其意'者，毋自欺也。"附註："問自欺。
　　曰：'心之所發，不知不覺地云云。'"到知至十分盡處，然
　　後可言誠意，知有一分之未至，則不知不覺，卒陷於自欺
　　之域，所以工夫極細。在下文閑居之小人，是無狀小人，
　　而誤看爲自欺否？又曰："上文云自欺，是個半知半不知
　　底人。知道惡不可作，却又是自家所愛，舍他不得。"則是
　　不誠於爲善，有心於爲惡，而與不知不覺者相反。此非一
　　日之言，而各有所主乎？抑自欺有淺深、精粗之不同乎？

所云"非一日之言而各有所主"者得之，而自欺有淺深之不同，
此說亦是。但於中間，不可著一抑字以反其語勢耳。蓋由其自
欺有淺深之不同，故異日之言，可各有所主也。又恐於"不知不
覺地陷於爲不善"，此處，不當言知有至不至也。如何如何？

　　"所謂修身在正其心者"，附註："朱子曰云云，出入時無數
　　文字。"此言居常出入時，有無數文字，事事有兩冊子乎？
　　謂出入於雜學時無數，而文字事事各有兩冊子乎？
　　"一日忽思之曰且慢我"，慢猶欺也。從前雜學不著身己，
　　只自慢也。或云："以且慢爲句，且可慢此事也。"

頃與漢中韓永叔【脩】、申啓叔【沃】[113]輩講此段。滉意正與來喩

第一說意同。而二友先入之說，用第二說，及聞湜說，雖云似當，而未免陰主前見。趙士敬亦欲主第二說也。且慢，當句絶，我字讀屬下句爲是。看作欺慢，非是。

"《禮記》：'君子曰：「禮樂不可斯須去身。」'"附註："自暴自棄"，小註："做許多模樣。"是笑他爲依做效樣之意否？

嘗見一人，嘲侮己卯時一士人云："觀其行止言貌，頭容直，手容恭，足容重等，個個做模樣云云。"此正如此所云云也。

"葉賀孫請問云云，公仙鄕人"，仙鄕人語聲，高乎低乎？

按葉，處州人，與溫州接境，近天台山，山水奇麗似仙境，故謂之仙鄕。想彼中人語聲，例多低微不響厲，而葉亦然，故因而問之曰："公之鄕人，語聲何故多如此耶？"非謂公是仙鄕人，不當語低而反低也。

三卷。"孟子曰：'牛山之木嘗美矣'"，附註："問居常持敬於靜時最好"，小註："魯齋許氏曰云云，便索要敬。"索字作極字看否？若作求字看，意不足。

恐當只作求字看，若作極意看，雖似意緊著，然反於閑處費力。

---

113 韓永叔……沃：中本의 부전지에 "脩字、沃字，更考."라고 하였다.

附註又曰:"人心作主不定云云, 張天祺自上著床, 便不得思量, 惡思慮感動。才不思量, 則須强把這心而制縛之。亦或寄寓在一個形象, 如司馬公揀得中字爲念。"二者皆非自然乎?

不獨惡思慮, 雖好思慮, 若有心驅遣, 或制縛令不動, 則皆能爲病。

四卷。"周子《通書》曰:'聖可學乎?'"附註:"又曰:'周先生說一者無欲也云云, 只就這敬字上崖[114]去。'"崖作挨字, 推向上去看否? 如作道岸看者, 如何?

崖與挨, 恐是音同而互用。作道岸看, 非是。

范氏〈心箴〉。附註:"問所載范〈箴〉云云, 呂伯恭甚忽之。", 呂伯恭甚忽之爲句絶看否? 又曰:"或云:'伯恭甚忽之而問云云。人多說得到, 必取范說, 何也?'"此說似意長, 何如?

恐當如前說看。若如後說, 則此正是先生自說。已與伯恭相問答之辭, 則於伯恭問已處, 不應著一問字, 似當只著云字, 或謂某云云可也。於已答伯恭處, 不應只著曰字, 似當云某答他云云, 可也。今只下問字曰字, 故愚意此非伯恭之問, 乃上問者

---

114 崖 : 養校에 "'崖'當作'捱', 或作'唯'。"라고 하였다.

之再問, 而曰爲答其問辭耳。其末云"此意蓋有在"者, 亦是記者之言也。滉欲作如此看, 向來韓、申、趙三君, 皆不甚信, 終未知如何看方恰好也。

"朱子〈敬齋箴〉", 附註: "問〈敬齋箴〉後面云云, 如何解迫切云云。" 如何解迫切, 解或作知也。此作語助看否? 松堂以"除非"作"只是"看, 然則恐與除是一般。有人做工夫, 令大段迫切, 然後勸他勿迫, 猶之可也。今未做工夫, 要開後門, 然使之寬緩, 此亦非爲迫切也。只是人不曾做工夫, 故以爲迫切耳。此意然否?

'解'字固有訓'知'處, 但此處訓知, 似未穩, 只作爲字意看, 如何? '除非', 初不是'只是'之意, 惟其語勢再倒, 終歸於'只是'之意。松堂看作'只是', 可謂得意於文字蹊逕之外矣。韓、申二友所說, 亦頗近此, 然沿文求義, 皆未免鶻突。其意蓋謂那人做工夫大段迫切, 然後勸他勿迫則可, 非如此之人, 則除之可也。【除, 謂除勸他勿迫也。】來諭謂與除是一般, 恐未然也。又"今未做工夫"以下, 語意亦未曉得。

《心經》一書, 西山先生裒集聖賢格言, 首引危微, 終以德性, 而中間所記, 漫無統紀, 與《庸》、《學》等書不同。篁墩程氏, 捃摭先賢切身之奧旨, 因類附見, 粲然明備, 誠治心之藥石也。然見處不明, 擇焉不精。如眞西山華而不實, 范蘭溪蔓而不切。至於黃慈溪, 則所見比二子尤下, 恣詆伊川, 傲然自聖, 於聖賢傳心之要訣, 不可與聞。而三子之說，皆列之大註，程、朱格言，反實之註釋。其他取舍，未免失當，而其所竊附之言，亦無所發明，豈非是書之一欠耶？今欲使可改者改入，可刪者刪去，粹然一出於正，無少差訛。伏想先生沈潛之久，洞照表裏，而每爲退託，無意下手於此等事。後學茫然，何所適從？徒抱遺經，臨風慨息而已。

來喻以《心經》所引諸書漫無統紀爲病，竊恐其未然也。彼《大學》、《中庸》等書，固有綱條脈絡之齊整分明，此自作一書，其體當然也。若《論語》，雖間有類記處，而率多雜糅，《孟子》則尤多散漫，隨手拈掇，何嘗必以《庸》、《學》爲法耶？況所引諸書，略有時世之先後，而聖賢之言，亦自有寢闢寢明，以至於大備而後已，又何須類分然後爲得耶？《大學》平天下章，程子嘗以類分，而朱子以爲類分則意味反淺，不若從舊錯出者之爲得丁寧反覆之意也。滉於此經，亦謂如此。

　　來喻又謂："篁墩見之不明，擇焉不精。"尤未敢聞命。夫眞西山議論，雖時有文章氣習，然其人品甚高，見理明而造詣深，朱門以後，一人而已。范蘭溪有得於此學，朱門所許，蓋非獨一〈心箴〉也。今乃以華而不實、蔓而不切誚二子，愚所未安。慈溪黃氏詆伊川之言，未知見於何書？若《心經》二條，則非詆伊川，實所以發明程、朱遺意，其言意藹然，忠厚懇惻，救世之藥石也。

　　篁墩以三子之言實之大註，程、朱之言或在小註，非擇之不精，只以言有賓主，意有淺深而然耳。至於竊附之說，篁墩非欲於此自爲論道，但略見其所以去取諸說，以爲此註之意。

故輕輕地說過,此正得其附說之體。盛論乃以爲此書之一欠,愚不知如何而作乃得此書之無欠耶?

大抵高明平日議論見識,未免有務高喜事之弊,故致此失當,而又欲使滉有所刪改於其間。此何異大匠造建章,千門萬戶,各已天成,而一朝遽使血指汗顏者,坏壞梁棟,胡亂改作?血指妄作者,在所不言,其使之爲是者,人以爲何如人也耶?

KNL0718(書-黃俊良-86)(癸卷20:36右)(樊卷26:45右)

答黃仲擧問目【《近思錄》】[115]

一卷八張。"剝之爲卦云云。剝盡於上,則復生於下矣。"註:"積三十分而爲一爻。"自十月中,至十一月中,積成復之一爻,則以三十日,當三十分否?

此來說得之。

十三張。"生之謂性,性卽氣,氣卽性,生之謂也云云。"此言性與氣本不相離,而剔出一邊,言氣質之性。然指生爲性,恐非定論。又曰:"惡亦不可不謂之性。"此指局於氣而言。又曰:"善惡皆天理。"此指過與不及言。夫形而後有氣質之性,而天命之性,純粹無雜,則此二段若甚可疑。又

---

[115] 癸亥年(明宗18, 1563년, 63세) 1~2월 禮安에서 쓴 편지로 추정된다.〔資料考〕庚本의 부전지에 "〈近思錄問目〉"으로 되어 있다.

曰：" 性卽理也。原其所自，未有不善。"此與性善之說同。
竊意此一段，眞爲定見。

明道此段性字，或兼理氣渾淪說，或以本然之性說，或以氣稟
處說，一段中自有數三樣，所以難看。朱門論此段非一，而其
見於《語類》第四卷者尤詳，幸試考之。今不暇致詳於此。

　　二卷二十八張。"謝顯道見伊川云云。伊川直是會鍛煉得
　　人。說了又道恰好著工夫也。"：以"說了"爲句絶否？以"得
　　人"爲句絶否？"發得太早在"，是恰好著工夫處否？

"得人""人"字下句絶。然得字粘著鍛煉說，人字單擧說爲是。"發
得太早處"，非是著工夫處。因是回頭却步，就平實田地上做活
計，是恰好著工夫處耳。

　　三卷八張。"義理有疑，則濯去舊見云云。心中有所開，卽便
　　箚記云云。"：箚記是入心記著否？錄之於書否？若是眞
　　知，則便卽融釋脫落，不記還塞如山逕然，則恐非眞知也。

箚是錄之於簡耳。若是眞知以下是。

　　十張。"問瑩中嘗愛《文中子》云云。據此一句，只做得九三
　　使云云。"：使字如用字看，讀屬上句，或屬下文讀之者誤。

讀屬上句是。

二十張。"今時人看《易》云云。不識兀子云云。"：《莊子》云："兀者無趾。"此言無一隻脚也。或云如今之杌子，如何？

後說今之杌子是。

四卷六張。"伯淳昔在長安倉中云云。越著心把捉，越不定。"：越字作助語看，恐亦有微旨否？

越猶愈也。言愈著心把捉，愈不定耳。

十九張。"明道先生曰：'人有四百四病，皆不由自家云云。"：人有四百四病，皆外感所致，皆不由自家。唯心則操存在我，須教由自家。一說，人有四百四病，皆由於心，不由於身，故心須教由自家以統御之。

前說得之。

五卷九張。"問不遷怒不貳過云云。自家著一分陪奉他。"：可怒在彼，我又與焉，是著一分陪奉怒心。陪奉猶陪隨奉持之意否？

此說亦得。但奉持之持，當改作事。蓋奉事於上，所謂役於物之意爲切。

十五張。"世學不講云云。人須一事事消了病，則義理常勝。":一事事,作逐事看否?

一事事之語差異,未甚曉得。恐只如來說。

五[116]張。"買乳婢多不得已云云。但有所費云云。":"但有所費",屬上句看否? 買乳婢而不能兩全,則徒有所費而無買之之實耶?

"但有",不可作徒有看。蓋此句不屬上句,亦不屬下句。上文既言用二子乳食三子之爲善,遂言"但如此買二乳,則實有所費,然若只買一乳,不幸而致誤彼子,豈不爲大害"云耳。若如來說,則奈上文所言"非不能兩全",如何?

七卷十一張。"先生在講筵云云。動不動又是乞也。":士大夫慣却乞字,以陳乞爲義之當然,動與不動皆是乞也。動是陳乞之擧乎? 動心之義乎?

《語錄》凡言動不動,只是動輒之義耳。動心之義,非是。又不動二字,不須實看。

八卷十三張。"橫渠先生答范巽之云云,大都君相。":'大都'作大槪看否?

---

116 五:두주에 "五上, 恐脫六卷二字。"라고 하였고, 樊本 및 上本에도 동일한 두주가 있다.

是。

九卷五張。"伊川先生〈看詳三學條制〉云云。又云三舍升補之法云云。"：三學、三舍，其名何也？如今四學之類否？升補者，自三舍而升用於朝否？

三學，謂國子監、太學、四門學；三舍，謂外舍、內舍、上舍。升補，謂初入外舍，自外舍升補內舍，自內舍升補上舍。

九張。"又曰：'一年有一年工夫。'"：收譜系立宗子，當行之以漸否？恐是錯簡。

此非獨謂收譜系立宗子一事，謂凡爲天下國家之道當如此，如云期月、三年、五年、七年之類。

十二張。"介甫言《律》是八分書，是他見得。"：八分變篆，而古法猶存，《律書》在後，而古意猶近，故許之曰"是他見得"否？

八分，非謂八分書法也。蓋謂政教有十分道理，而《刑律》所言，占其八分耳。

十卷十六張。"先生因言：'今日供職，只第一件云云。'"：猶言第一件有不得供職之事，不曾簽，簽猶署押之意否？

皆是。

《須看欲正名處【尼】，見得道名不正時【厓】，禮樂不興【伊羅】，是自然住不得。如此看否？》
《須看聖人欲正名之處，見得名不正之時，禮樂不興，此必至之勢，自住不得。是言臺省倒申外司事體顚倒否？道字作助語否？》

《大槪皆得之。【羅吐】當改爲【尼】。道猶言也。》

十二卷六張。"人於外物奉身云云。却不知道自家身與心，却已先不好了也。"：以《小學》口訣看，不知自家身心則已先不好。一云："雖使得外物好，爲外物圖好看時，却不知自家身心已先不好了。"二說如何？

《小學》口訣失之，後說甚善。

十四卷四張。"林希謂揚雄爲祿隱云云。便須要做他是，怎生做得是？"：後人見子雲著書，謂做得是處，雄失身事莽，著書不是，豈可謂做得是處乎？是指聖賢事業否？一云："是指做祿隱之志。"二說如何？

是卽是非之是。謂後人見雄著書，便須要以雄爲是，如何得爲是耶。做非謂雄做是也，謂後人以雄爲是耳。

十張。"明道先生曰：'茂叔窓前草不除去。'"：註云："子厚觀驢鳴，亦謂如此。"亦爲生意充滿，聲大且遠，有會於心否？與庭草一般，有何意思？

非謂與庭草一般，亦只謂與自家意思一般。彼物自然函生，自然能鳴以通意，便是與自家一般處。

BNL0719(書-黃俊良-87)(樊卷26:35左)

與黃仲擧【癸亥】[117]

滉今以事到豊山，聞公行已近龍宮，喜不可勝言，喜不可勝言。不審卽日體候調攝如何，眠食如何？欣賀之餘，又不勝其懸渴也。

　且切欲奉候於襄陽等處，庶得面省，只緣自以身病，留滯旅次，勢甚爲難，未遂此願，平生恨愧恨愧。所望好返三徑，旋得勿藥之慶，一笑相從於陶山、汾水之間，切祝切祝。餘在景文之行。不具。

[117] 癸亥年(明宗18, 1563년, 63세) 3월 4일 豊山에서 쓴 편지이다. 初本에는 〈與黃仲擧【癸亥踏靑後日】〉로 되어 있다.

退溪先生文集

卷二十一

SNL0720(書-李楨-1)(續卷4:10右)(樊續卷4:12右)

答李剛而【癸丑】[1]

辱垂翰問, 承體况佳裕, 感慰無量。滉衰悴更甚, 尚負故人當歸之信。惟是閑中含咀已往之糟粕, 不無雋永之味, 以此消遣爾。

　　偶得於傳云, 政理勤練, 咸有條緖。可想康健非前日之比, 爲公私深賀。旱災如此, 正賴親民之官濟物之力。稍暇, 尤宜勉進德業, 以副時望, 幸甚。

　　進餘, 合王公, 亦逮蓬戶, 感愧何當？謹拜謝。未悉區區。

KNL0721(書-李楨-2)(癸卷21:1右)(樊卷27:1右)

答李剛而【(楨)○癸丑】[2]

頻累辱問, 不任感荷。第審少有愆度之虞, 此乃有民社, 未免例勞神觀, 不須過慮。但左右頃因孝服傷損之餘, 實非平人之比。上體下恤, 固當盡誠, 保精嗇神, 亦宜無忽, 處己處人, 本無二道故爾。

1 癸丑年(明宗8, 1553년, 53세) 1~5월 서울에서 쓴 편지로 추정된다. 李楨(1512~1571)은 本이 泗川, 字는 剛而, 號는 龜巖이다. 拾遺에는 〈答李剛而【楨○癸丑】〉으로 되어 있고, 續草本에는 추기로 "初本, '而'下書諱○癸丑."이 있다. 〔編輯考〕李滉이 李楨에게 보낸 편지는 138통이다. 癸本에 49통, 續集에 34통, 樊本에 55통이 실려 있다.

2 癸丑年(明宗8, 1553년, 53세) 5월 서울에서 쓴 편지로 추정된다. 中本에는 〈答李剛而〉로 되어 있고, 庚本 및 擬本에는 〈答李剛而【癸丑】〉으로 되어 있다.

滉經冬涉夏, 閑養甚適, 自謂可鎭日如此, 故不以退去爲急。不意去晦復忝冑學, 辭避不得, 不得已靦顔再辱講座, 其如士林傳笑何? 適値苦熱, 尤難强作, 非久當謀脫免也。

　　嶺南饑荒, 視他尤劇, 傳聞駭甚, 不知終作何狀? 病人無以展布四體, 以效涓埃, 獨有山林之樂, 以幸餘年。而鄕閭蕩析, 盜賊縱橫, 山林之樂, 亦安可常保? 以此益無聊賴。何緣奉面以寫此懷? 只祈爲時珍愛。《謹拜謝復。》

KNL0722(書-李楨-3)(癸卷21:1左)(樊卷27:1左)

答李剛而[3]

每蒙垂錄, 嗣音不替, 愧荷之極。滉再冒胄監, 曾是不意, 本非病人所堪。而適因鄰舍不靖, 移寓於泮近人家, 似爲久作係籍之計者, 殊可笑嘆也。

　　吾輩悠悠應俗, 何嘗有一毫益己事? 山林靜養不固, 至此而銷鑠無餘, 中夜以思, 使人身不貼席, 彼此想無異懷。來喩所謂酒樂之悔, 亦其中之一事。不樂留之嘆, 知非偶發也。但公不以藥言見砭, 而每欲借聽於聾, 豈徒俗人所怪? 智者亦應不爾。幸須諒察, 毋惜相先之道, 是所願望。

　　黃敬甫忽作泉下人, 驚怛何限? 此人傷酒旣深, 而猶不斷飮, 竟至於此, 可爲世戒。

　　嘗見宋台叟否? 其人淸粹可慕。霾鬱珍愛。不宣。

---

[3] 癸丑年(明宗8, 1553년, 53세) 6월 초순 서울에서 쓴 편지로 추정된다.

KNL0723(書-李楨-4)(癸卷21:2右)(樊卷27:2右)

答李剛而[4]

遇有來信, 陸續垂問, 如接淸晤, 以灑煩滯, 何幸之深? 仍審比來雅況佳迪。

　僕再叨胄敎, 謂不可每徇私便, 至移寓其近, 庶欲努力。而疾病侵陵, 事之相掣者又非一端。前月晦又蒙恩, 又[5]遞得閑。所深愧者, 皐比緘口, 以經四朔, 正如來書所云: "啞者心欲之[6], 而口不能聲。"此固前日左右所親睹也。先發之云, 不記當時所指謂何, 未敢有所再進耳。

　來喩思故山秋興, 而有未歸之嘆。然此事, 在公則輕去祿養, 固甚爲難。在僕孤露餘生, 去就無難, 而久乖宿心, 俯仰枯槹, 此誠何爲者耶? 每自笑嘆。

　然行止亦非盡由於人, 隨遇而安, 無可著力[7]之地。延平正要於此用功。但恐吾輩志學不篤, 不免爲俗事遷奪, 是可懼耳。

　《宋公去喪伊邇, 方深企渴。其猶子好在, 令人遠念。惟冀向涼益自珍愛。不宣。謹謝復。》

4　癸丑年(明宗8, 1553년, 53세) 8월 서울에서 쓴 편지로 추정된다.
5　又蒙恩又 : 中本의 부전지에 "晦下兩又字, 可疑."라고 하였고, 擬校에 "晦下兩又字."라고 하였다.
6　心欲之 : 中本의 부전지에 "心欲之, 更詳."이라고 하였다.
7　無可著力 : 養校에 "大山云: '無下, 或脫不字, 又可, 或非字之誤.'"라고 하였다.

KNL0724(書-李楨-5)(癸卷21:3右)(樊卷27:3右)

答李剛而[8]

獲奉問字, 承雅履休佳, 紓寫曷比? 鬱攸之災, 擧國遑遑, 不知終何歸結也。

　病漢身計, 十分中無一分占地位。近欲乞補關東一閑邑, 庶可少酬平昔之願, 苦未有好闕耳。

　薛公《讀書錄》, 非《困知》、《傳習》之比, 其言皆親切有味, 最多喚醒人處。偶因洪應吉, 聞貴府有刊本, 前敢冒叩, 卽此垂寄, 使衰懦者有所策勵, 公之惠我周行至矣。僕何能有獻於左右耶? 苟欲聞之, 亦求之此錄, 足矣。《適有家奠, 草草復謝。》

SNL0725(書-李楨-6)(續卷4:10左)(樊續卷4:12左)

答李剛而[9]

忽蒙垂[10]翰, 新春幷至, 如以清水濯熱, 不勝爽快。當此大來, 想益膺休慶。僕之無似, 尙爲公稟之一蠹, 嘆憫之餘, 每傀故人耳。

---

8 癸丑年(明宗8, 1553년, 53세) 9월 14~30일(그믐) 서울에서 쓴 편지로 추정된다.
9 甲寅年(明宗9, 1554년, 54세) 1월 서울에서 쓴 편지로 추정된다.〔年代考〕이 편지는 續集 해당 부분 편차로는 癸丑年(1553년) 53세에 보낸 것이 되어야 한다. 그러나 그 冒頭에 "忽蒙垂翰, 新春幷至, 如以清水濯熱, 不勝爽快。當此大來, 想益膺休慶。"이라고 한 말에 의거할 때, 甲寅年(1554년) 54세 1월에 보낸 것이 분명하다.
10 垂 : 上本에는 "手"로 되어 있다.

示諭晦菴〈感興〉詩覺軒註, 未曾見之。幷〈雲谷〉等詩一峽刊行, 則庶可得見, 何幸如之? 但序跋之囑, 不屬於當世文章手, 而倒及於病棄之人, 已爲失當。加以朽拙, 近因微事, 有少齒舌, 何敢强自託於斯文以重取怒乎? 玆未副敎爲恨。須以囑於彥久公何如?

所取諸詩, 固佳。其〈雲谷二十六絶〉、〈奉同張敬夫城南雜詠二十首〉, 亦甚佳, 未可幷取刻否? 若卷峽已定難可, 則不須强耳。《惟尊照。謹》[11]拜謝。

KNL0726(書-李楨-7)(癸卷21:3左)(樊卷27:3左)
答李剛而[12]

《春且向盡, 未相聞問, 悠戀日深。辱簡之至, 承苡撫多慶, 欣慰曷勝曷勝? 滉病狀蹟於前, 今可去矣。由禁未開, 不得去便, 滯留踽踽, 方懼識者之責, 乃有何顏之諭, 何傀如之?》

蒙寄示新刊晦菴諸詩, 極荷愛厚, 不敢忘。〈感興〉詩蔡註, 曾所未睹。《棹歌註解》, 近方聞有之, 渴欲得見。今合爲一冊, 忽墮塵几, 如見古人接緖言於千載之上, 感幸尤深。滉前所以欲添入〈雲谷〉、〈城南〉諸詠者, 以〈雲谷〉只取十二首而遺二十六詠爲未備, 又〈濯淸〉乃〈城南二十詠〉之一, 取一而遺十九, 亦可惜, 故敢白, 而未及於事, 爲可恨耳。恐君欲見其詩,

---

11 惟尊照謹 : 續草本에는 없고 해당 내용이 추기되어 있다.
12 甲寅年(明宗9, 1554년, 54세) 3월 서울에서 쓴 편지로 추정된다.

故錄呈, 幸領覽, 何如?

　　滉比來殊無意謂, 惟多見所未見書, 抱此還山, 足以遣老, 豈非孤陋暮景之大幸? 但恨未得深契如公者, 日相從而歌詠切磋耳。未涯會奉, 惟爲時千萬加重。不宣。《謹拜謝復。》

BNL0727(書-李楨-8)(樊卷27:4左)

與李剛而【甲寅】[13]

雨中話別, 奄改時月, 未審莅候何似? 懸想無已。僕今始呈病, 將謀就閑, 但歸計尙未成, 不堪鬱鬱。

　　前白〈宿休庵〉一律欲改之處, 再審之, 則本文亦自無病, 不須改之。僕前未細察而率然請改, 深愧妄發也。

　　《延平答問》開刊事, 其可遂否? 跋文不可無, 而何人見諾耶? 示及爲望。

　　今年饑荒, 甚於去年, 平安一道外, 其餘同然云, 痛惻奈何? 惟冀爲時保重。不宣。謹拜問。

---

[13] 甲寅年(明宗9, 1554년, 54세) 7월 17일 서울에서 쓴 편지로 추정된다. 拾遺에는 〈與李剛而〉으로 되어 있다.

SNL0728(書-李楨-9)(續卷4:11右)(樊續卷4:13右)

答李剛而[14]

承惠辱書, 如親款晤, 忻幸不已。滉目不睹兵書, 誤當此職, 本爲不合, 加之疾病, 圖欲退閑, 勢所不獲已。只爲上僚所抑, 不得呈狀, 杜門二旬, 竟不遂願, 狼狽復出。此實例無之事, 深以訝愧訝愧。但此番徒爲閑散計耳。歸計則尙未甚決者, 以年凶由禁未解, 一也; 嶺外赤地, 誠恐歸而餓死, 二也。力病奔波, 顔厚忸怩。茲得諭意, 若合一契。

今者林大樹[15]罷官, 難在城中, 欲歸故鄕, 則畏故鄕饑疫, 艱窘非常, 欲賣宅自活。大抵吾輩亦未免爲口腹所累, 於行止之際, 殊有未強人意, 可懼可歎。其中滉之所處, 尤未安者, 以其所處要地故也。以是固欲伺便復謀退耳。

《延平書》刊板就緖云, 甚喜且幸。非公篤好, 安能致此? 跋文, 前雖見囑, 恐適爲病於前賢書, 故不敢爲之。若他無許諾之人, 則所不敢終辭, 而今正無閑隙, 當少俟得閑之後。伏惟照諒。

景遊竟至不起, 慟不可喩。猶子博執喪, 怡未赴任前, 略措喪具, 而知舊之間, 續而了辦, 又有所經護送命, 恩出非常, 可致遠喪, 稍以慰情。未去之恨, 誠如所諭。但每念吾方此汨

---

14 甲寅年(明宗9, 1554년, 54세) 8월 서울에서 쓴 편지로 추정된다. 樊本 및 上本에는 〈答李剛而【甲寅】〉으로 되어 있다.

15 大樹: 底本에는 "大遂"로 되어 있다. 中本·拾遺·樊本·上本에는 "大樹"로 되어 있다. 續草本의 추기에 "大遂, 考草本次。", "遂, 初本'樹'。"라고 하였다. 柳校에 "遂, 恐樹之誤。"라고 하였다. 이에 根據하여 修正하였다.

汨, 未暇責他之未盡, 益以懍懍耳。餘惟各勉養勇以俟。不宣。
《謹拜復。》

KNL0729(書-李楨-10)(癸卷21:4右)(樊卷27:5右)
與李剛而【甲寅】[16]

《三秋向盡, 未審撫莅體況安否何似？ 馳系無已。僕病不堪劇, 昨始蒙恩就閑, 拙分幸甚。但禁假申明, 無可出國門之便, 是爲撓念耳。》

　　前承見囑《延平書》跋, 以其事重大, 不敢輕自擔當, 累度回避。近緣病閑思之, 終阻盛意, 亦甚未安, 試爲構草。適得許太輝書, 喩尊索序跋, 彥久、希正皆有故不暇, 曄亦不敢云, 而堅以其事見推, 鄙意亦以爲若皆辭不作, 則人豈知此書始行於吾東首末耶？ 故拙稿姑以呈去, 須痛加繩削, 可用則用之, 不可則更索於前數君。

　　大抵文章公道, 何可以情面而苟爲之耶？ 適病倦爲甚, 但爲中草, 不能淨寫而送, 如有善書者, 使之改書。如刊此草, 則其間界[17]字行大小、多寡、高低塡補, 使十分整齊, 須煩親自審度, 庶免疎舛之失。蓋非徒病倦, 實難遙度故耳。

　　此書冊, 本南彥經之物, 不可使其主失本。刊成印出, 一

---

16 甲寅年(明宗9, 1554년, 54세) 9월 16일 서울에서 쓴 편지로 추정된다. 中本·樊本·上本에는 〈與李剛而〉로 되어 있다.
17 界 : 樊本 및 上本에는 "計"로 되어 있다.

本寄南亦善。餘向寒加愛。不宣。《謹拜白。》

BNL0730(書-李楨-11)(樊卷27:5左)
答李剛而[18]

旣修書, 使尋州人而附之, 則州人捧來書來傳, 得審近況, 無任欣豁。仍知往還嶺外, 彼中饑饉之狀, 實有周詩麋子之痛, 奈何?

滉昨始蒙恩得閑, 此爲歸計設也。而公有由禁, 私有饑憂, 尙未卜踰嶺之期, 眞所謂在人明而在己暗, 深以愧慊。

《答問》之刊, 何其易了耶? 深賀吾君敏於事。跋文適成, 而許君諸人, 皆不肯作云, 故姑送呈。然更囑數君, 使作之, 若製送, 須同刊幷行, 至佳。詳具前書, 玆不敢復縷。惟謹復。

KNL0731(書-李楨-12)(癸卷21:5右)(樊卷27:6左)
答李剛而[19]

散人晚見政目, 未及修賀慶, 恨方深。忽辱惠問, 豈勝抃喜? 玆者令公光膺寵秩, 雖在令意爲未安, 公私賀幸, 豈比尋常?

大抵世有以行跡受旌賞者, 率多一善一節以成名者, 自不

---

18 甲寅年(明宗9, 1554년, 54세) 9월 16일 서울에서 쓴 편지로 추정된다.
19 甲寅年(明宗9, 1554년, 54세) 9월 하순 서울에서 쓴 편지로 추정된다.

器之君子志於道德者而受此名, 固爲未安, 雖謂之不幸, 可也。在宋徐中行, 以八行被薦, 而不肯行, 其意亦如是也。僕固知令公之以爲病。然古人云:"若避善名, 無爲善之路。"行積于身, 名登于上, 勢自然也。《易》不云乎?"鳴鶴在陰, 其子和之。我有好爵, 吾與爾靡之。"聖朝之所以待公者, 正如是, 令公何得而辭之?

況我東方士大夫讓爵而得遂其志者, 絶無而僅有。恐令公又難得抗辭, 以遂本志也。其亦無如之何, 只當祗受, 以思報效而已, 切不可如涚徒受無報, 不勝幸望。

《外方恐難得, 故玉貫一對送上, 但恨無華不合新恩耳。

《答問》跋, 如示寫呈, 但病手澁於楷書爲恨。且末端小識, 則無草又不記, 不得書送, 仍用其前所呈者刻之, 何如? 雖似不關, 欲使後人有所考據, 以正今所改定之得失, 故不可不刻也。於令意如何? 萬懷難憑一管, 惟冀加愛。謹拜復。》

BNL0732(書-李楨-13)(樊卷27:7左)

答李剛而[20]

辱書, 幷寄來新刊《延平答問》書二冊, 刻字精好, 眞晦菴先生所謂"個是儂家眞寶藏, 不應猶羨萬[21]籯金"者。非令公極意檢董, 何以至此? 不勝大幸大幸。

---

20 甲寅年(明宗9, 1554년, 54세) 12월 서울에서 쓴 편지로 추정된다.
21 萬:《晦庵集》〈寄題瀏陽李氏遺經閣二首〉에는 "滿"으로 되어 있다.

仍審臘寒, 官況珍重。滉羸骨寒逼, 病作多端, 三冬不出
戶, 恒自欺悶。

南上舍處, 亦留意送與, 尤無慊矣。拜面未涯, 惟爲時加
愛。不宣。謹拜謝復。

SNL0733(書-李楨-14)(續卷4:12右)(樊續卷4:14右)
與李剛而[22]

今觀後錄, 旣置元錄之後, 是已改其誤, 而小識之末, 猶曰: "以
俟後賢參訂定正。"似爲未穩。若改定字爲是字則無礙, 請改
之。跋文中學之者, 此之字, 細看有病, 請去此字, 或白其間,
或黑之, 皆無害。

就中, 此書點絶尤好。但其點句, 往往有太詳不當點而點
者, 如此[23]處, 亦令剗去, 如何如何？

又恐竹溪書院, 不可無此書, 近永川又創圖隱書院, 朝廷
賜額臨皐。若此兩院, 各印寄一件, 以幸後學, 亦一佳事。若難
傳, 則寄滉, 皆必傳也。

22 甲寅年(明宗9, 1554년, 54세) 12월 서울에서 쓴 편지로 추정된다.
23 此:底本에는 "何"로 되어 있다. 中本·拾遺·樊本·上本에는 "此"로 되어 있다. 續
草本의 추기에 "何, 初本作此。"라고 하였다. 이에 根據하여 修正하였다.

答李剛而【乙卯】[24]

春牛猶寒, 承書知令履清健, 良慰渴懷。如滉以近六衰齡, 加遇去冬苦寒, 舊痾新疾, 百出難堪, 亦理勢之固然, 不甚怪嘆。但緣此不得專意於所事, 日覺有損, 而無進益之驗, 是用喟焉耳。想令公所自嘆, 不至如滉之深也。

《延平答問》"竿木隨身"之語, 本禪家話頭。但記其本語曰"竿木隨身, 逢場作戲"而已, 實未曉其何所謂也, 故亦不知此處借引之意。若欲知之, 須先尋本語意趣而後, 看此則必無難解。第恐欲求淫聲, 以較雅樂, 先已蕩於淫聲, 是不可不痛戒耳。西林感慨詩, 在《朱子大全》詩初卷, 恐府中無《大全》書, 故依示寫在別幅。

兩書院所藏《答問》書兩件, 蒙許印送, 深幸。但僕今二十日前, 當乘船下嶺南, 其前必未及送來。然有易傳之勢。丹陽郡人相續往來於貴府, 付此人, 幷以書喩郡守, 令轉送于豐基, 則甚便。其臨皐一件, 則又自豐送來, 僕居禮安, 亦一日事也。僕又送于新寧黃仲擧, 萬無不達之慮。丹、豐兩守處, 僕亦當預告此意而去。惟令照。

在京屢得音信, 猶足慰心。自今離索, 當倍於常, 悵慕何勝? 惟各自努力, 以愼晚景, 爲第一事耳。不宣。《謹拜復。》

---

24 乙卯年(明宗10, 1555년, 55세) 2월 초순 서울에서 쓴 편지로 추정된다.

SNL0735(書-李楨-16)(續卷4:12左)(樊續卷4:14左)

答李剛而[25]

承示諭, 仍審淸勝, 爲慰良深。

〈棹歌〉前刻, 固疑其多誤, 曾已屢言之。今得示所得寫本, 果是善本, 則以正誤本而改刊之, 豈非大幸耶? 懼字之爲明心, 字書懼字別作爲思, 意必因思而誤分作二字, 且以眀爲明耳。至晉、普兩字之於尙德之義, 以"自昭明德"等之義推之, 亦疑晉字爲長也。趙普字, 適亦不記爲何也。僕今出東湖, 閔景說追別, 同坐同評, 景說之意亦然耳。餘情未暇致悉。《謹奉報。》

KNL0736(書-李楨-17)(癸卷21:6左)(樊卷27:9右)

答李剛而[26]

東湖草草報書後, 念自此音信亦難屢接, 神思悃悃。行抵金遷, 憊臥旅窓, 忽承華翰, 一拆兩得, 其於慰適, 可勝爲諭? 僕之此行, 通人以爲當, 世人或以爲疑。惟病人自處其身, 則無可疑耳。舟行適値風雪, 陰寒無日不作, 艱保到此, 稍爲幸幸。惟離索之憂, 正如來諭, 此亦無如之何。但當各自努力, 庶幾晩節

---

25 乙卯年(明宗10, 1555년, 55세) 2월 13~17일 서울(東湖)에서 쓴 편지로 추정된다. 樊本·上本에는 〈答李剛而【乙卯】〉으로 되어 있다.
26 乙卯年(明宗10, 1555년, 55세) 2월 20~30일(그믐) 忠州(金遷)에서 쓴 편지로 추정된다.

無大過耳。

兩書院所藏《答問》, 旣入行橐, 可以時傳, 令嶺南學者, 知左右爲斯學眷眷若是, 亦一事也。晉、普之別, 以"德施普"等語推之, 兩皆有義, 似難取捨。前與景說所議亦如此, 其所以以晉爲定者, 晉有進義, 於尙德爲親切, 不似普字之泛泛故耳。於盛意何如? 旅燈明暗, 草報未悉。

BNL0737(書-李楨-18)(樊卷27:9左)
與李剛而[27]

自返故林, 益遠聲光, 尺紙音信, 亦無便相致, 不審比來體況何似? 抱此悠悠, 想令意同之也。

滉夏秋來, 腹中患痞積, 試藥無驗, 慮恐遂成痼疾。此乃新得之患, 尋常撓悶。

今年湖南之變如彼, 痛不可言。吾嶺南, 雖有小警, 旋幷擒殲, 是爲小幸, 但不知此後事如何耳。

此中聾巖已仙去, 鄕親喪患又多, 病人益無情緖, 有懷無與開陳。今因朴員外之行, 聊復[28]數字之問, 計亦難見報音, 臨紙悵惘。惟冀秋涼保愛。萬萬不宣。謹拜上候。

---

27 乙卯年(明宗10, 1555년, 55세) 7~9월 禮安에서 쓴 편지로 추정된다.
28 復: 中本 및 拾遺에는 "付"로 되어 있다.

KNL0738(書-李楨-19)(癸卷21:7左)(樊卷27:10右)

答李剛而[29]

金遷報書後, 西望鬱鬱, 使至獲書, 承令體沖勝, 深慰懸慕。滉前患濕證, 或成痞脹, 經夏秋未差, 衰德日甚, 眼昏不得看細字, 日間殊未下專一工力, 塊處山皐, 絶無觀善之益, 令人愧懼不已。況聾巖捐館, 溪山之樂, 併亦蕭索耶?

所幸年穀不至無收, 稍慰目前。第以南中又至大歉, 似聞島醜來年[30]將復作逆云, 是爲痛念爾。

蒙寄示《棹歌註》刊印一本, 遠記[31]至此, 珍重玩誦, 極爲感荷。懼齋爲此註, 雖未知[32]正得先生本義, 亦可以助發趣旨, 誠不可無也。

普字反覆思之, 似當以"德施普"之義作普爲是。俟得本集, 不遺諭及, 則又幸之幸也。

《比者朴佐郞之行, 付一書, 未知達否? 未涯瞻奉, 惟爲遠業加愛。不宣。謹拜謝復。》

---

29 乙卯年(明宗10, 1555년, 55세) 7~9월 禮安에서 쓴 편지로 추정된다.
30 來年 : 上本에는 "年來"로 되어 있다.
31 記 : 上本에는 "寄"로 되어 있다.
32 知 : 上本에는 "至"로 되어 있다.

BNL0739(書-李楨-20)(樊卷27:10左)

答李剛而【丙辰】[33]

金秀才[34]送傳辱書,獲審佳況,欣濯不可具言。所居窮僻,邈阻外間事,謂公尙在湖西簿書叢裏,不知以何故解罷,投閑入淸涼境界中耶？忽然得問,千里面目,宛若瞻晤,何幸如之？所云沙彌付書,尙未承接,未知亦到鄕後付之耶？抑在湖西也？

　僕得保隴畝,非不知幸,只緣衰病頓加,無以自拔,靜中頤養,亦不能大段得力,用是自嘆耳。如公同此得閑,地遠未遂相逐,以樂閑趣,此亦大恨。

　彗見諸異,彼此所同,世事如此,未知終如何結殺也。

　聞金正字辭職而來。只此信字,恐難頻續,況期逢場？惟冀爲時勉勵大業以慰遠懷。謹拜謝復。

SNL0740(書-李楨-21)(續卷4:13左)(樊續卷4:15左)

答李剛而[35]

前月中,金秀卿來傳書,卽已修復,未審能以時得達否？其書所云琇禪齋書,怪久不至,今始拜領,足見記逮之勤。遇便輒

---

33 丙辰年(明宗11, 1556년, 56세) 3월 禮安에서 쓴 편지로 추정된다.

34 才：中本의 부전지에 "以下書觀之, 才恐卿之誤。"라고 하였다. 이에 근거할 때 "卿"인 듯하다.

35 丙辰年(明宗11, 1556년, 56세) 4월 禮安에서 쓴 편지로 추정된다.

付問字, 感愧感愧.

第未知罷官緣何事故? 何不略言見諭? 亦知侍奉還鄕, 歡慶無涯. 一枕邯鄲, 膜外何論? 但海氛甚惡, 擧國騷騷, 田野之樂, 未必可保, 令人憤歎.

僕衰病特甚, 親朋多凋謝, 寂寥溪村, 無與晤懷, 向風馳義[36], 日夕悠悠. 閑中作何工夫? 讀書有契, 毋惜示及, 以警昏惰, 幸甚. 吾儕晚悟前非, 敢復半塗而廢耶? 惟勿以此示人, 以招笑謗, 又幸耳. 淸和加愛. 不宣. 《謹拜復.》

BNL0741(書-李楨-22)(樊卷27:11左)

與李剛而[37]

炎天, 未審令履何似? 金秀卿傳信後, 邈阻音札, 戀慕不已.

僕屛伏如昨, 而病勢多端, 罔有蘇復之望. 不意虛名所誤, 近降召旨, 惶窘靡措. 千思百度, 將發復停, 未上謝恩. 時論深以爲非, 朝夕恐有嚴命, 方此仄慴, 奈何奈何?

令公占閑以來, 想味道多暇, 所得日益深遠, 恨無由面叩以發憒憒耳. 適因晉州人到安東, 仍傳牧伯書來, 其回, 草草奉問. 因便幸以數字付問, 以慰遠懷. 萬萬不宣.

昨聞倭到蔚山, 未知終作何狀? 深慮深慮. 謹拜白.

36 義 : 中本의 부전지에 "義字未詳, 考次."라고 하였다.
37 丙辰年(明宗11, 1556년, 56세) 5월 하순 禮安에서 쓴 편지로 추정된다.

SNL0742(書-李楨-23)(續卷4:13右)(樊續卷4:15右)

答李剛而【丙辰】[38]

秋風千里, 一紙傳信, 獲審令履神相, 頤閑多福, 無任慰寫.

滉夏間一番窘迫, 不可形言. 若非天恩洞賜矜許, 殆難免矣. 今幸少定, 而物情猶多不平, 奈何? 加以衰憊, 劣劣十倍向時, 恒不能自力於修飭, 亦日退而已, 無足可言.

承諭頻復頻失之悔, 正亦墮在其中, 無以答遠記之勤, 媿汗萬萬. 此間無期會合, 懸慕日積. 適以上冢在山間, 稠擾未擄情素. 惟冀以時加愛益珍, 以副遐思. 《謹拜謝復.》

《晉人齋書時, 未承奉檢放例罷, 想不久於在閑. 但復出後, 亦難會面耳.[39]》

KNL0743(書-李楨-24)(癸卷21:8右)(樊卷27:12右)

答李剛而【丁巳】[40]

久闕修問, 茲承令惠遠書, 具審近況, 豈勝欣濯? 滉病不減而衰益甚, 閑中一二窺覷得者, 苦無精力可以擔當, 以是益嘆盛

---

38 丙辰年(明宗11, 1556년, 56세) 8월 15일 禮安에서 쓴 편지로 추정된다. 中本 및 拾遺에는 〈答李剛而〉로 되어 있다.

39 謹拜……會面耳 : 續草本에는 없고 해당 내용이 추기되어 있다.

40 丁巳年(明宗12, 1557년, 57세) 4~6월 禮安에서 쓴 편지로 추정된다.

年之虛過也。聞極留意於此學, 想今靜養之功, 倍昔宦遊之時, 恨不得會款以發蔽耳。

《程氏遺書》, 爲友人借去, 未得依敎, 他日取還, 當如所戒。山林必未久處, 或得分符近州, 庶有相從之樂。未間, 惟爲時珍衛。不宣。

BNL0744(書-李楨-25)(樊卷27:12左)
答李剛而[41]

春夏間, 奉一書, 已修報附于宜寧, 未審傳否? 秋初, 又奉手翰云: "託趙生以送。"趙有故不來, 因風轉寄來, 得悉侍養餘閑, 起居沖適, 豈勝慰感?

近又得宜寧書云: "已復職, 姑未赴, 俟春當行。" 私竊意行不忽忽, 固爲不妨, 爲養捧檄, 何得終免? 但願得受此近郡符以來, 庶有相從之益, 是亦何能必遂耶? 每矯首馳懷而已。

滉病劣日增, 頗聞有不須強之之議, 是則稍幸, 而其間復有未安之言。然身病如此, 復何爲哉? 只得任天耳。

《程氏遺書》二十一卷初張, 謄書送去。此書, 爲友人借去, 致此稽遲, 愧愧。所要拙筆, 何從而浼眼? 已浼可极, 況更欲續之耶? 冬暖, 爲道加重。不宣。

---

41 丁巳年(明宗12, 1557년, 57세) 10~12월 禮安에서 쓴 편지로 추정된다.

BNL0745(書-李楨-26)(樊卷27:13右)

答李剛而【戊午】[42]

初秋, 兄子寯自夏課所還, 獲承遠問, 欣慰何量? 其後一向無便, 久未修報。想茲霖潦向收, 素履超勝倍常矣。

如滉天賦愚陋, 加以數十年瀕死之病, 尙未定分守。近又一番狼狽, 惶駭畏縮, 日俟臺章, 而數月闃然, 不得已上章自劾。旣而聞之, 物論稍已有作, 因自劾之章, 又必加騰。時未聞知, 方此惕仄以俟而已。然自此當無冒進之憂, 其他何得預謀於其間哉? 所謂分守者, 今似可定矣。

令公雖無汲汲意, 奉檄之喜, 似不可闕, 何久掩雀羅門耶? 寧越則太僻敻, 不足於栖棘。似聞曾擬豐基而不得, 此則滉所深缺[43]恨也。不因近邑之莅, 何由覿面舒此壹鬱耶?

《朱子大全》、《語類》, 滉皆有之, 雖欲送之, 百五十餘卷書, 千里難致。示諭許某, 昨來榮川, 在宜寧身死, 其妻子自榮川奔喪下去, 固不得以重任付托也。固城朴令之妻, 滉姪女也。此行似可付, 而自寧海發行, 寧距此亦數日程, 亦難卒致, 竟未果, 恨負。高居想邇鐵城, 如有問字, 付之朴令, 庶可因便迤傳也。

滉近日爻象殊異, 又苦無精力, 日間多不能盡意, 可嘆耳。餘惟養志珍茂。不宣。謹復。滉在山寺修上。

---

42 戊午年(明宗13, 1558년, 58세) 8월 1~15일 禮安에서 쓴 편지로 추정된다.
43 缺 : 上本에는 "結"로 되어 있다.

BNL0746(書-李楨-27)(樊卷27:14右)

答李剛而[44]

金風慘戾, 馳溯采切, 忽擎遠札, 知慶侍外素履沖適, 豈勝欣寫?

　滉近日爻象殊不佳, 旣有永棄之論, 時尙未知其論, 而有過越不近之啓, 已爲寒心。中間朝意, 已知啓言之過, 而滉則不知其由, 但慮召命或來, 甚爲難處, 上章自劾, 冀免朝命之臨。而微誠未達, 反蒙峻旨之下, 不勝惶怖。方此席稿以俟譴罰, 而行止之間, 極難處宜, 奈何奈何?

　不識令公所見朝報煎迫之云, 定爲何事耳。

　夏課所寄書, 初秋得見, 已修報付固城衙屬之行, 想已達于左右矣。令公久於田園, 未知何修能享此無涯之樂而無外撓耶? 滉一生爲虛名所誤, 老而益甚, 應坐不能韜養而然。其爲交遊之愧, 何可勝道耶? 他具前書, 臨紙惘惘。惟冀向涼加愛。謹拜復。

KNL0747(書-李楨-28)(癸卷21:8左)(樊卷27:15右)

答李剛而【己未】[45]

頃間久闕音信, 積有戀鬱。不意行脚僧來, 獲奉手翰, 如拱璧之珍, 仍審養閑沖勝, 宛接謦欬, 欣豁病懷, 荷幸無已。

---

44 戊午年(明宗13, 1558년, 58세) 9월 1~20일 禮安에서 쓴 편지로 추정된다.
45 己未年(明宗14, 1559년, 59세) 4~5월 禮安에서 쓴 편지로 추정된다.

但承自嘆衰甚之示, 鄙意令公年未中牟, 根本茂完, 不知緣何而如此? 亦未免怪訝之至。然於進修膺享, 初不在是, 亦何病之有?

滉顚沛來歸, 百疾纏骨, 稍理舊業, 隨手若失, 又無同志刮磨之益, 恐終爲小人之歸也。以此益思與公相從, 而不可得, 悵惘如何可諭? 來僧過門索答, 掛一漏萬。惟冀爲道萬重, 以副遐企。《謹拜謝復。》

《來後一辭未得, 今將再辭, 不知何如? 撓悶方深。》

KNL0748(書-李楨-29)(癸卷21:9右)(樊卷27:15左)

答李剛而[46]

曾因朴固城, 獲承令問, 喜倒之極, 顧無因奉報。續聞有召命, 遠未知行止何決, 久而後乃審赴闕, 又未幾而出參秋官。其間令侍悰緖, 粗可遠想, 欲致一書奉候, 而無便自廢。今來令書, 亦久滯中間而後得接, 具悉示諭之意, 不任慰歎之交集也。卽日乍冷, 令體何似?

所云行止, 豈容他人所與料揣於其間哉? 胡康侯之言, 眞可師法也。況如滉者, 病退二字外, 更無謀身之策, 而時論洶洶, 憂懼萬端, 自無措躬之地, 安能爲令公謀去就耶? 但令公上有慈親, 去就之間, 必無太難, 如或乞外, 得與此間相近, 則

---

46 己未年(明宗14, 1559년, 59세) 10~12월 禮安에서 쓴 편지로 추정된다.

何幸如之？適因便遽，萬不掛一。惟冀萬珍。《謹拜謝。》

BNL0749(書-李楨-30)(樊卷27:16右)

答李剛而[47]

榮川人傳送月初四日令簡，承審違攝在告，奉慮無已。卽日寒甚，未知調復如何？秋官務劇，若未快健，不如遂乞投閑之爲得也。其後去就，在看勢隨宜。大抵在令公有爲親一節，豈不易於爲計乎？

如滉將身在群議之中，送了幾年，時復思之，危慄凝冰，顧以身病如此，無以爲弭謗之策。自入寒節，去冬諸證，更互闖發，防護極艱，惟深閉縮如凍鼈耳。瞻晤無期，日有馳遡，何能少展？所冀，益加珍茂，努力崇深。不宣。謹拜復狀。

BNL0750(書-李楨-31)(樊卷27:16左)

答李剛而【庚申】[48]

頃見李公幹所傳令書，知復入西掖，曾是不意。又奉此問，乃出於行色倥傯之際，甚荷逮意之勤且厚也。仍審神相愷悌，前

---

47 己未年(明宗14, 1559년, 59세) 10~12월 禮安에서 쓴 편지로 추정된다.
48 庚申年(明宗15, 1560년, 60세) 2월 禮安에서 쓴 편지로 추정된다. 拾遺에는 〈答李剛而〉로 되어 있다.

患微痾, 脫然無留, 正是展布[49]匡躬之日, 何有於不勇之云?

如僕昏病日劇, 老者之常, 無足怪者, 第一眼亂空花, 廢書痴坐, 更覺悶撓之甚。何緣一笑以寫此懷? 惟冀爲時萬重。不宣。謹拜謝復。

BNL0751(書-李楨-32)(樊卷27:17右)

答李剛而[50]

向自榮川轉送四月十五日惠書, 書中已有欲辭近侍之意。其後得見除目, 出銀臺參兵部, 又恐非所以處優閑之意。近又傳聞已免劇就閑, 未知信否? 若果爾, 則甚善甚善。但凡此辭病乞閑之際, 未免上瀆宸嚴, 極爲未安, 曾所慣知, 以是知令公心事無聊也。

所云外闋, 想今已有之, 未知可遂本意否? 其所得若在此近, 則又孤陋之幸, 若在他遠, 反不如在京時, 往往得見信字也, 如何?

滉老病如此, 癃憊固無足歎, 尤以虛名之誤, 尙未掃斷。近聞廷議, 引擬非倫, 惶仄無地。竊聞傳敎之意, 似當減去, 未審如何, 尋常惕息。如遇來人, 一字回付, 以釋戀鬱, 幸幸。人忙未悉。惟冀益珍萬萬。謹拜復。

---

49 布 : 中本 및 拾遺에는 "抱"로 되어 있다.
50 庚申年(明宗15, 1560년, 60세) 5월 禮安에서 쓴 편지로 추정된다.

BNL0752(書-李楨-33)(樊卷27:17左)

答李剛而[51]

一昨黃仲舉過訪，得聞令公在京動履及蘄補鷄林之切，果獲天允，可謂至誠所感。今承侟翰，出於行李倥偬之暇，又以知記存之厚，且賀且欣，不容于心。

　滉抱疾窮山，無師友之益，日覺孤陋。令公與仲舉，雖得南官，亦皆遼隔，未易瞻款，遙想奉檄之喜，益增孤露之感，哽涕罔極而已。伏惟令諒。餘冀上任萬慶。不宣。謹拜謝復。

BNL0753(書-李楨-34)(樊卷27:18右)

答李剛而[52]

頃承在道伻書，即修草復。去後，今復自榮川琴大任處傳迻去七月二十八日在京附書，具悉示諭之意，感荷勤逮之至此也。

　所云朝議幾於謬擬非倫，若其事遂成，則非滉之不幸，實一時之不幸。其終不成，豈非天意也？其同知在案，極是未安。但在前因辭顚沛，卒無一益，賭得無限譏謗，今則更無可爲事，只付之無可奈何而已。雖由此而或陷於機穽，亦所甘心待天而已。

　薇垣曰，若蒙善啓善處，眞可謂千古一快，尙何措辭之爲

---

51 庚申年(明宗15, 1560년, 60세) 8월 하순 禮安에서 쓴 편지로 추정된다.
52 庚申年(明宗15, 1560년, 60세) 10~12월 禮安에서 쓴 편지로 추정된다.

難也？得令公向意如此而猶未發, 他時何望？尤可歎也。今則令公得遂奉檄之喜, 而滉尙未免中鉤之魚, 雖屛伏林藪, 豈一日身帖席耶？

《晦菴書》令示欲刊, 而仲擧欲印活字, 鄙意兩皆未易, 然在兩公赴任後量事力議處, 若難則不得强爲耳。適出江舍, 無筆硯, 借僧處禿穎, 亂草不具。惟令恕。謹拜復。

KNL0754(書-李楨-35)(癸卷21:9左)(樊卷27:19右)

答李剛而【庚申】[53]

伻來, 獲睹令翰, 知起處康福, 欣慰何量？滉守病藏拙, 且爾度日。官人職守, 固難隨意出入, 況相距數百里程乎？開春之約, 亦何可必乎？

且鳩拙之甚, 尙未有朋友止宿之所。近於江上, 構小屋未成, 想於春晩, 可有棲息處。若有便可來, 來及此時, 聯床夜話, 庶可從容, 何幸如之？

《大全》書十八冊, 姑先上呈。書類四十餘冊, 則黃仲擧欲印前所抄節, 必須再經校閱而後可印, 元本不可無之, 故今未上, 一二朔校畢, 當送。其餘行狀之類, 亦有所考。詩類則貴府自有其本, 恐不在所須也。《所惠承領, 愧佩。惟冀令履加重。不宣。謹拜復。》

[53] 庚申年(明宗15, 1560년, 60세) 10~12월 禮安에서 쓴 편지로 추정된다. 中本·樊本·上本에는 〈答李剛而〉으로 되어 있다.

KNL0754A(書-李楨-35-1)(癸卷21:10右)(樊卷27:19左)

別紙

滉從前志不堅, 亦或爲人所誤, 屢墮此阬, 輒多有悔吝。彼才高氣豪者如是, 尙不可, 況如我輩安能效彼爲也? 恐不如循蹈規繩, 庶幾晚境[54]寡過耳。此等過失, 在滉尤多, 無遠不聞, 願隨聞隨責, 以幸疎謬。此紙所以先之也。

近見公幹云:"令公在京日, 戒酒甚嚴, 到府, 頗似破戒。"此雖爲主之道, 然恐非攝養之宜。

KNL0755(書-李楨-36)(癸卷21:10左)(樊卷27:20右)

答李剛而問目【《朱書》】[55]

"更無打不過處": 漢語凡做事, 皆謂之打, 如與人說話曰打話, 買酒曰打酒, 取草曰打草之類是也。過猶了訖也。更無打不過處, 猶言更無做不了處也。

王近思甘旨有闕之問, 答云"別無方法, 別無意思"之說: 來喩

---

54 境 : 上本에는 "景"으로 되어 있다.
55 庚申年(明宗15, 1560년, 60세) 10~12월 禮安에서 쓴 편지로 추정된다. 中本(卷26)에는 〈答李剛而問目〉로 되어 있고 추기로 "朱書"가 있다. 定草本에는 〈答李剛而問目〉으로 되어 있고 부전지에 "朱書"로 되어 있다. 庚本에는 부전지로 "書問目"가 있다. 〔資料考〕 이 편지는 中本에는 卷26에 실려 있으며, 問目을 따로 모아 놓은 卷28에도 중복해서 수록되어 있다.

大概得之。蓋聖賢看得義理至大至重處，極明無疑，不容毫髮有所回撓遷奪，故甘旨之闕，雖人子之心所甚憂者，亦不以是而別生意思別求方法，以要必得之也。無他，知此爲極重，則彼不得不輕故也。今人每以榮養藉口，而受無禮義之祿食，若充類而言之，與乞墦間而充甘旨，自以爲孝，殆無以異。故君子雖急於奉養，不以是變所守也。

甘旨有闕之說，有未盡者，復申之云。如毛義奉檄之喜，張奉以爲親屈美之，此別是一說。蓋毛公本有高退之志，今爲養親而屈意，故歎美之。若以非義求得而喜之，則奉將唾之而去矣。[56]

"克齋"：乃石子重自號也。子重求先生作記，先生自以學未至，久而未作，後乃作此。但所謂天下歸仁之說，此段問答如此。而呂氏〈克己銘〉所云，先生深非之，見於講論者非一二。然則先生初用伊川說，中間用呂氏說，此段問答是也。最後又覺呂氏說太濩落無情理，乃復用伊川說明矣。故今此記見於《性理群書》，而所云"視天下無一物不在吾生物氣象之中"數語則無之。意者後來復用伊川說，而刪去此說耳。

《"藏三耳"：此借用竺氏說，竟不知爲何等語也。》

"鐵籠罩却"：以鐵作籠而罩物，是堅固包籠，不可解脫之喩。若

---

56 甘旨……去矣：中本(卷28)에는 上段과 연결되어 있다.

看義理如此, 則寧有解悟自得處耶?

《"鶻崙吞棗": 此用俗說, 今未能明知。然以意看得, 謂不嚼破棗實而吞下, 乃食而不知其味之喩耳。》

《〈答子融書〉"人陰爲土": 陰字訓義, 記未得。當是瘞藏腐壞之義耳。》

《〈祭籍溪文〉"發乎天光": 與"天光雲影"之天光, 不同。彼指蒼蒼之天影, 此指天理之煥然發見處。蓋胡公聞焦公"心爲物漬, 故不能有所見"之語而契入處故云云。欲去, 則理[57]之發見, 何止昏曀之日星乎?【植更考之, 發乎天光, 在《莊子》。】》

〈祭延平文〉"鞭繩已挈": 先生自言吾之進學, 力不足而且暫休息, 則先生之敎戒, 已加嚴督, 譬如馬蹇之步, 方纔休息, 而人已以鞭繩加之, 以促其進也。此言吾不善學, 而賴先生誨督而成就云爾。

《〈答王子合書〉"鈐鎚": 鈐乃鉗字之通, 作其廉切, 以鐵有劫束也。鎚, 去聲, 一作錘。《莊子》"只在爐錘之間"註: "爐烹物之具, 鎚成物之具。" 卽冶者불무[58]也, 마치也。蓋以鐵束物, 則物不能動; 以鎚打鐵, 則鐵可成器。言檢[59]其人而成就其器也。

---

57 理 : 上本에는 "義"로 되어 있다.
58 불무 : 中本(卷28)에는 "부르무"로 되어 있다.

《"催儹"儹,音贊,韻書只訓聚也。疑是積累功程之義,但與催字之意似不相接。 嘗見《語錄》有趙字, 似有趁及之義,恐儹與贊[60]音同而或可通用,然未敢必耳。)[61]

《"無面目": 如今俗語낫[62]곳업다。》

《右書所云》"子餘": 卽石洪慶也,與子合皆漳州人。先生稱其强毅方正,則其人美質可想。子餘來學日,以其年長,不欲痛加督責,其後覺未可如此,而方欲檢督,則子餘已行。先生追惜其不能成就美質,故寄書子合云云耳。因言與子餘同來而尙留不去之人,以新課嚴加督責,則日有長進,乃知前日不欲痛檢於子餘者爲小仁,而不及成就其人,豈不害於育英才之大仁乎? 今日督責於留者,似無面目,而有長進之益,豈不爲人情之長久乎?'

〈答萬正淳書〉"絮底聖賢": 絮乃綿之著衣中者,其爲物,輕耎無氣力,蘊沓不疎快。以此認取其義。

《〈答劉季章書〉"榛中蜿蜒, 稍稍引去。": 此以群小譬榛莽中蛇

---

59 檢 : 中本에는 뒤에 "束"이 더 있다.
60 贊 : 中本에는 "趙"으로 되어 있다.
61 答王子合書……然未敢必耳 : 中本의 추기에 "李仲久"로 되어 있고 부전지에 "詳見李仲久, 問目當去。"라고 하였다.
62 낫 : 中本(卷28)에는 "눗"으로 되어 있다.

尬而言。》

〈調息箴〉"息", 鼻息之出入者。"調", 勻和而攝養之也。此修養家導引法也。故以"鼻端觀白"首言之。"猗移", 猶言逍遙也。"雲臥天行", 言仙人偃息於雲霞而飛行於天上也。"千二百歲",《莊子》:"黃帝問道於廣成子。廣成子曰:'我修身千二百歲, 形未嘗衰。'""切脈觀雞"[63], 按脈之流動相續, 而見仁之憤盈融洩生生不息意思; 觀雞之稚嫩可憐, 而識仁之生理藹然惻怛慈愛意思。大槪如此, 晦菴論之詳矣。

　然此等須於性情上加工, 而體驗於日用之間, 至於積久純熟而後, 庶幾實見其親切受用處。不然, 徒以言語形似、想象思惟而得之, 則終無可得之理也。狀仁以憤盈融洩, 語見《性理大全》〈西銘〉小註朱子問仁於延平書也。"切", 謂以指按物而知之也。《書》"璿璣"註云:"一面加銀釘, 夜候天晦, 不可目察, 則以手切之也。" 卽此切脈之切同義也。[64]

《懷玉硯銘》"點染之餘, 往壽逋客。": 來目逋作通, 而在此唐本作逋, 當從唐本爲是。蓋是時, 呂子約謫在筠州, 高安卽筠州。今不言遷客, 而云逋客, 戲諱而託言之, 似若自逃世而去隱也。壽猶獻也。獻酒於所尊, 謂之壽, 故凡以物饋人, 通謂之壽。此硯得之斯遠, 以修禮書, 今輟以遺子約, 故云: "點染之餘, 往壽逋客。" "豪", 來示得之。"毋俾玄白", 勉之使益進其學也。揚子

---

63 切脈觀雞 : 樊本에는 앞에 "○" 표시가 있다.
64 切脈觀雞……同義也 : 中本(卷28)에는 별행으로 편집되어 있다.

雲草《太玄經》, 閉門苦思, 時人譏其玄尚白。子雲作〈解嘲〉云云, 末云:"默然復守吾太玄。"【玄以言道之極至處, 未至於玄則白矣。】

〈敬齋箴〉"折旋蟻封": 蟻封, 蟻垤也, 北方謂之蟻樓。如小山子, 乃蟻穴地, 其泥墳起如丘垤, 中間屈曲, 如小巷道。古語云:"乘馬折旋於蟻封之間。"言蟻封之間, 巷路屈曲狹小, 而能乘馬折旋於其間, 不失其馳驟之節, 所以爲難也。【按此云"其泥墳起", 似若泥自墳起, 其實非自墳起, 乃蟻穿穴所銜出之土堆積以成者。今見蟻有數穴相近者, 其銜土成垤, 分兩邊屈曲以成, 而通其間爲往來之道。○右蟻垤之訓, 見《語類》[65], 書或闕於几間, 故傳上耳。○又按, 非謂乘馬者眞折旋於蟻封之間, 謂道之屈曲狹小如蟻垤者云耳。】

《"被天津橋上胡孫擾亂, 却爲大耳三藏覷見": 從前不曉此語, 疑是禪語, 嘗以問李秀才珥, 李見告以西天大耳三藏觀心事, 實與天津橋胡孫事不干, 竟不知本事何如也。但此處引喩之意, 似以放翁負才逞氣, 有晚節難保之虞, 爲高識遠見所覷破云。耳三藏觀心事, 見《韻府群玉》"心"字下。【問一僧云:"唐肅宗對西天大耳三藏, 三藏逞神通。肅宗命惠忠禪師, 辨其神通。忠謂三藏曰:'卽今老僧, 在什麼處?'藏曰:'大小和尙, 何在天津橋?'又問:'卽今在什麼處?'藏曰:'大小和尙, 何在弄胡孫云云。"第三度問, 藏罔知在處。忠謂肅宗曰:'大王莫受外國人謾。'"有人批曰:"忠師, 第三度在大耳鼻頭云[66]。"】》

---

65 見語類: 中本에는 뒤에 "恐《語類》"가 있다. 定草本의 추기에 "書字上當有'恐《語類》'三字。"라고 하였고, 樊本의 두주에 "見下脫語類恐三字。"라고 하였다. 擬校에 "類下脫恐語類三字。"라고 하였다.

"敬子與安卿不足": 不足, 卽來喩所云不相能之謂也。但其上云: "氣習偏蔽, 各任己私, 難責一人不是。" 又云: "江鄉人, 失之固執。" 其意似以敬子爲非也。其下却云: "安卿須移出舊齋, 不與精舍諸人相干。" 則又若歸責於安卿, 未詳其如何耳。[67]

"請直卿掛牌秉拂": 按《宋史》黃公本傳, 變此一句文曰: "便可代卽講席。" 蓋掛牌秉拂, 本僧家升座說法者之事, 此戲借以爲升座講學之喩耳。

《"魏主奚少於一夫?": 未詳本語所出。此引用之意, 則謂所上封事之言, 若蒙采用, 則徐出爲世用未晚, 如不見采用, 則人主滿朝之臣, 雖無我, 一夫豈爲少耶? 言道不行則身不可出也。【愼更考之, 乃孔斌之言也。】》

《"欲盡發天地之藏, 則癰痔果苽云云。": 更詳之。》

"鴻羽可以爲儀【止】[68]不如曳尾於泥中": 《易》〈漸卦〉上九: "鴻漸于逵, 其羽可用爲儀。" 先生解此義, 以爲鴻之羽毛, 可用之以飾儀衛也。然先生意, 又自疑以爲鴻必見殺而后, 其羽可飾儀物, 恐非本文之意。故問季通: "不知當如何解此語耶? 若如吾說, 則鴻之不願殺身以飾物, 得無如龜之願曳尾於泥中耶?" 《莊子》: "'龜寧死留骨而貴乎? 寧生曳尾於泥塗乎?' 曰: '吾將

---

66 問一僧云……頭云 : 中本(卷28)에는 본문으로 편집되어 있다.
67 敬子……何耳 : 定草本에는 상단과 연결되어 있고 부전지에 "別行"으로 되어 있다.
68 止 : 中本·定草本·樊本·上本에는 본문으로 편집되어 있다.

曳尾矣。'"此說,先生雖有此疑,然《易本義》仍用此說。

"旣除服,而父之主,永遷於影堂耶?將與母之主同在寢耶?":子從時遭父母偕喪,而將先除父喪,故所問如此。影堂,自家廟之制[69]廢,士大夫祭先之室,謂之影堂,蓋奉安畫像於此而祭之,故稱影,影堂卽祠堂也。【祠堂之名,始於文公《家禮》,前此稱影堂。】古人,葬後卽返魂,設几筵於正寢,奉神主在此,經三年。子從偕喪,兩神主同在寢矣。今當父大祥除父服,故問:"祥後禫前,父之神主,當先永入於影堂乎?抑姑且無入,而與母主仍在正寢爲可乎云云。"先生謂自當先遷云者,父旣祥除,主當先入于影堂可也。然此必子從之父是衆子,非入祖禰廟,故其禮如此。若入祖禰廟,則其入廟節次,又與此不同。詳見《家禮》。

《"小僧稍知向前否?":小僧是先生子小名,或埜或在,未可知。以僧字稱之,未知何意。》

"看前日報行章疏【止】[70] 守吾太玄也。":行,謂行遣。放逐罪人,謂之行遣。時佗冑鷹犬之人,必有上章,擊逐正人,先生見其報,故言:"彼之誣罔構陷如彼,我輩雖欲回變面目,自汙其行,自首身罪[71],投幸乞免,亦不可得[72],只當從吾所好,以待天命

---

69 制:上本의 두주에 "制,印作'祭'。"라고 하였다.
70 止:中本·定草本·樊本·上本에는 본문으로 편집되어 있다.
71 回變……身罪:定草本에는 없고,추기에 "回變面目,自汙其行,自首身罪。"라고

而已也。"《揚雄閉門潛思,著《太玄經》,人有嘲其玄尚白,雄作〈解嘲〉云云,其終曰:"嘿然復守吾太玄也。"》

《〈答呂子約書〉"權行倚閣":倚閣,止而不行之意。權行倚閣,謂姑以權宜止其事而不爲也。權行之行,當作虛字看,不須實看也。》[73]

"簡卿文字":蓋簡卿因井伯求薦己文字於先生,先生意有所不滿於其人,不欲苟循人情而强與薦書,故其言如此。畏人來奪文字者,謂我不欲薦彼,而彼强來索取文字,是無異於奪取而去,故云畏人之如是爲耳。先生嘗薦學古,故云:"如學古之事,乃我自作薦彼文字,非因學古因人來索而應副苟爲之也。"

"恐不免去故步":《莊子》云:"壽陵餘子之學步於邯鄲也,失其故步,直匍匐而歸耳。"此當是用此言。蓋欲學新步,未得其法,幷與故步而忘失也。引此以言上人之書法類此云爾。

"區區梟鴈,不足爲重輕":揚雄〈解嘲〉"乘鴈集不爲之多,雙梟飛不爲之少",言"江海之大,禽鳥之繁,乘鴈雙梟之有無,不足爲多少。"先生引以比之云耳。【乘鴈,四個鴈也。】

하였다.
72 得:中本·樊本·上本에는 "得免"으로 되어 있다.
73 答呂子約書……不須實看也:中本의 부전지에 "此段,見李仲久問目,比此加詳,當去。"라고 하였다.

《"不疾而速之人, 其殆禍吾州乎":《易》〈需〉上六:"有不速之客三人來。敬之, 終吉。"速, 召也。不速之客, 謂非意而來之客, 指下三陽之進。非意來逼, 敬以待之, 則終得吉也。無咎本善類, 故初以得州爲喜, 旣而有不副人望者故云云。》

《"葛藤, 緩急, 實難仗也": 示意得之。》

"比來議論似稍寧息, 正恐不削亦反耳": 此引鼂錯削地之策。所謂不削亦反之語, 以言攻僞學議論, 近稍寧息, 似彼七國不削反遲之時, 雖若小幸, 然恐終必發其大禍, 則正如彼所慮不削反雖遲而終成大禍云耳。

"道學文字, 鉤連隅落": 言攻道學章疏, 委曲周密, 比之兵法, 正如武侯八陣營壘, 四方八面, 互相鉤連, 略無疎闕處也。隅落, 卽方面也。但華宗浪戰之語, 古必有不知兵法而浪戰者, 其名字爲華宗, 今未考得耳。

《吳畫佛入滅度、大魔王擧措等語, 西竺幻語, 正所未曉。早晚若有聞得, 冀示及。【唐正經吳道子畫釋迦入滅度。滅度, 入定相。大魔王波旬擧措示人云云。】[74]》

"玉界尺": 五代唐趙光逢, 時人稱其方直溫潤, 謂之玉界尺。界

---

[74] 唐正經……示人云云: 中本의 부전지에 "此註, 先生語否, 若龜岩語, 則當書'槇按'二字, 考書類交校。"라고 하였고, 부전지에 "考不得。"이라고 하였다.

尺, 不知何物, 必其形方且直, 以玉爲之, 故爲方直溫潤之比。

"菖蒲平安之報": 北都童子寺有竹長數丈, 李衛公令每朝報竹平安。意必永卿有菖蒲, 先生在南康日所賞愛者, 故今戱問云云。蓋借竹故事, 用之於菖蒲耳。

詩"不須空喚莫愁來": 莫愁, 石城女子, 善歌。此詩言停車野寺, 偶發訪梅之興, 但日暮天寒, 無酒可飲, 孤高悄寂之趣, 自與梅花相適, 不須呼歌者來然後, 可遣淸愁也。林和靖詠梅詩"幸有微吟可相狎, 不須檀板共金罇", 亦此意也。

"柱後惠文": 秦時法冠。章甫, 儒冠。言毋以文法易儒術云爾。

(("不食馬肝, 未爲不知味": 漢景帝語也。《治平要覽》註: "走馬肝有毒能殺人云。"此則以爲馬之肝腸也。《韻府群玉》謂: "漢武時, 邠支國貢馬肝石, 和九轉丹一粒, 長年不飢, 拭白髮皆黑云云。"又云: "文成將軍, 食馬肝石而死。"此則以爲異國貢石。二說, 未知孰是。))[75]

(("打乖": 觀明道先生〈和打乖吟〉云"打乖非是要安身, 道大方能混世塵。"及末句"儘把笑談親俗子"等語, 當作打去乖異之義看爲可。若以爲打做乖異, 則非徒與明道詩意不合, 與康節平

---

75 不食馬肝……未知孰是: 中本의 부전지에 "此段見李仲久問目, 比此加詳, 此當去." 라고 하였다.

生處世渾厚, 接物和易, 賢愚貴賤, 皆得其歡心之意相反, 知其必不以是自號也。)[76]

《太玄》〈中首中〉:"陽氣潛萌於黃宮, 無不在乎中。"《陽[77]首一》: "藏心于淵, 美厥靈根。測曰:'藏心于淵, 神不外也。'" 揚子雲之學, 蓋至此地位也。[78]

《太玄經》, 此亦無其書, 嘗在京, 於友人處借得, 未看而還之, 不能詳其說。大槪其書倣《易》而作,《易》八八而爲六十四卦,《玄》九九而爲八十一首,《玄》之首, 卽《易》之卦也。《易》每卦六爻,《玄》每首九贊也。所謂"中首中"者, 上中字是首之名,《玄》之有中首, 如《易》之有復卦也。下中字是中首九贊之居中者, 卽第五贊也。此爲陽氣初萌處, 猶復卦一陽初生也, 故云云。"陽首一", 陽亦首之名, 而一卽指陽首之第一贊而言。"測曰", 猶《易》之"象曰"也, 所以釋逐贊之義, 如《易、小象》釋逐爻之義也。[79]

---

76 打乖……自號也 : 中本의 부전지에 "此段又在許美叔問目中, 意異■, 當去, 此更詳。"라고 하였다.

77 陽 :《太玄經》에 근거할 때, "養"이 되어야 할 듯하다.

78 太玄……位也 : 中本(卷28)에는 極行으로 편집되어 있고 부전지에 "低一字書。"라고 하였고, 부전지에 "句絶, 若非先生所爲, 則去之。"라고 하였다.

79 太玄經……爻之義也 : 中本(卷28)에는 低一字로 편집되어 있고 부전지에 "極行書。","■是龜岩問目。若■一行書而答■極■■, 但不分明, 更考次。"라고 하였다.〔今按〕中本 첫 번째 부전지에서 이 조목을 極行으로 편집하도록 한 것은 이것이 퇴계의 답이기 때문이다. 두 번째 부전지의 내용은 명확하지 않다. 내용상 앞의 問目 부분에 대한 부전지일 수도 있다.

BNL0756(書-李楨-37)(樊卷27:32右)

答李剛而【辛酉】[80]

病中每有馳遡, 忽擎珍緘, 承悉履此泰節, 弟祿休茂, 無任欣賀欣賀。

　滉癃憊無狀, 今入七十之年, 忝蒙召旨, 處之極難。適因同生家有喪, 急往次, 馬蹶冰溪, 墮落水中, 非但有傷身, 因霑濕, 風寒觸入, 病發多端, 委頓沈綿, 赴命稽遲, 惶仄靡措, 奈何?

　江上小築, 草創未就, 若蒙左顧, 猶可款晤於其中。須示僕行止之定, 然後因便一枉, 何幸如之? 進餘之惠, 遠及蓬門, 徒深感佩, 愧無奉報。《朱書》書類, 欲加送, 因病未畢考, 故俟後日奉呈耳。餘冀益懋珍毖。困臥不具。

BNL0757(書-李楨-38)(樊卷27:32左)

答李剛而[81]

伻來辱書, 承値期慘, 無任驚怛。在官遭服, 末由自便, 國典爲然, 固無如之何。惟深自寬抑, 以副傾望。

　滉辭病出於萬不得已, 頃復下旨, 更有後召。只以華使無聲, 且此屛伏, 悶不可言。

　示索《朱子書》目錄, 竝二十五冊封上, 照領。其下以星州

80　辛酉年(明宗16, 1561년, 61세) 1월 18~29일(그믐) 禮安에서 쓴 편지이다.
81　辛酉年(明宗16, 1561년, 61세) 3월 禮安에서 쓴 편지로 추정된다.

所印《節要》書, 讎勘未了, 未得畢具偕上, 爲恨.

惠魚感佩. 相望之遙, 向風依依, 何時敍暢? 惟冀[82]加重萬萬. 謹拜謝復.

BNL0758(書-李楨-39)(樊卷27:33右)
答李剛而[83]

瞻慕懸懸, 茲承惠字, 備審令體佳裕, 且有澆展之行, 無任慰賀慰賀. 滉屛伏如前, 幸無外撓, 只以精力憊乏, 目昏不辨細字, 日間全廢看書, 是爲撓悶耳.

所送《傳道粹言》, 曾所未見, 甚荷披憘之惠. 但無《二程全書》, 無可據以勘其誤處, 雖加校過, 恐未免郢書燕說之患. 然不敢辭也, 姑奉受看如何耳.

《大全》書唐本得之, 甚賀. 向在玉堂日, 看唐本數件, 亦多誤缺. 然彼此互對, 得其本文本字者必多, 須於拙件內逐字改補, 不勝幸望幸望. 惟令照. 隔遠難謀會欵, 惟冀爲時珍衛萬萬. 不宣. 謹拜復.

---

82 冀 : 中本·拾遺에는 "祈"로 되어 있다.
83 辛酉年(明宗16, 1561년, 61세) 3월 禮安에서 쓴 편지로 추정된다.

答李剛而【辛酉】[84]

此間不邇，連得枉牋，甚荷存顧之意。仍審履此初暑，益膺沖福，欣慰欣慰。滉塊處山樊，對時養病之外，隨分自遣，或於陳編內有所窺覰，則欣然會心，樂亦不淺，只恨衰朽無精力可以爲己物耳。

示喻先瑩碣陰，已得南冥之文，則所需者寫字耳。滉安敢固辭以孤令懇乎？但恐眼昏手澁，不稱令意耳。如必要見徵，須作界紙三兩[85]件送來。老人善謬錯，不可必於一紙內無誤書故也。

洪佐郎仁慶《續淵源錄》，果曾來此，適以他故，未及校正，且藏在溪莊，而身來江舍，此人之來，末由取付。近當取來勘過，隨後送上。

《二程粹言》則已校，故付回使呈納。但此書乃變語錄而文之者。其於變文之際，或全變其語意，或不能不異於本旨者，旣爲未安。而緣此之故，雖有本文之條，校正甚難，以其非全本文也。坐是殊未精校，只大槪點竄而已。惟一一鑑加商量以處，毋苟以鄙見爲從否也。《伏惟令諒。餘祈爲道加愛。不宣。謹拜復狀。》

《近聞星州印《晦菴[86]》，功費不訾，意不可無資於令助。今

---

84 辛酉年(明宗16, 1561년, 61세) 4월 禮安에서 쓴 편지로 추정된다.
85 三兩 : 上本에는 "兩三"으로 되어 있다.

又貴府自有此等事, 恐難力分, 則愈見星州之困矣。》

KNL0760(書-李楨-41)(癸卷21:20右)(樊卷28:2右)
答李剛而問目【《朱書》】[87]

《《晦菴書》》"尋〈遂初賦〉": 晉 孫綽字興公, 嘗作〈遂初賦〉, 有盛名。其後桓溫擅權, 欲徙江左民若干戶, 以實河南地。人情怨洶, 擧朝莫敢言, 綽獨上書, 極言其不可。【書見《通鑑》。】溫怒其不附己, 以綽名士, 不敢罪斥, 但曰: "綽何不尋君〈遂初賦〉, 輒預人朝家事云云。"此引之言: "韓、李本善類, 今亦附和議, 不復顧初心, 爲可惜耳。"

《"漢斬張耳之謀": 此未知出何傳。但意張耳歸漢, 後被敵國索取耳頭, 漢斬送他人頭以給之。今金虜於宋使梓宮之請, 若出此計以給之, 不知何以驗、何以處之云耳。漢斬張耳事引之, 但取以他屍冒稱以欺給之意, 非以斬送爲比也。》

---

86 菴: 中本의 부전지에 "'菴'下疑有闕字。"라고 하였고, 樊本·上本에도 同一한 두주가 있다.

87 辛酉年(明宗16, 1561년, 61세) 4월 禮安에서 쓴 편지로 추정된다. 〔編輯考〕이 편지는 中本에는 卷26에 실려 있으며, 問目을 따로 모아 놓은 中本 卷28에도 중복해서 수록되어 있다. 中本의 부전지에 "此下十條, 編入答李剛而十五書下。"라고 하였다. 이것은 庚本 편성 당시의 편집 관련 기록으로서 앞에 나온 朱書 問目으로 통합하라는 지시로 보인다. 결과적으로 이 지시는 반영되지 않았다. 中本(卷26)에는 제목이 없고, 부전지로 "問目第二段《晦菴書》尋遂初賦以下, 至與龜齡書十條, 編入此下。"가 있다.

"無麪之不托"、"喫大椀不托"：按"不托"，或作餺飥，食物名，《恐如今나화之類。》"麪"卽麥末，卽所以爲不托者也。言"荒政所請廣糶米、賞納穀等事，宰相一切不聽，則米穀無從而得之。旣無米穀，雖欲救荒，不可得也。正(如)無麪末而欲爲不托，不可得也"，故云："某不能爲無麪之不托。"

雪寒爲麥豐之祥，故飢寒者因爲怨咨之諺曰："哀我窮人，今被雪寒凍死，不知明年何人享麥豐之樂，喫得大椀麪食乎？"時先生上封事，極言近小人之禍，言多觸諱。囊封付出，上意叵測，伯恭戒之，故答之云云。言我今若因此得罪，正如雪寒凍死之人，不知何人得意恣橫，反享其樂耶[88]。

《"干祫"：見《禮記》。"干"有上干之義[89]，"祫"祭先祖。本諸侯之禮，大夫則不得常行此禮。或因其有事，【如今事關家慶之類。】則告於君，而後乃行合祭高祖之禮。是以大夫而行諸侯之禮，有上干之義，故曰[90]干祫[91]。》

《"伯恭舊疑"：未可的指爲何事。然與伯恭往復諸書，其所疑難辨論固多，如所謂動靜、陰陽之說，意未明了之類。》

---

88 無麪……樂耶：中本(卷28)의 부전지에 "此條更詳之。"라고 하였고, 樊本·上本에도 同一한 內容의 두주가 있다.
89 義：上本에는 "意"로 되어 있다.
90 曰：中本에는 없다.
91 干祫……干祫：中本(卷26)의 부전지에 "此段見李仲久問目，當去。"라고 하였다.

《"深卿聞其家學": 深卿名泳, 姓李, 古田人, 與林擇之同邑。其人溺於禪學, 先生嘗與書, 極論其非, 見《節要》書第幾卷。又末卷〈與擇之書〉言深卿病處亦深切。今此所謂家學, 亦謂呂氏先世榮[92]公以下禪學而言之。》

"尤耐咀嚼"、"傷急不容耐": "耐"《字書》任也忍也。凡物味淺者, 才入口, 味已盡矣, 何任咀嚼? 惟其味雋永, 則可任咀嚼, 愈嚼而愈有味。【可任猶可堪。】 人性傷於急者, 遇事或喜或怒, 便火急應去, 不能以晷刻延忍而爲之, 故曰不容耐。

《"進長著廷": 時伯恭以祕書正字陞著作故云: "進長著廷。"行字當屬下句, 謂行當如此也。但著作謂之著廷, 必別有意, 未詳。》

《"鴈門之踦": "踦"與奇同, 謂數奇而不吉也。西漢末, 段會宗爲鴈門太守, 罷去後復官, 人謂復鴈門之踦。》

《"攙搶、枉矢": 皆妖星名。其詩以此比當時小人, 但不知指何人故云。》

"別後惜取光陰云云": 仲叔未知其姓名, 其爲人懶慢, 爲學鹵

---

[92] 榮:《晦菴集》〈答汪尙書〉에 "後得呂榮公《家傳》,則以爲嘗受學於二程…… 然至其卒章而誦其言,則以爲佛之道與聖人合。"이라고 하였다. 이에 근거할 때 "榮"이 되어야 할 듯하다.

莽, 故先生激厲之, 若曰:"別後勿虛過光陰, 看書須痛加窮究, 令其有滿腹疑難處, 則必有欲相見質問, 而恨不得[93]相見之心。【此卽[94]孔子所謂憤也。】積此憤懷, 而及其相見之後, 欲將向來疑難處說出質問, 心雖甚切, 而不能形於言, 至於三五日之久, 心與口尙不相應【此卽孔子所謂悱也。】云云。" 言學者必有如此憤悱之心, 然後能受敎而可長進也。

"已發則人心云云":"凡言心者, 皆指已發而言", 程子嘗有此言, 而旋自道其言之誤。先生當此時, 尙有見未到處, 猶以程子前說爲是, 故其言如此。後來覺得道理不如此, 乃深自以此說爲差誤, 累與學者言之。今不當據以爲信也。【"已發則人心", 先生旣知其非而改其說, 今幷抄於《節要》書者, 欲見先生進道次第故耳。】

中正仁義分體用有二說。〈太極圖說〉註, 以中與仁爲動爲用, 正與義爲靜爲體, 此一說也。答南軒、東萊兩書, 皆以中仁爲靜爲體, 正義爲動爲用, 此又一說也。

滉亦向來致疑於此, 玩索累年, 而粗得其所以然之故。〈圖說〉本章小註:"或問:'仁爲用, 義爲體。若以體統論之, 仁却爲體, 義却是用?' 朱子答曰:'仁爲體, 義爲用。大抵仁義中, 又却[95]自有體用。如惻隱是動, 仁便是靜;羞惡是動, 義便是靜。' 又曰:'主靜者, 主正與義也。' 或又問:'今於此心寂然無欲而靜

---

93 得 : 上本에는 "能"으로 되어 있다.
94 卽 : 樊本에는 "則"으로 되어 있다.
95 却 : 中本(卷28)에는 "各"으로 되어 있다.

處, 欲見所謂正義者, 何以見?' 曰: '只理之定體便是.'" 今以此
等數說推之, 自中與仁靜處爲體而言, 則正與義動處便是用;
自正與義靜處爲體而言, 則中與仁動處却又爲用. 蓋四者, 皆
有體用, 故又互相爲體用. 所以兩說雖異, 不害爲同歸也.

《〈答陸子壽書〉"不復饋食於下室": 此下前所註謬誤, 故曾已刊
去而改註矣, 今傳錄上. 按《儀禮》"朔月若薦新, 則不饋于下
室", 據註, "下室", 燕寢, 若今內堂也. 殯宮中, 大小斂奠、朝
夕奠, 皆無黍稷. 惟下室中不異平時, 日設饋食. 至月朔, 殯宮
設奠有黍稷, 則不復饋於下室也. ○卒哭後, 不饋下室. 經無
此文, 更詳之[96]. 》

《右"按《儀禮》"以下八十三字, 滉所藏本, 今所改定註文也.
令所藏本此條舊註, 亦刊去, 依此改入, 細書塡之爲當.
且以此觀之, 古人殯於正寢而行諸奠, 別設位於內堂, 以
象平時, 故其禮如此. 與今時只設殯廳一位者, 亦異矣. 》

《○又曰[97]: 此更詳之, 則疑未葬前, 以事生[98]之禮事之, 故別設
位內堂而日饋於此. 卒哭後, 事以神道, 故只饋於几筵, 而不
復饋於下室也. 》

---

96 之 : 中本(卷26)의 부전지에 "此段■論已見■書. ■■注下二條, 亦未定■論, 去之
似當."라고 하였다.
97 又曰 : 中本(卷28)의 부전지에 "'又曰'當刪去."라고 하였다.
98 事生 : 上本에는 "生事"로 되어 있다.

"不知後世之子雲、堯夫, 復有能成吾志者否?": 所謂不能復成書者, 雖未知的指爲何書, 據此所稱子雲、堯夫, 皆明數學之人, 則似指《易啓蒙》、《本義》而言。想當時二書或未下手, 或草創而猶未訖功, 故發此歎也。其稱子雲, 正如韓子所稱之意, 而其稱堯夫意亦然耳[99]。

"大風吹倒亭子, 却似是[100]天公會事發, 彼洛陽亭舘, 又何足深羡也?": 同父爲人, 豪縱不檢, 無心地精一功夫, 故未免心累於外物。【前書"葺治園亭甚盛"等語可見。】是時其家亭子爲大風吹倒, 來書言及其事, 因又稱羡舊日西京【宋都汴京, 以洛陽爲西京。】士大夫亭舘之盛, 而自嘆其不如。故先生之答, 反其意而諷之曰: "亭子爲風吹倒, 非君之不幸也。却是天意適會事幾, 而發此戲劇以警君。君當因以自省, 不須嘆恨。况彼洛陽亭舘, 競尙奢華, 非君子之高致, 又何足羡慕耶? 辦得此心, 卽更掀却臥房, 亦且露地睡。似此方是眞正大英雄人。"此心卽上文勿視巍巍之心也。言人能辦得如此壁立萬仞底心志、氣概, 則或更有大風, 掀破自家寢臥之房屋, 亦不爲之動心隕穫, 方且[101]恬然露處而睡。如此方爲眞正大英雄人, 又豈爲風倒一亭而屑屑嘆恨耶?[102]

---

99 耳: 上本에는 "矣"로 되어 있다.
100 是: 中本의 추기에 "'是'衍。"라고 하였다. 擬校에 "'是'字本無。"라고 하였다.《晦菴集》〈答陳同甫〉에는 "是"가 없다.
101 且: 樊本·上本에는 "此"로 되어 있다.
102 辦得……恨耶: 中本(卷28)에는 別行으로 編輯되어 있다.

《"若使血氣麤豪, 却一點使不著也。":"却"字屬下句讀。》

《"如其告於巍巍當坐之時之心":"巍巍當坐""當", 指文宣王塑像而言。同父向來必嘗有祭告宣聖文, 其中有巍巍當坐之語。當其祭告致禮於神座前也, 雖同父亦必肅敬祇栗, 而常時則不能, 故勸其須要常持是心而不失, 則能如下文所云也。》

"職事甚覺弛廢":已爲山主, 而不能恒在山, 是職事弛廢也。蓋爲戲言, 以嘆居山之不能如意耳。

《"來喻又謂:'凡所以爲此論, 正欲發儒者之所未備, 以塞後世英雄之口而奪之氣, 使知千塗萬轍卒走聖人樣子不得。'":所云爲此論者, 同父。自指其"義利雙行"、"王霸並用"及"崇獎漢、唐, 比附三代"等說, 卽所謂儒者之所未備也。英雄雖託稱於後世, 然其意實指先生而譏之。蓋同父意常欲以此等議論壓倒先生, 見其屈伏, 故云云。彼其心以爲你雖自謂學聖人之道, 然聖人終非可學而至, 吾所謂"義利雙行"等議論, 實你所不知也。故吾發此論, 要以塞你口而奪你氣, 使你知聖人, 終不得學成而屈伏於吾所云者耳。"走"猶言行至也[103]。》

《"芭籬邊物":"芭籬", 今之把子也。芭籬邊物, 言賤棄之物也。》

《"將此身心奉塵刹":"塵刹", 佛書中語, 未詳。》

"千聖相傳正法眼藏":《傳燈錄》"佛以無上微妙、祕密圓明眞實正法眼藏付迦葉", 又《困知記》引《楞嚴》諸說而斷之曰:

---

[103] 來喻……至也:中本(卷28)의 부전지에 "此段可疑, 更詳之。"라고 하였고, 樊本·上本에도 同一한 內容의 두주가 있다.

"其言反覆多端, 不過以藏識爲主。藏卽所謂如來藏也。以其含藏善惡種子, 故謂之藏。其所以爲善爲惡, 識而已矣。"其下, 又分言藏識, 有本體、有末流云云。其說滉所未知, 恐只以佛之眼目、見識, 皆含藏眞實善法, 故謂之正法眼藏。先生借引以喩道統之正傳耳。

〈與王龜齡書〉擧尊德性、道問學一節, 滉亦常疑之耳。然其上三句, 各就一句內, 對擧兩事而互言之, 是一句兩事, 自爲相資相應。至此則總其兩句, 對擧四事而互言之。然善觀之, 則就兩句中, 每一句兩事, 自爲相資相應, 與前無異, 只文法有小變耳, 非換其分屬也。

惟於下文再擧說處, 上三句六事, 各擧其三而歷數之, 下二句四事, 則於分屬中只取其重者二事而言之。問學之屬, 以崇禮言固當; 德性之屬, 宜以溫故言之可也。乃以知新爲言, 似若以知新換爲德性之屬, 此誠可疑。恐只是一時偶然失照管而誤換說也。

至如存心、致知之先後, 來喩所引〈答吳晦叔書〉盡之矣。又按《語類》, 或問:"溫故如何是存心之屬?"朱子曰:"涵養此已知底道理, 常在我也。""道中庸何以是致知之屬?"曰:"行得到[104]恰好處, 無些過與不及, 乃是知得分明, 事事件件, 理會得到一個恰好處, 方能如此。此足以見知與行互相發明滋養處。"竊

---

104 得到 : 樊本·上本에는 "到得"으로 되어 있다.

意知行二者, 如兩輪、兩翼, 互爲先後, 相爲輕重。故聖賢之言, 有先知而後行者,《大學》與《孟子》之類是也; 有先行而後知者,《中庸》與〈答晦叔書〉之類是也。似此甚多, 不可勝擧。然先知者, 非盡知而後始行也; 先行者, 非盡行而後始知也。自始知至知至至之, 始行至知終終之, 貫徹相資而互進也。

《中庸》之存心, 豈可謂成始之敬?《大學》之誠意、《孟子》之存心, 豈獨爲成終之敬乎? 況可以《中庸》之尊德性, 只作《小學》工[105]夫看耶?【胡雲峯於此章, 雖有存心非力行之論, 然非力行, 未有能存心者。故朱子嘗有以知行論此章處, 滉亦以知行言之。】

SNL0761(書-李楨-42)(續卷4:14右)(樊續卷4:16左)
與李剛而【辛酉】[106]

久旱霈澤, 伏惟令候淸福倍勝。近因使還, 粗奉短札, 想已達座下。

《伊洛淵源續錄》今方校畢, 値本縣漆吏前去附上。惟照納, 更加詳訂而後入梓爲佳。竊見此書, 旣曰淵源續錄, 則其事至重, 而其所去取裒輯, 近於草草, 而終之以黃巖數公。謝公乃黃巖人也, 則又疑於未公[107], 如何如何? 然東方創見之

---

105 工 : 樊本·上本에는 "功"으로 되어 있다.
106 辛酉年(明宗16, 1561년, 61세) 윤5월 禮安에서 쓴 편지로 추정된다. 中本·拾遺에는 〈與李剛而〉로 되어 있다.
107 未公 : 樊本의 두주에 "'未公'可疑。"라고 하였다.

書, 不可不刊行, 以幸後學之士, 在令公勉之。仍以一件投惠, 何如？ 餘具前書。謹拜。

BNL0762(書-李楨-43)(樊卷28:11右)
答李剛而[108]

積雨平陸成江, 徒抱停雲之思, 伻來辱書, 承審起居之詳, 且有惠顧之示, 其於慰佇, 倍常萬萬。滉羸病日深, 殆不能支, 賴無外事之撓, 且以粗遣, 最是志業頹廢, 愧無以見故人耳。

　嘉貺依領, 感荷則深。遠處不無勞弊, 悚息悚息。嘗聞浴椒不用酷熱, 今此卜行, 正此炎赫, 何耶[109]？ 切祈千萬愼護, 以副魁渴之情。謹拜謝。

BNL0763(書-李楨-44)(樊卷28:11左)
答李剛而[110]

凝佇之至, 伻來書到, 悵惘何堪何堪？ 昔年會別於京師, 今已七八星霜, 中間只有信字相往來, 難卜旣見之願。自尹東都每有惠顧之云, 越境遠出, 實非易事, 亦不能必以爲望。何意行

108　辛酉年(明宗16, 1561년, 61세) 6월 초순 禮安에서 쓴 편지로 추정된다.
109　耶 : 上本에는 "也"로 되어 있다.
110　辛酉年(明宗16, 1561년, 61세) 6월 禮安에서 쓴 편지로 추정된다.

過半塗, 乃爲造物所戲, 又失此會耶?

　水患此間亦甚。然觀來喩, 海邦之災尤劇, 民生、國計誠可憂悶, 奈何奈何? 況<u>五十川</u>等處, <u>羊腸</u>、<u>巫峽</u>, 何可强涉耶? 三日望眼, 付之一嘆而已。

　先德碣文書囑, 敢不謹承? 但恐病筆躓澁, 不可用耳。下字等所喩, 非滉所及矣。前面職姓陰書銘文, 例固如此, 謹當依示。所貺未敢辭解, 徒深愧感。伏惟令鑑。餘冀爲時珍嗇, 慰此遐慕。不具。謹拜謝復[111]。

BNL0764(書-李楨-45)(樊卷28:12右)
答李剛而[112]

千里命駕, 一宿遽別, 又拘於公館之煩, 積年懷抱, 攄一留萬, 別後耿耿, 如何可喩? 忽擎飛翰, 出於倦程之餘, 益見眷顧無已之意。仍審行色佳勝, 欣寫則深, 瞻仰采切, 不知所云。惟冀爲時萬加珍毖, 以慰馳遡。謹拜謝復。

　惠來酒果, 當與親友一笑, 爲感。

---

111 謹拜謝復 : 拾遺에는 없다.
112 辛酉年(明宗16, 1561년, 61세) 7월 중순 禮安에서 쓴 편지로 추정된다.

BNL0765(書-李楨-46)(樊卷28:12左)

答李剛而[113]

忽承令問, 知行還萬安, 欣慰何極? 滉從來計未周遍[114], 謂令行亦爲浴椒之計, 適又崖路水阻, 家中疫發, 數三事故相牽掣。初爲野寺聯床之計, 則猶未[115]甚遠, 又爲地主强邀, 轉入江[116]舍, 則最出下策。其後雖欲奉同再宿之款, 勢不可爲矣。平生愧恨, 無大於此。

及見張仲紀書, 則責滉尤峻切, 益不堪愧。茲又遠賜念問, 不外反厚, 滉何能堪? 所惠謹領, 徒深佩荷之至。方伯亦緣雨水留他邑, 待崖路之通, 今日始來陶舍, 相款而去, 更增與公巧違之恨也。書中"有來初雖有欲遂前計"之云, 何敢望必乎? 所望來春間或更命駕, 則庶豁此懷耳。送方伯後, 醉不成字, 言不盡意[117]。惟令諒。不宣。謹拜復。

SNL0766(書-李楨-47)(續卷4:14左)(樊續卷4:17右)

答李剛而[118]

今因兵官之來, 得聞令體佳勝, 豈限欣慰? 前日之事, 悔之無

---

113 辛酉年(明宗16, 1561년, 61세) 7월 하순 禮安에서 쓴 편지로 추정된다.
114 遍 : 저본에는 "徧"으로 되어 있다. 樊本·中本에 근거하여 수정하였다.
115 未 : 中本·拾遺에는 "不"로 되어 있다.
116 江 : 中本·拾遺에는 "官"으로 되어 있다.
117 送方……盡意 : 拾遺에는 없다.

及, 言之無益, 愧之無窮而已。

　近者州人奉書來, 適與監司敍會後, 醉眼眩錯, 草修報簡。更詳之, 則書在令行之前。老昏類多如此, 可笑可懼。因思滉所以深負令厚者, 初不知盛意託於浴而實專爲滉, 又加以疫忌、水阻之魔, 始擬野寺, 竟落官家, 此已無可說矣。翌日之夕, 猶可通路, 尚不知請留還駕, 以爲江舍一宵連床之款。機會之失, 正坐疎脫, 胸中懊悁, 久而不釋。頃書雖誤, 其所謂明年之約者, 實出於敍言之餘。願勿以一失爲罪, 而辱賜留意, 則千萬幸甚。

　《朱子大全》以唐本校鑄本, 其可正誤補闕者想多, 暇日得試手否?

　歸時內演之遊, 能如志否? 山之勝槪如何?

　曹楗仲[119]以其指點處, 謂之何耶? 若以爲不可改, 則只當從其意, 蓋本楗仲作也, 非滉作也。惟令照。不宣。《謹拜白。》[120]

---

118 辛酉年(明宗16, 1561년, 61세) 8월 禮安에서 쓴 편지로 추정된다. 〔編輯考〕中本에는 부전지로 "此措辭推之, 下'徵士之文'別紙, 當在此書〔上〕。"이 있다. 中本의 부전지 내용은 아래 KNL0770A(書-李楨-51-1)에 수록된 別紙가 이 편지의 앞 부분에 와야 한다는 것인데 庚本을 편성할 때 이 편집 의견은 받아들여지지 않았으며, 이 편지 자체가 수록되지 않았다. 이 편지는 續集을 편성할 때 추가로 편성되었다. 하지만 역시 中本 부전지의 의견은 반영되지 않았다.

119 仲 : 底本에는 '中'으로 되어 있다. 續草本·樊本·上本·《南冥集》〈行狀〉에 根據하여 修正하였다. 아래도 "楗仲"도 마찬가지다.

120 謹拜白 : 拾遺·續草本에는 없다. 續草本에는 해당 내용이 추기되어 있다.

BNL0767(書-李楨-48)(樊卷28:13右)

答李剛而[121]

青鳧使君傳寄令惠辱書,獲審體履康福,不任欣濯之至。前日之事盡緣溈疎謬,遂使難得之會,墮此無涯之恨,每思之,不勝椒汗。

且營官之還,所奉書中,因令公臨別,有明秋之約,而望遂其約。已封書訖,營官乃道"令公之言欲以今冬再枉高軒"云,雖未及改修書辭,自後尤渴[122]於今冬之枉。茲蒙書喩,乃不以今冬,而有來秋之約,又大失所望之懇也。伏祈勿俟來秋,苟有可乘之暇,令須留意以副我瞻遡之懷,至幸至幸。

昨黃仲擧適來,相與玩月江臺,仍共宿山齋,會得令問。恨不得同此佳賞,尤不勝其歎想[123]也。

內演奇觀,令人馳羨不已,何時承眎以寫此抱?未間惟加愛萬萬。不宣。謹拜謝復。

SNL0768(書-李楨-49)(續卷4:15左)(樊續卷4:17左)

答李剛而[124]

日昨承書,尙無他故,今此示諭,出於慮外,人事之不可期,至

---

121 辛酉年(明宗16, 1561년, 61세) 8월 禮安에서 쓴 편지로 추정된다.
122 尤渴 : 上本에는 "渴望"으로 되어 있다.
123 想 : 上本에는 "賞"으로 되어 있다.

如此耶? 餘不足云云。

去歸之後, 南北逾邈, 是爲悒悒, 而益歎前日逢場之草草也。奉示中間再會之約, 尤荷相與之意甚厚。滉當此初寒, 出入似不易, 然敢不掃萬力行?

仲紀書云"靑、眞兩境間, 有小僧刹可會"云。欲於來初六七發此, 徐行經宿至彼, 則會日當在七八日間也。其寺名, 水精也。所慮, 日候寒歇如何。恐或値不順, 則病人行色, 未可的必, 預以爲憂耳。

《送惠銀唇, 感愧。》餘惟未間珍重。《謹拜復。》[125]

SNL0769(書-李楨-50)(續卷4:16右)(樊續卷4:18右)
與李剛而[126]

頃承令書, 旣已報去, 今幾達左右矣。所約山間話別, 甚是好事, 可償前會之未盡, 故切欲力病以趨。適見朝報內, 守令越境私出入禁斷之令, 下于八道。令下之初, 强冒作此遠會, 聞見張皇, 必招謗議, 雖不計論罷, 於義亦甚未安: 一也。

近有親舊自京來言一二宰相愛滉者, 謂"同知謝恩, 三四年不爲, 雖衆知有病, 亦甚[127]未安。不如力疾來謝, 卽陳情乞退

---

124 辛酉年(明宗16, 1561년, 61세) 9월 하순 禮安에서 쓴 편지로 추정된다.
125 送惠……拜復 : 續草本에는 續集에 빠진 부분이 추기로 되어 있다.
126 辛酉年(明宗16, 1561년, 61세) 9월 하순 禮安에서 쓴 편지로 추정된다. 拾遺에는 〈與李剛而【辛酉】〉로 되어 있다.

之爲善也', 滉答以"老病倍前, 不能冒寒入都云云". 今乃冒寒越數邑之境, 與朋友相徵逐, 與前言相反, 人必怪怒, 無辭自解: 二也.

自近日益寒嚴, 若至來六七, 已爲小雪之後, 風雪苦寒, 亦所難測. 萬一中路疾作, 彼此不及, 難以救療. 昨聞琴大任傷寒, 幾死復甦, 不覺生怵: 三也.

來十五日, 滉母忌也; 眞寶, 滉土鄕也. 旣會則當過數日, 回至鄕邑, 則父老延訪等事, 不可强拒, 而安東地所經, 亦有如此之弊. 以及還家, 太迫忌日, 亦所未安: 四也.

會約礙事, 略數之, 有此數件, 而令公臨遞多故之中, 遠出有弊, 亦不可不計也. 緣此自思, 寧受未遂前約之責, 而不敢[127]强此數件之礙. 急送人于靑松, 欲令疾速伴人, 則可及令旆未發之前而報罷矣. 滉前旣多負令意, 今又再負, 極知無理之甚. 然事之無可如何處, 必欲行之, 亦非時措之宜也.

且降資之故, 只遞非罷. 滉意天眷異常, 而大慶又臨, 恐不無追還仍任之事也. 則明春之約, 安知其終可遂踐耶? 苟或不然, 則必付京職, 不知令公行止何定? 亦望示及. 想雖赴都, 必復乞外, 若得靑松等近邑而來, 則安知會遇之尤便於今日耶? 伏望留意, 副此瞻遡之懷, 則何幸如之? 臨紙惘惘, 不知所云. 惟祝行止愍重萬萬. 謹拜上白.

---

127 甚 : 中本・拾遺・樊本에는 "深"으로 되어 있고, 續草本에는 추기로 "'甚', 初本深."이 있다.

128 敢 : 續草本에는 "可"로 되어 있다.

BNL0770(書-李楨-51)(樊卷28:14右)

答李剛而[129]

齋居晨起, 新霜淸冷, 徒切瞻遡之懷。忽捧投翰, 展讀三復, 其於浣豁, 言所難喩。書中有少愆攝是不過撫字心勞之致, 惟在將護之善耳。

滉儱拙依前。家役[130]尙未平復, 而孫兒二三皆好過。其一孫又僥冒蓮榜, 目前稍慰病懷耳。

一日程會期之示, 靑鳧守時未寄來。冬間冗務, 果如令喩。明春春水漲淥[131], 得蒙沿牒, 一賞江亭之債, 則前欠可補, 而宿抱小攄矣。

前留剡藤, 寫晦翁五言詩八絶封上, 笑領爲幸。餘祝向寒加衛。不宣。

KNL0770A(書-李楨-51-1)(癸卷21:26右)(樊卷28:14左)

別紙[132]

徵士之文, 蒼古峻偉, 甚可尙。但往往有不循格例處, 此雖山林之人不逐世好之意。然凡刻銘, 所以傳後, 今若不言, 後之指議者, 將幷及於操筆者曰:"何爲相徇爲此?"況來喩責以下

---

129 辛酉年(明宗16, 1561년, 61세) 10월 초순 禮安에서 쓴 편지로 추정된다.
130 役 : 中本·拾遺에는 "疫"으로 되어 있다.
131 淥 : 上本에는 "綠"으로 되어 있다.

字云, 亦梃仲之意也耶? 故敢以謬見妄有稟正云。

竊謂先人贈職處, 旣以王曰贈爾父起辭云云, 則其下曰祖、曰曾祖, 皆蒙上贈爾之文, 乃上命承旨而稱其先人之辭。不應中間祖母、曾祖母, 獨舍承旨而直命其先人, 稱爲贈爾妻也。故妻曺氏、妻鄭氏兩"妻"字, 當改作祖母、曾祖母, 上下語脈, 方通順而無礙矣。

參議、參判娶室處, 以古銘文格例言之, 當曰"參議娶曺氏, 訓鍊院參軍慶武之女, 生參判。參判娶鄭氏, 議政府左贊成臣重之曾孫, 谷山訓導賢孫之女, 生府尹云云"可也。今先擧父祖則不稱姓, 而至某之女下, 方稱姓曰某氏。此非但古無此例, 以理勢推之, 亦殊未穩。今當欲改之, 別無增減字, 只用元文而上下互易之耳, 如何如何?

"毛髮未成", "髮"改作"骨"則尤好。"未嘗與物爲忤", "爲"字未安, 改作"有"字, 何如? "猶未嘗教子爲懈", 其文近疎, 欲改作"其教子未嘗少懈", 何如? "嘗篤學不倦", "嘗"恐是"常"字之誤, 蓋學非嘗試一爲而遂輟之事。古文"嘗"、"常", 雖有通用處, 不若作常之爲得也。"韋布破襪", 此用"韓八座藝如拆襪線"之語, 徵士以自謙其材短, 固甚好意。但作破襪, 則語似生而且僻,

---

132 〔編輯考〕中本의 부전지에 "此別紙當在'今因兵官'書上。"라고 하였다. 中本의 부전지 내용은 이 별지를 위의 SNL0766(書-李楨-47) 편지 위에 편성하여야 한다는 것이다. 하지만 庚本을 편성할 때 이 편집 의견은 받아들여지지 않았다. 또한 中本에서 이 別紙의 본 편지로 편성된 BNL0770 편지도 刪去하였고, 別紙만 KNL0760(書-李楨-41)에 이어서 '答李剛而'(卷21:26右)라는 제목으로 별도의 편지로 편성해 두었다. 여기에서는 中本 편성에 따라 원 형태를 복원하여 합편하였다. 庚本·擬本·甲本·癸本 〈答李剛而〉로 되어 있다.

不若因用其本語本字曰拆綫, 則語穩而無病矣。【或只作拆襪亦可。蓋"破"字有病耳。】

《令孫兒已命名, 此非他人所當改爲。但來書有改命之喩, 且龜雖靈異之物, 非若毛、鱗之類, 古未聞有變化之事。又此字既爲尊號, 以之命子孫, 亦非子孫所安受用。改爲鷗[133]變, 何如? 以上所改當用之字, 竝於別紙寫呈。[134]》

"賜爾母養若干需", 不若改作養需若干, 爲文從字順也。"榮餉五鼎","餉"字無來歷, 當改作"饗", 乃"宗廟饗之"之"饗", 如何? 以上二段, 不及稟改, 徑於寫本內, 依此寫了[135], 乃一時筆誤耳。然恐無不可, 故仍是納稟。

滉又有所稟, 觀古人爲人作碑碣, 敍其世系處, 其先世之名, 當其初見, 則不得已直稱之, 及其再稱, 則稱其官號。初之直稱, 所以不沒其名; 後稱官號, 所以對其子孫而尊其先人也。今此文其再稱也, 亦稱名者二, 生員與教授爲然, 恐亦未安也。欲改之則其生員名再出字, 改作生員; 教授名再出字, 改作教授, 如是而已。

但如此則此處添兩字, 竝上祖母、曾祖母處添三字, 合爲多五字。若欲以五字轉轉推移排塡, 則當於"銘曰"下空二窠處, 只空一窠可也。如是則"上賓"下當得五空窠, 可以恰恰排塡無餘欠矣。

惟是凡文字下端, 須有些空界處, 方爲好個樣式。此則恰

---

133 鷗 : 樊本·上本에는 "鯤"으로 되어 있다.
134 令孫……寫呈 : 中本에는 앞에 부전지로 "■■碣文。"이 있다.
135 了 : 上本에는 "字"로 되어 있다.

塡無空界, 雖若少恨, 然無乃不至於大妨乎? 如何如何? 滉又白, 更思之, "嘉靖皇帝二十有九年庚申春", 此'庚申'二字可無。若去此二字, 則銘文末端, 當有空界二窠, 如何如何?

凡此所禀, 非敢自以爲是, 直以鄙見如此, 故不欲有隱於誠孝之下, 亦望盡以是咨叩於南冥翁, 容其裁量而去取之。南冥, 吾與之神交久矣。當今南州高士, 獨數此一人。但念自古高尚之士, 例多好奇自用, 好奇則不遵常軌, 自用則不聽人言。其見鄙說, 得無誚嗤之, 以爲俗末陳腐之法, 不足以采用耶?

大抵文字, 常格之外, 自出機軸[136], 如兵法之出奇無窮, 固是妙處。然其出奇處, 亦須有節度、方略, 有來歷可師法, 故可貴而不敗。若無是數者, 而過於好奇, 則不敗者鮮矣。何可每每以是爲貴? 其合用正法處, 止當用正法可也。

今此文字全篇別一機軸[137], 好是兵法之出奇。滉所欲改處, 皆是奇兵之中一二曲節, 合用正法處。若竝此而欲一一皆用奇而厭於用正, 豈不是好奇自用之病耶? 不知南冥以爲何如? 《【"鴎變"鴎"字, 先生後改作"鯤"字。】》

SNL0771(書-李楨-52)(續卷4:17左)(樊續卷4:20右)
答李剛而[138]

復此專伻, 千里致書, 示喩一一承悉, 感佩至意, 無以爲謝。

---

136 軸 : 上本에는 "軏"으로 되어 있다.
137 軸 : 上本에는 "軏"으로 되어 있다.

當初諧約之報, 只緣前日負愧之多, 故不計身病與勢難而然也。徐而思之, 多有未安。適又子弟之京來者, 道其所聞於人者, 極令人悚仄靡容。今雖幸寢, 不可謂無危機也。況時日寒沍, 尤非辭病退縮者出入之時, 故不得已再至負約, 何慚汗如斯耶?

然推案未上, 則必涉大慶之後, 公之無事仍任必矣。少俟明春爻象稍變, 更圖此會, 則何必中路? 可遂來討江亭之賞, 以成數日幽款之幸。安知造物今日之戲, 乃所以大償吾輩之願也耶? 凡事非面, 固難開盡。

祠、舍之事, 亦是如喩。但所謂"千里徒步", 必有其人而後可也。今而言此, 則擬非其倫, 不可聞於人以取笑怒耳。

示字書上, 草草恐不入程度耳。惠及野味, 感荷感荷。惟令照。餘祝令履萬珍。不具。《謹拜謝復。》[139]

BNL0772(書-李楨-53)(樊卷28:18右)

答李剛而[140]

相去非近, 音信狎至, 雖因進物之便, 足見逮意之厚。仍審霜寒, 起處佳勝, 欣慰難喩。病身粗遣, 而家中尙未平復, 雖有小慶, 未遽爲慶, 一笑一恨。

---

138 辛酉年(明宗16, 1561년, 61세) 10월 禮安에서 쓴 편지로 추정된다.
139 謹拜謝復 : 拾遺·續草本에는 없다. 續草本에는 해당 내용이 추기되어 있다.
140 辛酉年(明宗16, 1561년, 61세) 10월 禮安에서 쓴 편지로 추정된다.

就中承示"諸書六七件, 一時竝刊", 此等書束, 人罕見, 今因此廣布, 豈非大幸？ 跋語之囑, 似難承當, 徐更商量, 以報副未也。

惠及魚瓜, 感感佩佩。[141] 別紙報在別紙, 惟令照。未涯款奉, 惟衛履多福。

KNL0772A(書-李楨-53-1)(癸卷21:29右)(樊卷28:18右)
別紙[142]

示喩"武烈、角干有功烈於三韓如彼, 而丘壟荒廢如許, 可見從來守土者之闕典, 而邦人之所羞病也。今欲修治立祠", 甚盛擧也。而昔之爲此等事, 可數其人, 何疑之有？

但昨者, 孫兒回自都下, 傳宋台叟之言曰："慶尹, 吾所愛重之人。但人言其爲武烈、角干作佛宇百餘間, 以奉祠事, 何至如此謬計？ 汝大父與慶尹相厚, 速以書喩罷之事歸告云云。"滉聞之, 雖知其出於妄傳, 然此聲喧播, 殊爲未安, 急欲奉告之際, 適見伻來, 故陳之如右。且六七間精舍, 傳之曰百餘間, 人言之可畏如此。

又有一事滉所親歷者, 絕與今日之事相類。 滉忝守豐基郡, 郡有龍泉寺, 有高麗太祖畫像藏在木匣, 野僧不知奉護,

---
141 感感佩佩：樊本・上本에는 "感佩感佩"로 되어 있고, 中本의 부전지에 "感佩感佩"로 되어 있다.
142 中本에는 부전지로 "答李剛而"가 있다.

瀆慢甚矣。滉心不忍其然，謀於寺僧，爲作一間屋於寺側，將以奉安其像，而令寺僧守之而已，非有祠祭之事也。

其時臺官聞此事，曰"先代王者之祭，乃興滅繼絶之義也。而李某以一郡守私爲之，甚可駭也"，將以擧劾，有人止之而止。適滉亦病歸，遂不成屋而罷，又安知今之君子不如昔之君子耶？此須十分商度爲佳。

且武烈碑石事，滉亦傳聞之，甚歎其人之無識也。還取刻立甚善。然滉意旣已斲小，則古印碑文，恐重刻[143]而不相合也。如何如何？然則別用他石，而刻其印本，無乃尤善乎？【若還取其石，則報使不可不爲。】

且滉意古者帝王祠廟，立於民間，而人得祭之者非一。此其始立之時，豈皆出於朝命？其亦出於一時民俗之不忘遺德，亦或出於守土者之爲，未可知也。然今時與古時不同，人見與己見不同。前日滉以只一間屋子安像，猶得此謗。況今置祠設祭，恐或如滉之得謗，則其難處不但如滉而已。

故滉意於武烈，則只當修治陵墓，改刻碑文，嚴禁樵牧而已。於所立祠宇，只祭角干，其修墓禁樵，亦如武烈之爲。竝爲置典守者三兩人，而使鄕所專掌檢擧，所創精舍，定爲童蒙肄業之地。則事皆得體，而譊譊之言，亦可弭矣。如何？

古者立書院，以爲斯文美事，而盧仁父星山書院，得謗盈車。世道至此，可爲於悒。然滉非欲左右隨俗俯仰，以避謗議，只欲處事合宜，令人無指點處耳。

---

143 刻：上本에는 "刊"으로 되어 있다.

KNL0773(書-李楨-54)(癸卷21:31右)(樊卷28:20右)

答李剛而問目【《朱書》】[144]

〈答袁機仲書〉論《啓蒙》下云: "說得太郎當了, 只少個拄杖卓一下, 便是一回普說矣": "郎當"猶言狼藉也, "卓"立之也, "一下"、"一回"皆猶言一番也。天地變化之神, 陰陽消長之妙, 本不可以言語形容, 今吾說形容極盡, 無復餘蘊, 似不合如此太漏洩天機, 故云"說得太郎當了"。

竺氏之敎有二, 其禪宗者, 不立文字, 只拄杖卓一次, 便可曉人悟入。其敎宗者, 必普徧說法, 乃可以曉人傳法。故先生於此, 戲借其說曰: "吾只欠個拄杖卓一下, 無言以悟人之妙, 便是一番普徧說法, 豈不可以曉你傳法乎?"先生此言, 頗若自誇, 非自誇也。程子所謂"賢人之言, 引而[145]自高。不然, 道不尊也"。蓋機仲雖是淸名直節之人, 性執苦[146], 不信先生之言, 故喩之以[147]此。

---

144 辛酉年(明宗16, 1561년, 61세) 10월 禮安에서 쓴 편지로 추정된다. 〔編輯考〕 이 편지는 中本 卷26에 실려 있고, 卷28에 問目을 따로 모아 놓은 것 가운데 중복해서 수록되어 있다. 中本(卷26)에는 부전지로 "存此下十五條, 編入八十七書下。"가 있고, 추기로 "李仲久疊出。"이 있다. 中本 부전지의 내용은 전체 문목 중 15개 조만 남겨서 87書(?) 아래에 편입하라는 것이다. 庚本을 편성할 때 이를 반영하여 15개 조만 남겼다. 여기에서는 中本과 樊本에 의거해서 모두 복원하였다. 中本(卷26)·樊本·上本에는 〈答李剛而〉로 되어 있다.

145 而 : 中本(卷28)에는 "以"로 되어 있다.

146 執苦 : 樊本에는 "執固"로 되어 있고, 上本에는 "固執"으로 되어 있다.

147 以 : 上本에는 "如"로 되어 있다.

〈答留丞¹⁴⁸相書〉"執摯還摯之心"：《荀子》"周公謂伯禽之傅曰：
'吾所執摯而見者十人，還摯而見者三十人云云，以正吾身，定
天下'"，按《儀禮》〈士相見禮〉"賓執摯而請見，主人受摯而相見，
已而主人親造賓家，還前所受之摯物"。【注："禮尚往來。"又云："不
敢當其養也。"】據此觀《荀子》之言，周公先執摯而就見者，大賢
也；彼先執摯來見，旣見而還其摯¹⁴⁹者，次賢之人也。今先生
引之以言"留相已所獻書，致意如此其至，是周公禮敬賢士之
心"云耳。

〈答許順之書〉"不可又似向來說先覺之義¹⁵⁰，更不與柯、徐二
丈見也"：順之曾得先生說先覺之義，爲其不合己意，故不以示
徐元聘、柯國材二人。今寄此書也，諭之"使徧呈諸同志，相與
商確爲可，不可如前日之得吾書不以示人也"。蓋順之淳靜，從
游最久，其終陷於禪學，所見旣差，於師門多不合意。其不以
示人者，一以諱師說與已¹⁵¹不同，一以護己見之差謬也。

《〈答陳齊仲書〉"相馬之說與忠恕之意不同"：秦穆¹⁵²公使九方
皐求馬，反曰："得馬牝而黃。"使取之，牡而驪。公不悅曰："色

---

148 丞：底本에는 "承"으로 되어 있다. 中本·庚本·擬本·甲本·《晦菴集·答留丞相》에
根據하여 修正하였다.
149 摯：中本(卷28)에는 "贄"로 되어 있다.
150 義：上本에는 "意"로 되어 있다.
151 已：中本(卷26)·中本(卷28)·定草本에는 없다. 中本(卷28)에는 부전지로 "'與'
下疑有'已'字."가 있다.
152 穆：저본에는 "繆"으로 되어 있다. 中本(卷28)에 根據하여 修正하였다.

物牝牡不能知, 何知馬?"伯樂曰: "皇之所觀, 天機也。得其內而遺其外。"至, 果天下之良馬也。但齊仲引此以喩忠恕之說, 則今不敢臆說耳。》

〈答范伯崇書〉"近覺此事全在底下": "此事"爲學之事也。"底下"指道理根本低平處言。言爲學當專就根本低平處, 做將去, 乃善。若欽夫之論學, 猶失於好高傷快處, 此病不可不知也。

《〈答胡廣仲書〉"欽夫未發之論, 誠若分別太甚。然其所謂無者云云": 此未見南軒本書, 今亦不敢臆度爲說。但就先生答說, 玩味而得其大意可也。》

《"動靜之外, 別有與動對之靜": 此中有當初寫本, "與"字上有"不"字, 鑄字元本亦有之。今印本無之, 乃印時闕印耳。》

《"性之爲性, 天下莫不具焉": 猶言天下萬物莫不具此性也, 非有闕誤。》

《〈答張欽夫書〉"周子之言主靜, 乃就中正仁義而言。以正對中則中爲重, 以義配仁則仁爲本爾。非四者之外, 別有一段事也", 與他處以義正爲靜而主之意不同, 何耶?》

《所示固然竊。嘗參考〈圖說〉主靜章下小註: "或問: '仁爲用, 義爲體, 若以體統論之, 仁却是體, 義却是用。'朱子曰: '仁爲體, 義爲用。大抵仁義又各自有體用, 如惻隱是動, 仁便是靜,

羞惡是動, 義便是靜."【朱子說止此.】夫四者, 旣各自有體用動
靜, 則亦可以互爲體用動靜, 可推而知。如以中仁之靜爲主,
則以正義之動爲用可也。以正義之靜爲主, 則以中仁之動爲用
亦可也。》

《"打乖": 二字之義, 後來子細看得, 却是謂打做乖事爲是。今
來示云云, 甚善如此看出。》

《〈答李伯諫書〉"八角磨盤": 謂磨盤有八角也。 磨盤如今人作
大板盤, 置磨石其上, 而旋磨之。然未見其全詩, 未知其說如
何。意必以此比輪迴之說耳。》

《〈答林擇之書〉"王丞文字足罷去": 據他處亦有此等語, 凡彈劾
其人之章疏, 謂之某人文字。恐此時王丞被劾而罷故云云。亦
未知王丞爲何人。》

"無復未發之時": "無復"字非誤也, 謂"不能愼獨之人, 當事物
未至之前, 其心已先自紛擾[153], 故無復有未發之時也"。且戒懼
與謹獨,《中庸章句》分爲兩事, 而此書無分別言之者, 以動靜
對擧而言, 則分爲兩事; 以首尾統指而言, 則通爲一事。

《〈答蔡季通書〉"大兒不兒": 趙士敬云"不兒之'兒', 當作'免'",

---

153 擾 : 樊本·上本에는 "撓"로 되어 있다.

此說極是。》

"韓、歐、曾、蘇":曾謂曾鞏,字子固,即南豐先生。其文亞於歐公,所以令習蘇與莊、荀之文,豈不以受之資稟,未可遽以向上事望之,而屬文一事,初學亦不可不知[154]蹊徑,故不得已而俯就之如此?觀其上文有"安知今日乃作此曲拍"之嘆,則可知矣。

《"一樣數段":謂其作文無向背、往來之勢,故自首至尾,只有一樣數段而已,所以不足看耳。》

《"錢物已令携去一千":其下"足"字當屬"米"字讀。"足"音"走",足其不足曰足。【音走。】足米謂"所携去千錢,不足於用,故其所足【音走。】之米,當俟吾到后山遣致之"云耳。【后山在建陽,疑先生農墅所在。】》

〈答江德功書〉"以物言者,挽而附之於己":如王陽明謂"忠孝之理,不可求之於君父,只在此心"之類是也。"以身言者,引以[155]納之於心",如此書上文所論"有禮則安,《禮記》之意本謂'有禮則身安'耳,德功必以爲心安"之類是也。
　《"《大學》諸說亦放"與"倣"同,乃依倣之意。》

---

154 知:上本에는 "至"로 되어 있다.
155 以:中本(卷28)・上本에는 "而"로 되어 있다.

"玄妙骨董":"骨董", 混雜也。古有羅浮穎老, 取飲食雜烹之, 名曰骨董羹。

〈答楊子直書〉"尋事厮炒":"炒"本作"燋", 楚絞切, 熬也。謂大乾也。"厮炒"猶言相煎迫也。相鬪謂之厮鬪, 相殺謂之厮殺。

〈答游誠之書〉"窮理涵養, 要當幷進"之說:與《中庸》存心、致知處及程子涵養、進學一段意相合者看得出, 甚好甚好。餘具前報, 幷取詳之。

《〈答周舜弼書〉"度之以矩而取其方耳":此與前所云說, 先後未可辨。然此說與今章句說合, 恐當以此說爲後來定論也。》

《〈答蔡[156]季通書〉"不成臘月三十日云云":舊亦未曉其說, 偶見一禪家書, 有臘月三十日之說意者。竺家說中必有"閻羅王以臘月三十日, 點檢人所行罪過, 以爲謫罰之"云。故先生以是譏吳公濟求書求薦, 不能安於義命之非, 以爲:"苟不能安命如此, 則亦將問於人而求書去, 以祈免罪於閻羅王耶?"亦以公濟好禪, 故以其所信者喻之。》

《先生名子以僧字, 深所未諭。然書中所云"泰兒"者, 似是爲塾, 則小僧恐是爲在也。又恐或爲孫名, 亦未可知耳。》

---

156 蔡:中本에는 없다.

《"耳根却靜, 打草驚蛇": 言季通謫在湖南時, 幸別無他患可駭聞聽, 故云"耳根却靜"也。其謂之耳根者, 佛家以耳目之類爲根塵, 此疑用其字也。高安之訃, 疑指呂子約。子約死於謫所, 諸遷客聞之, 亦必驚歎, 恐己亦不免死於謫中如彼也。打草則害及蛇, 故蛇驚。聞謫死而驚謫禍者似之。》

《"蠲免力勝放行": "力勝"當時吏俗文字, 未曉何義。蓋客船到岸, 例有輸稅錢, 其名爲力勝耳。》

《"承蜩、削鐻[157]"二事: 竝見《莊子》〈達生篇〉, 文多不錄, 考之可知。大意[158]謂"志專而熟則入神, 外滑消, 然後技如神"云耳。》

《"戽【戶古切, 抒水器也。抒, 音舒, 프다。】秈【音仙。】": 秔稻亦謂之秈稻。

漆簡謂漆書。孔壁書及汲冢書, 皆科斗漆書。【用漆而書, 首大尾細, 如科斗也。】》

《"上休日": 每旬爲休日。上休日疑是初十日也。》
《"力持誠敬"下當註云: "一本作專力持敬。"何如?》
《明招堂初亦未知何人。堂號後見《濂洛風雅》七言絶句中, 揚船山有〈明招道中作〉一首, 今又以〈答子約書〉有此語觀之,

---

157 鐻 : 저본에는 "據"로 되어 있다. 中本 및 《晦菴集》〈釋氏論上〉에 근거하여 수정하였다.

158 意 : 上本에는 "義"로 되어 있다.

必是呂東萊作堂於明招山中, 因以爲堂號也。【揚[159]船山不能分明記得。或是時南堂, 更詳之。】》

《"等待""等"亦待也。》

"祠曹牒"如今禮曹給度牒也。"髡劓"削髮也。"劓"疑"剃"字。"別"作"擎"。"夯作弄", "夯"音向, 用力荷擔之意。

"棒喝禪宗""棒"音放, 大杖也。"喝", 呵[160]喝也。禪家問道於師, 其師或以棒打, 或大聲訶喝, 而問者悟入, 未知此何理也。

《"李伯聞"分明是李宗思字。 但或作聞或作問或作諫, 未知所定, 故註云云耳。》

《"矼"音貢, 飛至也。》

《程子"窮理而至於物", 朱子改作"格物而至於物", 未知如何。然嘗見他處, 亦或未免少有修潤之辭, 此亦恐或然也。"明哲"之"哲", 必是"招"字之誤, 然當更詳之。》

"箚住硬寨做去": "箚", 刺着也。刺着而住, 言固住也。"硬", 堅也。"寨"卽"柵"字。柵植木爲城, 言堅植立也。大意與"立定脚跟做去"同意。

"塞斷中間, 莫令相通": 此但言博約當進其學, 各盡功力, 到功

---

159 揚 : 上本에는 "楊"으로 되어 있다.
160 呵 : 中本(卷28)·樊本·上本에는 "訶"로 되어 있다.

力盡時, 自當融貫爲一耳。

"切不可兩下相靠": "相靠"相倚相恃也。如才做些博底工[161]夫, 便倚此而責效於約底, 或才做些約底工[162]夫, 便倚此而望益於博底, 及未見有效益, 則便怠惰鹵莽。比如兩輪、兩翼, 固不可闕一。然兩輪當竝進, 不可一進一否, 恃一而責一之竝行; 兩翼當竝鼓, 不可一鼓一否, 恃一而望一之竝飛。先生見學者之弊多在於此, 故發此言, 以救其弊。但塞斷、莫通等語, 太似分隔, 恐或記者語病也。觀其上文"初學且須"云云, 則非謂學者終身如此也。

《又一紙問及》淵蜎蠖濩《之中之義, 而無報辭: 不記報未如何, 今此略白。》揚雄〈甘泉賦〉作"蟬【卽蟬字。】蜎【於緣切。】蠖【烏郭切。】濩【胡郭切。】之中", 本註: "宮觀深邃之貌。"《韻會》"蟬"作"嬋"。張晏曰: "刻鏤之形。"師古曰: "言屋之深廣也。"

《"掛搭": "搭"亦掛也附也。唐人詩"和風搭在玉欄干", 言柳被[163]風吹, 掛附玉欄上也。》

《"腦": 在頭上而百體氣脈總會處, 故取要緊之義。》

《"擔閣": 止而不行之意。蓋閣, 所以止扉之木, 故取止不行之

---

161 工 : 中本·庚本·擬本·甲本·樊本·上本에는 "功"으로 되어 있다.
162 工 : 上本에는 "功"으로 되어 있다.
163 被 : 上本에는 "枝"로 되어 있다.

義。但"擔"字未知何取於此,并稱之耳。》

《"陽木、陰木":出《周禮》。木生山南曰陽木,生山北曰陰木。又有一說,今未記得。》

《"挨著":"挨",推也,又云擊也。然此處恐只作推去撞著之意。》

《"門款":分門條款也。吏文有內一款之語,謂數多公事內,一條件某事也。》

《"德陰道陽":德者已得之名,故爲陰;道者方行之名,故爲陽,與公事有陰陽之義相類。》

《《傳疑》書,此中諸人頃讀《啓蒙》,得與之詳加校訂,多所修正,甚悔前日之率爾傳出也。猶慮尙有未盡處,未附僧還,後日不至遺失也[164]。》

BNL0774(書-李楨-55)(樊卷28:29左)
答李剛而[165]

慕用恒切,忽奉垂翰,承令候清福,欣濯何勝?
　　滉凡百依前。但家中所患,近方大熾,避在江上久矣,今

---
164 德陰……遺失也 : 樊本·上本에는 없다.

已淨盡無礙。今蒙示以欲枉，可無復蹈前之失，跂渴萬萬。雖當沍寒，戒轄遠程爲未安，神相愷悌，保無所虞，惟在邁駕耳。

惠鰒每蒙如此，徒愧何報？竝照。餘俟奉晤，謹此拜謝。

SNL0775(書-李楨-56)(續卷4:18左)(樊續卷4:20左)
答李剛而[166]

他事前書已陳。但至寒如此，坐屈遠駕，甚爲未安。萬冀量處，不須強作，是幸是幸。明春只隔數月，而度其間事勢，必不至罷故云爾。

若掃萬必來，則來月初六至八及十二三，湲家忌，而十四五，乃國忌也。來初留款之日，須避此數日爲佳。或涉一兩日則猶可，首尾皆湲齊忌則不可，故敢達。惟照。謹復拜上。

《江舍寒甚，欲就溫過冬，到枉臨日，當出奉款於此。然雪夜之興，何如春江之景？但以令意甚懇，不敢固請止之，故兩意稟之耳。[167]》

---

165 辛酉年(明宗16, 1561년, 61세) 11월 1~4일 禮安에서 쓴 편지로 추정된다.
166 辛酉年(明宗16, 1561년, 61세) 11월 禮安에서 쓴 편지로 추정된다.
167 江舍……稟之耳 : 續草本에는 없고 해당 내용이 추기되어 있다.

SNL0776(書-李楨-57)(續卷4:19右)(樊續卷4:21右)

答李剛而[168]

近因圻號, 想無攀轅之事, 果如所料。茲辱垂翰, 許屈軒蓋, 尤以欣幸欣幸。只以臘雪沍寒, 何以涉遠？心甚未安[169]。江舍雖似高寒, 近方粧得溫房, 閉戶擁爐, 可不畏朔風之顚也。不須移大成齋舍, 但近地有山寺可遊處, 數日後或往遊, 則似亦一勝事, 當臨時量處耳。餘留俟面。惟祝行色萬珍。

惠物拜領, 感愧遠賜之勤厚。謹拜謝。

《大任月初竟以前疾下世, 人事不可恃如此, 可痛可痛。》[170]

BNL0777(書-李楨-58)(樊卷28:29左)

答李剛而[171]

頃承辱臨之喩, 翹佇方切, 又緣雪寒特甚, 尤慮遠駕之勞。忽蒙書示輟行之故, 落心失圖, 不任恨嘆恨嘆。

滉亦思令公所以冒寒今來, 必爲明春有桑梓之行故也。而卉服之至, 適作魔障, 又失此機會, 雖遠有秋期, 豈可必乎？

---

168 辛酉年(明宗16, 1561년, 61세) 12월 禮安에서 쓴 편지로 추정된다.
169 安 : 中本·樊本·上本에는 뒤에 '耳'가 있다. 續草本의 추기에 "'安'下, 初本有'耳'."라고 하였다.
170 大任……可痛 : 續草本에는 없고 해당 내용이 추기되어 있다.
171 辛酉年(明宗16, 1561년, 61세) 12월 禮安에서 쓴 편지이다.

以此益悔去秋虛負遠辱勤厚之意也。然其間豈無可乘之便？早晚須作一場佳會，以攄此懷，是幸是幸。

　　前惠已過，復此饋雉，唯有愧佩而已。餘在別幅，惟令照。所祈爲時珍衛。謹拜謝復。

KNL0777A(書-李楨-58-1)(癸卷21:35左)(樊卷28:30右)
別紙

名以鄉賢祠，則益齋石灘祀[172]之，無所不可。但盧仁父星山書院立鄉賢祠，欲祀李兆年等，滉亦以爲可。其後衆論紛紛，至今不定，將至遂廢其祀。滉與仁父，似同受其謗，今豈可又與令公同受謗乎？呵呵。故不敢輒有可否於其間，惟令意裁之。

　　然旣祀角干，爲鄉賢矣，益齋、石灘之添不添，其謗無異，則寧從令意而待人言如何可也。《碣文草本，竝還上。》

SNL0778(書-李楨-59)(續卷4:19左)(樊續卷4:21左)
答李剛而【壬戌】[173]

新春瞻溯深[174]切，伏承令問，備審迓慶淸茂，欣賀萬萬。歲前

---

172 祀：樊本·上本에는 "祠"로 되어 있다.
173 壬戌年(明宗17, 1562년, 62세) 1월 禮安에서 쓴 편지로 추정된다. 上本에는 〈答李剛而〉로 되어 있다.

有約未遂, 初以爲恨, 及見其時寒雪饕虐, 還以輟駕爲幸, 安於下情也。今又示以使行之掣肘, 世事巧違, 自古所歎, 奈何[175]? 然則春間已無可乘之會, 且當秋以爲期耳。

惠餉每此遠及, 殊甚未安, 徒有感怍。伏惟令照。餘惟凡百珍愍自勵。不宣。《謹拜謝白。》[176]

SNL0779(書-李楨-60)(續卷4:19左)(樊續卷4:22右)
與<u>李剛而</u>[177]

《春寒風雨異常, 伏想令體神相多福。<u>滉</u>羸病艱保, 尙幸粗免。

頃者盛价齎還鄙簡, 應已垂覽矣。巧違之嘆, 每說無益。不知使行今已過否?

冷烟節邇, 展省之行, 計亦不遠。春夏間[178]無緣面款, 悵然而已。前上小紙所云採領否?》三賢合祀, 今果擧行耶? 反復

---

174 深: 中本·樊本·上本에는 "采"으로 되어 있고, 續草本의 추기에 "'深'初本'采'."라고 하였다.

175 奈何: 中本·拾遺·樊本·上本에는 뒤에 "奈何"가 더 있다. 續草本의 추기에 "'何'下又有'奈何'.", "無刪校痕, 必是逸此二字."라고 하였다.

176 謹拜謝白: 中本에는 부전지로 "示喩<u>許魯齋</u>千文, 未曾得見。然其所謂'太極之前, 此道獨立, 道生太極, 函三爲一', 此四句無一句無病痛。竊疑<u>魯齋</u>所見, 或不能無少差誤, 然不應如此之甚。得非其書是無, 忌憚者託<u>魯齋</u>而僞爲者耶?", "此條入元本, 不當書此下."가 있다. 續草本에는 없고 해당 내용이 추기되어 있다. 〔今按〕中本 부전지의 내용은 아래 KNL0817(書-李楨-98)에 나온다.

177 壬戌年(明宗17, 1562년, 62세) 2月 중순 禮安에서 쓴 편지로 추정된다.

178 間: 上本에는 "聞"으로 되어 있다.

思之, 只以鄕賢合祀, 而令鄕所主張[179], 如有其苗裔, 則使之輪定獻官, 無則擇鄕品官定行。如此則人雖非之, 而吾所處未有失也。如後所云, 則人言, 我所取之, 豈可如是乎?

大抵此事, 初旣不審, 旣有謗議。卽罷祀事, 以示改過不吝之意, 仍存精舍, 以爲右文之擧, 則甚善。向者辱咨時, 滉亦不及此意, 故不能勸如是處之。今雖已晚, 然晚罷亦無害。如不能罷, 則須屬祀事於鄕所, 猶爲彼善於此。不知公議[180]以爲如何?《外人皆謂滉所同議之事。聞之, 尤不得恝然, 敢縷縷如右。伏惟令加審處。不宣。謹拜[181]白。》

《因鄰[182]人以事赴治下, 草上。》

SNL0780(書-李楨-61)(續卷4:20右)(樊續卷4:23右)
答李剛而[183]

《前書, 承欲顧訪, 企望之至, 傳聞軿駕不至聞韶, 悵然如失。忽蒙吏傳珍翰, 欣慰無比。只審神觀猶未復常, 奉慮又深。

每抱多違之嘆, 暮春之約, 予日望之, 造物猜人, 豈至於終不諧耶? 玆時訖可成願矣。示及字義, 略在別幅。》

---

179 張 : 中本·拾遺·樊本·上本에는 "掌"으로 되어 있다.
180 議 : 中本·拾遺·樊本·上本에는 "意"로 되어 있다.
181 謹拜 : 拾遺에는 없다.
182 因鄰 : 拾遺에는 없다.
183 壬戌年(明宗17, 1562년, 62세) 2월 하순 禮安에서 쓴 편지로 추정된다.

前示罷祀[184]甚善。精舍則仍存不妨，人言亦不可盡恤也。但仙桃之名，太似詑[185]異。若精舍在西岳之下，只稱西岳精舍，如何？《惟令照。餘祝爲道珍勝。不宣。謹拜謝[186]復。》

BNL0781(書-李楨-62)(樊卷28:30左)
與李剛而【壬戌】[187]

春暮未審令候何似？前有此月望後之約，未審可無魔戲，得遂一場佳會否？旣有官守，千里命駕，何能必期？徒積馳慕而已，如何如何？

就中有一冗，恐安東居學錄金八元家，唯一負薪之奴，厭其寒主逃避，如此，捉勢又艱。不忍聞見，敢此冒白。伏惟令察曲濟。謹拜上白。

BNL0782(書-李楨-63)(樊卷28:31右)
答李剛而[188]

前承望後之約，佇俟之至，伻來得書，具悉示意。想不過數日，

---

184 祀：中本·拾遺·樊本·上本에는 "祠"로 되어 있다.
185 詑：中本·拾遺·續草本에는 "訑"로 되어 있다.
186 謹拜謝：拾遺에는 없다.
187 壬戌年(明宗17, 1562년, 62세) 3월 초순 禮安에서 쓴 편지로 추정된다. 中本·拾遺에는 〈與李剛而〉로 되어 있다.

來轄載脂, 庶遂旣見之願, 欣幸何喩? 所望京官旣過, 卽須戒發。不然, 恐又值方伯之行作梗也。然此乃滉切於瞻奉而云云。

人言齒痛之苦, 甚於他病, 公今所患, 久而未差如此, 深恐作梗於行計, 不獨在於京官等行也。尤以爲慮, 如何如何?

《淵源錄》前後集一時刊布, 後學之幸也。跋文病倦, 且實有畏於指目之嫌, 尙未敢作。累索無應, 愧仄而已, 當更思之。《二程粹言》亦同上耳。精舍諸號竝善, 扁額當依喩寫納。

《朱子大全》書未往者二十卷, 付來使送上, 伏惟令鑑。晤對非遠, 不以具宣。惟祝衛攝珍善萬萬。謹拜謝復。

又有四絕, 見別錄。

KNL0783(書-李楨-64)(癸卷21:36右)(樊卷28:32右)
與李剛而【壬戌】[189]

夜來令體何如? 三日聯床之款, 豈盡千里命駕之意? 別後悒悒, 不能爲懷。所祝行色珍衛, 益崇明德, 以副病舊之望, 幸甚。《謹奉問。》

《滉欲遣兒輩問候, 而繼今有辱來訪, 或不能皆然, 則亦召

---

188 壬戌年(明宗17, 1562년, 62세) 3월 13일경 禮安에서 쓴 편지로 추정된다.
189 壬戌年(明宗17, 1562년, 62세) 3월 19일경 禮安에서 쓴 편지로 추정된다. 中本·樊本·上本에는 〈與李剛而〉로 되어 있다.

謗之道。故只遣蒼頭, 殊非事宜, 爲傀。且昨夕始知數日間連有饋物太多, 亦恐非宜。已分鄰族, 庶共嘉惠之意。儒生輩惠酒, 不分明告之, 發行後, 始知而領飮。深以未及仰謝爲恨缺也。》

"君去春山誰共遊？鳥啼花落水空流。如今送別臨溪水, 他日相思來水頭。" 初欲於<u>石碉臺</u>吟敍別懷, 偶思唐人此詩, 道盡今日事, 無以復加, 故只寫此詩, 送呈行軒, 想垂領悉也。

KNL0784(書-李楨-65)(癸卷21:36右)(樊卷28:32左)

答<u>李剛而</u>[190]

<u>石碉</u>之別, 懷惡不寐, 翌早[191]俟候于縣, 則行矣, 不及而返, 益令人惘惘如失。不意片札飛來, 披讀喜顚, 非獨老情, 山中花鳥, 亦覺歡忻。

《<u>花山</u>不經一宿, 似更增彼之憾, 不文之言, 所以激發。然迂往致謝, 在令公所處, 則已厚。因事趁程, 不宿而去, 豈爲過哉？留此時, 連有饋物, 已爲未安。今此人旣遇行於中路, 又遣遠來, 恐是過厚之弊也。》

來酒當與<u>大成</u>共破別懷之鬱。跋文當依。前日三絶, 皆有改字, 又和<u>唐</u>人"送別臨溪"之句, 同寫呈似, 笑覽爲幸。當相見

---

190 壬戌年(明宗17, 1562년, 62세) 3월 20일경 禮安에서 쓴 편지로 추정된다.
191 早 : 上本에는 "朝"로 되어 있다.

日, 似已傾倒, 別後有無限合商量事, 甚覺逢場有未盡也。惟切祈以時爲道自重。不宣。《謹拜謝。》

《昨日未呈書幅幷上。》"平生少年日, 分手易前期。及此同衰暮, 非復別離時。勿言一尊酒, 明日難重持。夢中不識路, 何以慰相思?"史院同僚餞別靈芝, 坐間或誦此言。李季章見謂: "平生亦甚愛此, 盍書[192]以見贈?"予[193]謂: "如僕乃知此味, 季章未也. 胡爲亦愛此耶?"旣而思之, 解携之際, 但有一人衰暮, 便足令滿坐作惡, 乃知隱侯之言, 猶有所未盡也。因幷書以寄季章, 以爲如何也?

右晦菴先生〈與李季章書〉, 見《大全》書二十九卷, 想曾亦見之。滉平日讀此, 未嘗不賞味其言, 而三復嘆詠。然未若近日之身當其境, 而親遇其事, 爲尤切而有味也。但滉所賞味者, 只在"一人衰暮, 滿坐作惡"等語耳。至先生去國之際, 其所感嘆, 豈獨在於衰暮與離別耶? 此則非今日吾輩之所能窺測而言。人還, 書此寄呈, 因以[194]見別後老懷之所在耳。

192　書 : 上本에는 "言"으로 되어 있다.
193　予 : 樊本·上本에는 "余"로 되어 있다.
194　以 : 上本에는 "此"로 되어 있다.

SNL0785(書-李楨-66)(續卷4:20左)(樊續卷4:23左)

與李剛而[195]

自得臨河一書後, 未相嗣音, 其翌日來, 連有風雨, 千里險阻, 經涉艱關, 不審何以還府? 京官遇[196]於何處? 彼官之意, 其以令行爲何如?

　花伯其後數書往復。滉初答一書, 力爲令公言, 其但急於京官之見, 無他意云云。花伯不肯釋然。後一書及一詩, 祇自陳悔謝而已, 蓋花伯幷以滉爲非。而滉之於伯, 以先兄之故, 非有大故, 無相絶之義[197], 如此周旋以處之耳。吾意令公於彼, 亦有交承之分、執友之親之義, 今後凡事, 量加彌縫, 不至終成怨隙, 爲佳。

　兩跋皆已草成。而金伯榮之行, 出於不意, 未及寫呈, 恨恨。今則山中春芳消歇, 索居無聊, 杜子美云:"江天獨歸處, 寂寞養殘生。"眞知言哉! 惟珍愻[198]萬萬。不具。謹奉問。

SNL0786(書-李楨-67)(續卷4:21右)(樊續卷4:24右)

答李剛而[199]

前者遠勞垂訪, 感幸之意, 前書萬不掛一, 餘戀重重。玆復專

---

195 壬戌年(明宗17, 1562년, 62세) 4월 초순 禮安에서 쓴 편지로 추정된다.
196 遇 : 中本·拾遺·樊本·上本에는 "遇見"으로 되어 있다.
197 義 : 中本·拾遺·樊本·上本에는 뒤에 "故"가 더 있다.
198 珍愻 : 上本에는 "愻珍"으로 되어 있다.

人辱書, 屬意過盛, 非所敢當。因審歸程雖有遇雨之礙, 得與鄕友探討名山, 飽償煙霞之債, 慰喜之餘, 不禁健羨之懷。

所云花府事, 果是如此。其後府伯來訪, 一宿而去, 滉爲言令公不得已急去之意, 終未釋然, 可怪。然凡事皆當反求諸己, 令公不宿而去, 人亦以爲未安。其他雜言, 亦須自反, 務盡道理, 以漸平解, 爲善, 蓋與彼有分義故也。

就中兩跋不敢隱, 封呈。疎蕪恐不足浼先賢書尾, 幸別求他手如何[200]? 不然, 其最陋處, 斤正而用之, 望望。寄來《醫閭集》, 素所願見, 深荷深荷[201]。魚[202]、簑、秔、麯之惠, 感佩, 簟[203]亦同上。

但山舍客來, 猶免馬轎之坐, 如此遠致, 人將謂我煩索所致。欲撥還, 則恐孤來意, 良用汗怍[204]。大抵左右於人, 不患薄而患於過厚, 此類是也。此非飾言, 言出肝膈。後日幸垂量裁, 以安下情。精舍諸額, 尙未寫就, 更煩送紙, 亦所愧也。新使聞其爲正人, 非苟以悅人爲事者。其言云云, 則稍似幸也。《朱子大全》九之十一卷, 失其所在, 時未推得, 且《年譜》在陶舍。舍中僧數人, 染得瘟病, 避入溪莊, 人物不通於彼, 故今未搜上,

---

199 壬戌年(明宗17, 1562년, 62세) 4월 禮安에서 쓴 편지로 추정된다.
200 如何 : 中本·樊本·上本에는 "何如"로 되어 있다.
201 深荷深荷 : 上本에는 "深賀深賀"로 되어 있다.
202 魚 : 中本·拾遺에는 "漁"로 되어 있고, 續草本의 교정기에 "漁"로 되어 있고, 追加에 "'魚'更考草本次."라고 하였다. 養校에는 "'魚'恐'漁'."라고 하였다.
203 簟 : 中本·拾遺에는 "箪"으로 되어 있고, 中本의 부전지에 "'箪'疑'簟'字之誤."라고 하였고, 續草本의 추기에 "'簟', 初本作'箪', 頭標疑'簟'之誤."라고 하였다.
204 汗怍 : 中本·拾遺·樊本·上本에는 뒤에 "汗怍"이 더 있다.

後當如示。秋來之約，豈勝企幸？但恐簡書之畏，亦不可不計。臨時十分商度而處之，爲佳耳。餘具別紙。惟冀保鍊萬重。謹拜謝復。

《《淵源錄》疑處，亦以冊在陶山，昏不記得。後若考得，則報去。》

KNL0787(書-李楨-68)(癸卷21:37左)(樊卷28:34右)
與李剛而[205]

价來，偕蒙兩書，備審近況，甚慰懸鬱[206]。滉比幸無他牽掣，保此天放，但覺眼昏尤劇，殆不辨皂白，恐自今看細字不得，殊自悶焉。

示喩縷悉。滉自聞所被謗言，夜或不寐，食或忘味，況在左右豈不大警愕乎？滉於公，相知相慕，非獨今日。自公州縣去就田里退閒之時，已熟於聞且服矣。又知年來孳孳嚮學之篤，人所莫及，豈不知內外輕重之分，而有所撓奪於其間哉？而人言如彼，豈不深可怪耶？滉前書所以不得無言也。

然而兩事之中，伊人來見事，萬目所見，虛實灼然，不待分疏(《【分疏，發明也。】》)，而可知其誣也。其類雖微，其居停雖暫，然

---

205 壬戌年(明宗17, 1562년, 62세) 4월 禮安에서 쓴 편지로 추정된다. 中本·樊本·上本에는 〈答李剛而〉로 되어 있다.
206 鬱: 樊本·上本에는 "懸"으로 되어 있다.

人以難明之言, 橫加指說, 而騰播之, 豈能家到戶曉以明其誣耶? 此乃公不避瓜田, 李下之嫌, 以至於此, 奈何? 大抵此等鼠輩, 正如膏油, 近輒汙人, 恨公不早遠之逐之, 以爲謗媒也。已往難追, 方來可勉。惟在公益加學力, 明義理, 廣志節, 常自激昂植立, 庶毋令到得墜墮, 則老舊之望也。

　來詩三復誦玩, 深荷珍賜。兩絶一律, 率爾和呈, 切祈笑覽。疑義亦以瞽說錄在別幅, 裁酌[207]去取爲佳。《賀集》跋文, 簡當可傳, 得之甚幸[208]。惟鄙述兩跋, 正自不堪掛人眼耳。未涯奉面, 臨紙忉忉。(適李公幹將顧門, 未暇究言。謹拜謝復。)

　《言之出處, 滉雖不言, 公豈不知? 大抵此人多言多怒。然亦無城府, 旋卽棄置, 無宿怨含毒, 以中害於人, 似不足深咎深責。不知何故於公久不釋憾如此耶? 常竊怪訝。今示往來問言之故, 果若然矣。然在公處之之道, 皆當自反而愼處之, 順理而審應之, 尤不當立敵而增仇怨, 因過而又招尤也。》

KNL0787A(書-李楨-68-1)(癸卷21:38左)(樊卷28:35左)

別紙[209]

示破兩條具悉。其中洛中書所云, 果是前所聞衛所之言也。旣

---

207 酌 : 上本에는 "作"으로 되어 있다.
208 甚幸 : 上本에는 "幸甚"으로 되어 있다.

自播說於人, 反謂人所播說於我, 可乎? 大抵此公無城府, 多
言說, 以其多言說, 故可畏; 以其無城府, 故無甚害於人。今於
公之事, 似爲已甚, 不知緣何故至此, 可怪可笑。其人已死, 而
有此言, 則眞所謂"無婦翁而撾婦翁", 人言之可畏, 非獨今日。
大綱亦是公不避納履之嫌, 故召此誣衊。士之處世, 須於此等
處, 十分猛省著精采乃可耳。

所云言路時一事, 未知何事? 恨未聞其略也。此公於亡兄
甚厚, 因視故人痴弟, 亦不可謂不厚, 以此在滉亦無相絕之義。
但所趣不同, 而多言如彼, 尋[210]常未安, 處之甚不易, 奈何奈
何? 雖然, 行有不得, 皆反求諸己, 君子之心也。凡百須自反
加修, 此處謗之要, 更願勉旃。

向所妄作《延平書》跋文, 後來覺得文多冗長, 略加刪改,
懇本州官, 改刊印來數件。今送數[211]件, 幸笑覽去取, 何如?

《所喩相見時未盡之事, 別後追悔, 正是如此。且非徒此
耳, 滉於別後又有所聞, 今不欲縷舉於書牘之上。欲不言則又
非所以處同人之間, 深恨其前未及聞, 而不得傾倒於面悟[212]之
日也。然其大概不可不略白故云云。》

《仁吉事深欲一諭, 而交分尚淺, 未敢開口。彼之於我, 眷
眷非泛如此而不言, 又深未安, 奈何奈何? 太浩所傳, 滉固疑

---

209 中本·樊本·上本에는 제목이 없다.
210 尋 : 中本에는 "心"으로 되어 있다.
211 數 : 두주에 "下'數'字恐誤。"라고 하였고, 甲本·樊本·上本에도 동일한 두주가 있
다. 中本의 추기에 "下'數'字疑'一'。"라고 하였다. 擬校에 "下'數'字可疑。"라고 하였다.
212 悟 : 中本에는 "晤"로 되어 있다.

其來此, 近所聞前所云云等事, 今果然矣。意謂少解前隙[213], 乃反呦呦若此, 眞可謂險薄可厭也。然亦無可奈何, 姑置之度外耳。》

SNL0788(書-李楨-69)(續卷4:22左)(樊續卷4:25左)
答李剛而[214]

續承問札, 知有桑鄕之行, 溽暑遠途, 況味何如？不禁馳想之悠悠。滉癃拙不瘳, 以江舍有故, 常在溪庄, 雖未若江上之適, 園林時物, 觸目成趣, 無非可樂。恨未得與公昕暮相從, 共享此閑境之味也。前囑精舍諸扁, 寫去。但錄示堂齋等名, 偶搜未得, 又未分明記得, 只寫所記者如此。其或堂或齋未詳者, 幷書兩字, 可隨意所用。且恐字畫無乃太大, 難得大板堪刻如許者乎？若有闕寫處, 更示則當畢寫呈, 惟照。餘具別紙, 切祝益懋飭勵, 用弭鑠金之口。不宣。謹拜[215]復。

213 隙 : 上本에는 "隱"으로 되어 있다.
214 壬戌年(明宗17, 1562년, 62세) 4~6월 禮安에서 쓴 편지로 추정된다.
215 拜 : 續草本에는 없다.

KNL0789(書-李楨-70)(樊卷21:39左)(續卷28:37右)

答李剛而[216]

伻來, 奉睹垂翰, 承悉展省回任, 神相台履, 清福倍勝, 以慰馳戀。滉憒憒如前, 幸免他患。所刊文字, 許欲印惠, 深幸深幸。兩書跋草甚佳, 何待妄評? 但其一有少可疑處, 略有數說, 錄在別幅, 幸垂覽, 量宜而去取之, 或更以是意別加鍊潤, 令得盡善, 爲佳, 非謂必用鄙說也。《唐鑑》跋, 滉何敢作耶? 前已妄溷數書, 今豈當重疊作過? 須更求時賢善手, 亦與人同之好意也。祠宇名號, 兩皆無妨, 然恐鄉賢祠尤得宜也。其屋太高, 則損去至當, 但又以重有事於其間, 必更招多口耳。詢條亦在別紙。示及盛律, 不可無報, 率然續貂, 草呈博笑。但覽後可藏之巾衍, 切毋遽上刊板, 揭置楣壁, 以重自取人怒罵也。此等事本非急務, 況於此舉, 公之不俚於口, 極矣。今若加以鄙人惡詩, 自相標揭, 以駭觀聽, 則其招尤速累, 不但小小譏嘲而已。近有人自南冥所來言"湖南奇斯文曾與滉論四端七情書札往復事, 南冥極以爲非, 至以欺世盜名目之"云。此言眞藥石, 此名甚可懼。此是吾輩人中, 乃有此等語, 況他人耶? 此意令公亦不可不知, 故幷白之, 更望傾採, 至懇至懇。《一大簇, 遠蒙佳貺, 珍佩, 不可勝喩。深謝深謝。果鱐魚[217]及, 竝同拜感。餘惟

---

216 壬戌年(明宗17, 1562년, 62세) 4~6월 禮安에서 쓴 편지로 추정된다. 〔資料考〕 이 편지는 中本 卷26에 실려 있고, 卷28에 問目을 따로 모아 놓은 것 가운데 중복해서 수록되어 있다.

217 魚 : 樊本 및 上本의 두주에 "'魚'恐'惠'之誤。"라고 하였다.

履暑益淸。不宣。謹拜復。》

　《言行錄》跋[218], 自"《宋朝名臣言行錄》"【止[219]】"豈不韙歟", 果微似有剩語, 欲改作'《宋朝名臣言行錄》乃紫陽 朱夫子之所纂集, 而其《道學錄》則李公 士英繼而編述者也。其一代人物之爲道德文章爲功業節義者, 磊落相望, 備載一書, 可師可法。其有補於世敎, 豈不偉歟', 何如? "諸公諸賢", 兩諸字似有病, 欲作'名公鉅賢', 或作'名卿碩士', 何如?【更詳所改, 兩說皆未甚穩。無已, 則反不如仍舊之爲善。】"呂榮陽""榮", 當作'滎'。"爲世道慮者讀是書, 豈不有鑒戒於斯焉?"今欲改云"而況讀是書者, 不但曰論人物別是非而已。其必有聳慕興起, 而有得於服膺師法之際, 則其關於人材世道之益, 爲如何也"? "尙未見錄者, 抑何意耶", 欲改云'尙未見錄, 何也? 是則後之覽者, 所不能無恨云爾。[220]

　《右, 第一條。李幼武士英來文以爲夫子之外孫。此說可疑。滉舊見〈言行錄外集序〉, 今忘其作序人名號, 而其所稱外孫者乃作序人。自指幼武曰外孫耳, 非謂晦翁先生之外孫也。但滉前日所見爲如此耳。今記得殊未分明, 欲再檢看, 則《言行錄》置在山室, 尙未通人取視不得, 姑以所疑稟

---

218 言行錄跋 : 中本(卷26)의 부전지에 "言行錄跋入答■■書六條編入■■此下。"라고 하였고, 中本(卷28)의 부전지에 "此當在書類。"라고 하였다.
219 止 : 中本 및 定草本에는 큰 글자로 편집되어 있다.
220 中本의 추기에 "此下六條, 編入二十二書後別紙言行錄■下。"와 "此下, 當有右第一條, 李幼武云一條, 在下卷。"라고 하였다.

白, 幸垂察辨。若溷言果然, 則李公士英之上, 當以李之鄕貫之號冠之曰"某郡李公云云"。何如?》

KNL0790(書-李楨-71)(癸卷21:41左)(樊卷28:39左)
答李剛而問目[221]

〈益稷〉"絺繡"之'絺', 本註讀爲'黹', 來示"黹作繭", 誤也。'繭', 委繭也, 與黹字本不同也。'黹', 讀曰디, 上聲, 箴縷所紩也。今人呼縫紩爲黹字。又作絺, 鄭云:"刺也。"今按黹字見於《韻會》者如此, 則〈益稷〉"絺繡"之'絺', 本當作'黹', 而通作'絺'耳。【'箴', 卽針也。《史記》"黹, 丁履反"。】

《几兀之辨: '几', 几案也。'兀', 訓上平也, 卽兀然之義。此卽几字也。》

《〈禹貢〉"析支"、"析城", 兩析字, 皆作石音讀是也。》

"鄱陽湖"鄱', 水名, 音婆, 字省作番耳, 非別有番陽也。音之爲婆, 何疑? '番易', 卽鄱陽也。'易', 古陽字也。鄱陽, 卽豫章縣, 今饒州也。

《〈益稷〉"庶事墮[222]哉", 以虧音讀之, 爲是。蓋墮字有二

---

221 壬戌年(明宗17, 1562년, 62세) 4~6월 禮安에서 쓴 편지로 추정된다.
〔資料考〕 이 편지는 中本 卷26에 실려 있고, 卷28에 問目을 따로 모아 놓은 것 가운데 중복해서 수록되어 있다. 中本(卷26)에 〈答李剛而門目〉으로 되어 있다.
222 墮 : 中本(卷28)의 추기에 "韻會, '墮俗作隳', 翾規切, 虧驅爲切。此云墮以虧音讀者', 恐非也。疑從俗音故然耶。"라고 하였고, 樊本 및 上本에도 동일한 내용의 두주가 있다.

義,壞也,落也。其訓壞者,音虧而俗作隳,訓落者,音惰而不作隳,此爲異也。》

《周書》"考翼",其一,訓父老敬事者,泛指父老而言,蓋父老乃當敬事者也。其一,父敬事者,卽自人子而指其父言,則父固子之所敬事也。兩處言同而所指不同,如此。

《"天惟與我民彝",謂天所與我之民彝耳。》

《〈祭何叔京文〉"舉幡報德"幡',以布帛繫竿舉以令眾之物。此疑用韓文太學生何蕃故事。【更考之,鮑司隸門人事,詳見後。】》

《〈祭陸子壽文〉"歲作龍蛇"龍蛇',辰巳也。鄭玄夢孔子云云。歲在龍蛇,賢人嗟。已而玄卒。【言辰巳之年,賢人當死故云嗟。】》

《〈祭劉平父文〉"甕兒夜呱",未詳。【更考之,此劉平父舉子倉事,詳見後】》

聖知章"水母之無蝦。",'水母',水蟲之無目者,附於蝦,借蝦目以行,無蝦則不知所向。聖而不知者,似之。

《"一釰兩段", 楨以謂"裁制事義, 如以釰割物分作兩段之快"。或人以謂"如折一釰,分作兩段"云。》

《來喻得之。或人之說,非也。》

近因書來,搜尋故篋,得前所往復草紙內有《大學或問》疑解十餘條,其第八條"入門款"之義解云:"款,條款也。"且引吏文語以明之。此實溷不知而強說,心常未快。去年在都下,得柳仁仲解此云:"款,如今獄訟之供招也。入門款,謂初入門所供之招辭也。今俗謂之原情招者是也。"此說恐是。[223]

經文[224]"物格"註:"'無不到',窮理而到【格字義】理之極處。"

《或問》論"止至善"註:"'無不到, 行善而到【止字義】善之極處。"一言知, 一言行, 亦不同也。

《據字, 此亦考數韻書, 皆無之, 恐誤字也。未知所出性理書指何書何條?【後考揆字之誤。】》

《〈誠意章〉兩"愼獨"之釋"上獨【厓】, 下及《中庸》獨【乙】, 謹之於此故云【厓】", 所示得之。其兩處云【乙】, 恐別無他義通爲一說, 宜無不可。》

《"格物", 當云物【乙】格【乎音厓】, 或云物【厓】者非。"欲其極處", 當云處【厓】, 云處【丶】者非。"物格", 當云物【厓】格【丷尸】皆云物【丶】【正認則是, 誤認則非。】。"物理之極處"【亦當云處厓。】皆云處【丶】【正是誤非】。天下之理, 散在事物, 今窮其事物之理, 至於極處。夫旣以處字言之, 則釋云處【厓】, 何不可之有? 故大文與註【厓】釋, 皆當。今人皆謂於工效云【厓】, 則涉於工夫爲非, 故皆云【丶】。此實拘儒未通之說也。然雖云【丶】而能知理之極處, 自在事物, 而吾之窮格已至則可矣, 故云正認則是。若不知此義, 而認爲理之極處【丶】自至吾心則大不可, 故云誤認則非也。正認誤認之說, 向見申駱峯之說, 大概如此。尹大司成㣧先生之說, 亦似如此, 似當從之。至於〈補亡章〉"表裏精粗無不到"之云, 與此不同。蓋此處只云表裏精粗而無一處字, 故只當云【丶】, 而不可云【厓】。所以然者有處字者, 以理在事物之處言之, 有方所可指, 故當云【厓】; 無處字只言表裏精粗者, 只以事

---

223 近因書來⋯⋯此說恐是 : 中本(卷28)의 부전지에 "大學"과 "當在書類。"로 되어 있다.

224 經文 : 中本(卷28)의 부전지에 "大學"으로 되어 있다.

物一貫之理言, 無方所可指, 故當云【丶】, 而不可云【厓】耳。》

《"絜矩"之釋, 今人所云"矩【又】絜【ㆍㅎㅕ】、絜【ㅎ代】矩【又ㆍㅎㅕ】", 以此分上下兩處異釋, 雖似太拘, 然尋常不疑其非。今以示及朱子〈答江德功書〉之言, 參之以所喩章句之說, 果似不合。然未免爲舊見纏累, 卒乍之頃, 未決其某是某非, 徐更詳之。》

答李剛而

辱惠書, 承齒患未快瘳, 而福履冲勝, 無任瞻慰。又悉精舍告成, 講學有緖, 慨想之懷, 更不可勝喩也。前書請勿刻鄙句之意, 非欲以是避掛名其間也。當衆口指目囂囂之際, 遽以吾二人題詠高揭墻壁, 則其爲怒罵之咀必矣。不若姑徐之以待其定然後觀如何處之未晚, 故云耳。且中南冥所言, 非直指老拙, 乃指與老拙往復論辯之人而言耳。然前日滉所以擧此言於左右者, 非有嫌怒於南冥而云。吾輩日講聖賢之言, 而躬行不逮, 其謂之欺世, 不亦可乎? 雖自無盜名之心, 而世或謾以此名歸之, 其謂之盜名, 亦不可謂盡無也。然則南冥之言, 豈獨奇明彦所當警懼? 實吾輩皆當策勵終身, 庶乎其可免矣? 今示欲問

225 壬戌年(明宗17, 1562년, 62세) 4~6월 禮安에서 쓴 편지로 추정된다. 〔資料考〕 이 편지의 《別紙》 부분은 中本 卷27에 실려 있고, 卷28에 問目을 따로 모아 놓은 것 가운데 중복해서 수록되어 있다.

知其實而解釋之, 則不唯非滉奉告之本意, 又非古人喜聞過來
規責之道, 幸乞深諒鄙悃, 兼冀左右亦不可無此戒也。枉詢數
目, 答在別紙, 垂諒去取, 其不中者, 却以見喩, 幸甚。《惠鱐,
領感。簇纓, 拜荷留意。但無高堂巨壁可張掛快觀玩耳。前留
雪花牋二十幅, 拙染呈上, 龜巖大字, 隨後, 竝照采。未涯晤
接, 惟禱衛養珍毖。不宣。謹拜復。》

KNL0791A(書-李楨-72-1)(癸卷21:43左)(樊卷29:2右)
別紙[226]

〈心經註序〉"圖眞心于聖經賢傳之中": 所謂聖經賢傳, 指《心
經》所引諸經傳也。'圖眞心', 謂計欲存心於此經傳格言至論中
云耳。恐非有他義也。林隱〈心圖〉, 若篁墩所取入, 宜略自表
說其附入之意, 而無一語及之, 亦恐後人之爲之。然無所考矣。

〈心經贊〉"棐几": '棐', 本作榧, 今之榧子木, 可爲几案。《晉
書》〈王羲之傳〉, "羲之詣門生家不遇, 棐几滑淨, 因書眞草相
半。其父誤刮去, 生驚懊累日"云, 卽此棐几字所從出也。

《"一摑一掌血": '摑', 音號, 批也, 打也。謂以手批打而血盈一
掌, 言其說得痛快也。》

---

[226] 中本(卷27)의 부전지에 "問目心經以下三條, 姑附此下, 如何。"와 "此下三條, 編
入二十三書下。"라고 하였고, 中本(卷28)에는 〈心經〉이 있다.

篁墩《心經》末, 專主尊德性, 而抑道問學一邊, 其意欲救世儒尙口耳緩踐履之弊。若只如此而已, 則雖其說不能無矯枉過直之失, 猶之可也。其後復別立一說, 以爲朱子早攻象山, 晩年自覺其非, 而與象山合, 乃著一書, 名曰《道一編》, 以證明其說。于時, 有陳氏名建者, 憤其誣天下, 爲著《學蔀通辨》, 以斥篁墩之非云。【此說見《皇明通紀》。】二書, 恨皆未之見也。然篁墩之學, 卒陷於陸、禪, 不可掩矣。而今者中原人, 學皆爲頓超之說, 滔滔若懷襄, 吾東人稍向學者, 亦多有流入之兆。朱先生平日, 於陸氏, 深憂永慨而力排之者, 爲是故也。雖然, 《心經》一書, 不可以篁墩學術之差而非毀之也。何者？ 書末所引朱子歸重於尊德性諸說, 實先生自覺其中間微有所偏, 而自警策以厲門人, 期至於大中至正之道, 非求合陸氏之謂也。而篁墩於此, 亦未嘗以陸氏一說參入於其間。讀者但見其有救世之深意, 而無歸於異端之可懼, 則是書之可尊可信, 猶昔也。何可以《道一編》之故而幷有疑於此也哉？ 故滉嘗作《心經後論》一篇, 以發其意。今以寄呈, 不知高明以爲如何？【已上《心經》。】

KNL0792(書-李楨-73)(癸卷21:45右)(樊卷29:3左)

答李剛而[227]

頃來書問, 卽已修報, 不意續又垂翰, 寄以新刻四件書, 精刊善

---

[227] 壬戌年(明宗17, 1562년, 62세) 4~6월 禮安에서 쓴 편지로 추정된다.

裝, 不啻百朋之錫, 深幸且感。²²⁸ 但其《粹言》跋文, 今更審視, 則全篇大謬, 不勝驚愧。老昏疏脫, 其初旣不詳覈, 而卷帙已納于貴案, 至其題跋之日, 無本書, 而只以誤記者率意妄作, 致此厚溷, 無狀甚矣。令公何不具道其然而反之令改邪? 遂使傳道緒言之末, 繼以無稽錯說。滉則已矣, 在令公豈得無責耶? 前日盛製《醫閭集》跋, 只以一字之誤, 至欲裂去之, 今此全篇之誤, 顧乃不蒙責改。益恐自無虛受之地也。今不免强顔修改, 因此人未可淹留, 未果。當隨後便改呈, 乞須命許改刊, 庶開自新之路, 以少逭侮聖言之罪, 不勝憋懇之至。《餘具前書。惟祈趁²²⁹諒崇茂。謹拜謝復。》

《老昏只恐此書已印布者不及改, 尤愧耳。指南標處, 亦當隨後報去。》

KNL0793(書-李楨-74)(癸卷21:46右)(樊卷29:4左)

答李剛而²³⁰

卽承辱答, 知印頒尙未廣, 可及未播之前, 庶有開新之路, 稍以爲幸。改本, 付來使呈納, 但自覺殊未說盡, 又恐意思未到處, 復有謬誤如前度也。伏乞痛加繩削, 令入彀程, 得以少免人指

---

228 且感 : 中本·樊本·上本에는 "且感且感"으로 되어 있다.
229 趁 : 中本의 부전지에 "'趁'字可疑。"라고 하였다.
230 壬戌年(明宗17, 1562년, 62세) 4~6월 禮安에서 쓴 편지로 추정된다.

點也。不勝懇望。大抵吾輩，凡有差失，切宜互相規責，期以同歸於少過之地，乃是朋友之道，正不合含糊容恕以相負也。故敢告。更祈垂諒，幸甚。《且二錄跋中，潘、林、趙、杜諸公云處，更審，則潘、林二公，實未見錄。此亦當去潘、林二字而曰"杜氏、趙氏諸公云云"，可也。故四字竝寫去，亦望改塡刻入爲懇。示喩"風眩未快"，仰深馳慮。大抵陰霾作沴，調攝良難，拙疾緣此，亦屢動艱保。彼中風水之災，聞甚惻惻。此處災則不至爲甚，田穀太劣而久雨如此，方同憂憫耳。惠魚，感怍。伏惟令照。餘禱爽涼方臨，燮養珍毖萬萬。謹拜謝復。》

SNL0794(書-李楨-75)(續卷4:23右)(樊續卷4:26右)

答李剛而[231]

辱報書至，承悉令候茂對商灝，欣慰瞻慕之懷。滉幸亦無他。水漂漁[232]梁，陶舍無礙。秋興甚適，恨不得與左右以結二仲之遊，是爲欠事耳。潘時擧，字子善，林恪字叔恭，皆台州人，與杜、趙三[233]公幷稱(於)《潛溪文集》故，誤以謂《續錄》亦幷稱云耳。往來行言，近無別聞。秋冬之約，如或遂成，何喜如斯？但事常巧違，違者不可強之。所可勉者，日征月邁，不替其所相期者，卽無異合堂而處矣。疑義謬說在別幅及《通紀》辨語，回

---

231 壬戌年(明宗17, 1562년, 62세) 7월 14~30일(그믐) 禮安에서 쓴 편지로 추정된다.
232 漁 : 樊本 및 上本에 "魚"로 되어 있다.
233 三 : 續草本의 추기에 "'三'考初本次。"라고 하였다.

納, 照悉。《所惠俱領, 感愧。》惟冀爲道益珍。²³⁴ 《謹拜》謝復。²³⁵

---

234 珍 : 續草本의 추기에 "'珍'下, 初本有'謹拜'二字。"라고 하였다.
235 謹拜謝復 : 上本에는 "謹拜謝"로 되어 있다.

退溪先生文集

卷二十二

KNL0795(書-李楨-76)(癸卷22:1右)(樊卷29:5右)

答李剛而[1]

前書想已收覽, 未審信後動靜何似? 尋常懸慕。詩人所謂"何日忘之?"非虛語也。滉老病如許, 雖不敢廢書冊, 其於收斂凝聚之功, 自覺無地以頓著, 無根以滋養, 深慨往日之空過, 而猶不能無望於桑榆之萬一也。近日, 伏念橋山遷動, 日夕哽塞, 今日雨勢大作, 益無以爲心, 奈何奈何? 想同此焦煎, 故發此無益之言耳。前報舉幡報德以爲用何蕃事者, 妄也。更考漢哀帝將殺鮑宣, 其門人舉幡曰: "欲救鮑司隸者集此下。" 集者千餘人。何叔京父兒, 明其師馬伸爭立[2]張邦昌事, 秦檜怒, 斥死, 故此用其事云耳。且"甕兒夜呱", 劉平父嘗掌舉子倉事, 盡力其任故云云。想其俗生子不舉者, 納之甕盎等器而埋棄之, 今得平父之力, 兒得不棄而夜呱也。【如胡寅初生, 其母將不舉, 納之釜中, 文定夫人取之釜中而養之也。】前來紙, 二字書往, 但筆力衰退, 不足溷雅賞耳。《聞縣人以刊板不及時, 被追而進。此縣無刻手, 債工於他所, 以不及, 尙蒙垂察。今因其人, 略修此簡, 殊未盡懷。謹拜上狀。銀唇惠及, 與窮族, 分納官, 感感, 雖小官亦不能盡擇也。銀唇, 近隣諸官, 皆未捉, 上供多闕。海邊無乃亦然否? 前日猥及之故云。》

1 壬戌年(明宗17, 1562년, 62세) 8~9월 禮安에서 쓴 편지로 추정된다.
2 立 : 上本에는 "言"으로 되어 있다.

SNL0796(書-李楨-77)(續卷4:23左)(樊續卷4:26左)

答李剛而[3]

數日前, 兵官來言歷謁, 稍知動靜。忽此承敎, 神相多福, 不任欣浣之至。近日哽塞已過, 餘憊塡膺, 如何如何? 謬跋, 蒙記印寄, 汗佩爲深。仲擧, 近書來, 仍指言前跋之誤。已報云: "誤處改本, 慶府許欲改刊。刊成, 想必印上。留意印與爲佳。" 來喩冗務妨學之歎, 固應如此。如滉幸玆靜處, 正好得力, 而老病作魔, 殊不如意。恨未得朝暮相磨礱以遂此願也。別紙, 多所未曉, 其有窺得者錄呈, 幸加商鑑。餘惟歲晏, 崇祕[4]萬重。《謹拜謝復。》[5]

SNL0797(書-李楨-78)(續卷4:24右)(樊續卷4:27右)

答李剛而

縣吏之還, 獲承華翰, 具悉撫字多暇, 魚山、蓬島, 恣意仙遊, 覰發天地之奧祕。塊坐病中, 豈勝馳羨之懷? 其終成車馬之場, 亦不足深怪。自古好事, 鮮能有終始十分無障礙者, 正邵子所謂"園林纔到惡明媚, 風雨便多閑中傷", 皆此理也。跋文

---

3 壬戌年(明宗17, 1562년, 62세) 9월 5~30일(그믐) 禮安에서 쓴 편지로 추정된다.
4 祕 : 中本·拾遺·樊本·上本에는 "悉"로 되어 있다. 續草本의 추기에 "初本'悉'字"와 "恐'悉'."와 "考草本次."라고 하였고, 養校에 "'祕'恐'悉'."라고 하였다.
5 謹拜謝復 : 拾遺에는 없다.

得隨改, 卽幷印頒, 庶救謬作之罪。深荷深荷。《惟令照。[6]》餘在別紙。《謹拜謝復。》

《惠魚, 領愧。因縣人以公事詣去, 聊報草草。[7]》[8]

SNL0798(書-李楨-79)(續卷4:24左)(樊續卷4:27左)
答李剛而[9]

近日, 獲承縣人齎來令書, 承悉。不[10]意今復奉睹月初九日寄書, 幷審道主升堂稱壽, 風儀動人, 仍與左右約共臨訪之意, 尤深聳佇。而旋以神觀少愆, 中途似有回轍之勢, 沖悵又不可勝喩也。監司, 時亦未見, 明間當入花府云耳。大抵令公官滿不遠, 圖欲更會一場, 豈不甚切? 但越境遠出, 旣非所安, 而令體亦未甚康和, 冒寒涉險, 尤更未安。切須毋爲强作, 乃大善也。向索見[11]《文公年譜》, 金生近來見, 爲言之, 歸家卽搜送云。來則後便當奉呈, 惟照遲。[12] 餘祝善攝萬珍。謹拜謝。

---

6 惟令照 : 拾遺에는 없다.
7 草草 : 上本에는 "草艸"로 되어 있다.
8 謹拜……草草 : 拾遺에는 없다.
9 壬戌年(明宗17, 1562년, 62세) 10월 禮安에서 쓴 편지로 추정된다.
10 不 : 中本·樊本·上本에는 "示"로 되어 있다.
11 索見 : 續草本의 추기에 "'索見'考草本次。"라고 하였다.
12 遲 : 續草本의 추기에 "'遲'疑'至', 考草本次。"라고 하였고, 養校에 "'遲'恐'至'。"라고 하였다.

KNL0799(書-李楨-80)(癸卷22:2右)(樊卷29:6左)

答李剛而[13]

昨昨, 方伯來陶山, 因知令行回駕之由, 勞憊之餘, 勢不得不爾, 方深悵恨。茲忽奉睹手翰, 又甚慰浣也。南冥蕭寺之會, 甚適。不知有何奇談異論, 幸可因風得聞緒餘否耶？方伯會日, 適爾興發, 不覺兩俱沈醉。前日所以苦口奉規於左右者, 躬自蹈之, 可笑可懼也。來月念間之約, 深所企竚, 但正當凝沍之時, 遠道跋涉, 至爲未安。滉病骨亦難保安健, 以奉江舍之款, 須審量日候與事勢而處之爲幸。

《文公年譜》, 今已推還, 付來使送上, 伏惟視至。餘冀令候珍悤, 不宣。《謹拜謝復。》

SNL0800(書-李楨-81)(續卷4:25右)(樊續卷4:28右)

答李剛而[14]

伻來惠書, 承許屈駕遠顧之意, 放麑之擧, 雖甚未安, 披霧伊邇, 豈勝欣佇[15]？所慮, 政此寒沍, 道間良苦。又當由何路？花山一關, 何以周旋得免訶怪？思之, 未得其方也。滉意由義城來抵于彼, 相見從容而來, 或與之約日而來, 何如？此必已有

---

13 壬戌年(明宗17, 1562년, 62세) 10월 禮安에서 쓴 편지로 추정된다.
14 壬戌年(明宗17, 1562년, 62세) 11월 1~15일 禮安에서 쓴 편지로 추정된다.
15 佇: 中本 및 拾遺에는 "竚"로 되어 있다. 續草本의 추기에 "'佇', 初本'竚'。"라고 하였다.

成算矣。中朝事, 此亦聞之, 但未得如示之詳, 奇哉奇哉!

其辦一死, 固天下奇男子, 而辭官一事, 尤可謂眞大丈夫矣。來書不言發期, 未知的在何日? 來初二日有忌, 來留之日, 須不與相値, 爲佳。來物, 領惠。田家此時, 尙非空乏, 何至過慮如此? 餘惟珍護行色。萬萬不宣。《謹拜16)》謝復。

《畏寒, 不出江舍, 只在溪上, 姑望來此。看日候, 或出彼, 亦未晚也。》

BNL0801(書-李楨-82)(樊卷29:7右)
與李剛而17

至近寒沍, 未審起處何如? 無任鬱陶, 況虛劣之氣, 易感外邪, 防護頗艱, 僅僅度日耳。前諭之約, 日寒如此, 想當輟駕, 但有悵懷。謹此拜白。

BNL0802(書-李楨-83)(樊卷29:7右)
答李剛而18

別後雪作, 繼之以雨, 居者思行道之苦, 如何如何? 尙, 幸不甚

---

16 謹拜 : 拾遺에는 없다.
17 壬戌年(明宗17, 1562년, 62세) 11월 1~15일 禮安에서 쓴 편지로 추정된다.
18 壬戌年(明宗17, 1562년, 62세) 11월 26~30일(그믐) 禮安에서 쓴 편지로 추정된다.

凝沍,復此承翰,知眞城以前好信,兼得寄詩。莊誦欣慰,何可勝云?

　滉卽反溪舍,無以爲懷,只吟杜老"江天[19]獨歸處,寂寞養殘生"之句,眞爲我今日道也。拙句,別紙寫呈,笑覽爲幸。餉來酒魚,重領惠意,但勞人遠致,且令行府[20]闕需,益未安。如何如何?《傳疑》,未畢修改,當俟後便。惟珍嗇萬重。不具。謹拜謝復。

KNL0803(書-李楨-84)(癸卷22:2左)(樊卷29:7左)
答李剛而[21]

每承遠顧,存問頻仍,今茲餒歲,又出意外,爲緣兩官偕遞,騷擾非常時之比,感愧之餘,深有未安。

　滉近緣人事應接頗煩,因而違攝,僅保不至委頓。大槪明年六十三矣。積病積衰,倍甚他人,固亦無怪。

　所恨見理太晚,處身太迂[22],無以自拔於庸庸,而名實之間,不相應副處尤多,尋常憂恐。此間所賴以救過者,惟有直諒朋友之益,而又將與公闊別更遠,懷抱如何可言?

19　江天 : 上本의 부전지에 "或云'江村', 或云'江天', 當考杜詩。【中業】"이라고 하였다. 〔今按〕현재 통행하고 있는 杜甫 詩에 근거하면 '江村'이 옳은 것으로 보인다.
20　府 : 中本의 부전지에 "'府'疑'廚'。"라고 하였고, 樊本 및 上本에도 같은 내용의 두주가 있다. 拾遺의 부전지에 "本草, '府'疑'廚'。"라고 하였다.
21　壬戌年(明宗17, 1562년, 62세) 12월 禮安에서 쓴 편지로 추정된다.
22　迂 : 中本에는 "汙"로 되어 있다.

柳太浩所云怪言成虎, 未知其新聞耶, 舊聞耶? 使有新聞,
則未知何事? 若爲舊聞, 則何獨太浩所聞爲然? 如公幹輩在京
時, 所聞皆然, 雖曰世情澆薄, 亦由自失所致, 往事不必深留
悔, 惟當因此深戒, 益廣新功, 爲自家著力處耳。

前後俯詢, 略報去, 幸照詳反復之, 如何? 印寄《皇極內
篇》、《南嶽唱酬集》, 皆所願見, 深荷惠及之意。詩帖再蒙辱
示, 而跋語之囑, 尤不敢當。但貪玩諸公讚錄之美, 且此承留,
卒業後奉還也。

《啓蒙傳疑》, 呈納, 覽後, 毋犯他眼收還, 又幸之甚。

農前政遞去, 則去任當在正晦二初之間耶? 惟願益勵素業,
以慰遠慕。

KNL0803A(書-李楨-84-1)(癸卷22:3左)(樊卷29:8左)
別紙[23]

"戴餳帽"、"照天燭": 陳梁彥光爲相州刺史, 鎭靜臨民, 俗目爲
戴餳帽, 帝聞之免官。後拜相州, 發奸摘伏如神, 境內大治。田
元均治成都有聲, 人謂照天蠟燭。但戴餳帽, 當時俗語有如此,
未詳何謂?

"可與酬酢, 可與佑神":〈繫辭〉上篇第九章之說, 註: "佑神謂

---

23 中本에는 제목이 없고 부전지에 "別紙。"와 "別紙問目中, 雜問答戴餳帽以下九條,
當在此書。"라고 하였고, 추기에 "■■編入二十■■下。"라고 하였다.

助神化之功。"蓋神不能自說吉凶與人,因揲蓍著卦,然後人得以知吉凶。此蓍卦之所以有助於神化也。

《"闕止,字子我,誤以爲宰我":此說滉亦曾見之,今不記出某書。似是朱子語,非鶴林語也。然先儒分明有此辨,通記中,何故仍取載耶?此不可曉。今欲辨之而不得考出本語,則只云:"按齊闕止,字子我,爲陳恒所殺。宰予字亦子我,故此誤以爲宰我"先儒已辨之矣,如此足矣。》

"溫樹":漢孔光謹慎,領尚書十餘年,其休沐日,家人燕語,終不及朝省政事,或問光:"溫室省中,樹皆何木也?"光嘿不應,更答以它語,其不泄如此。【出《綱目》〈成帝紀〉】溫室,漢時殿中之省室名,乃三公議政之所,如今賓廳之類。

"長泰":邑名也。言"非但我多事不暇作記,兼亦長泰之邑,非有三先生事迹,而立祠堂於彼處,無意謂也,故至今不作耳。"
　《"攙行奪市"四字,未詳。》

《《伊洛淵源》下附錄,可見當時去取之意。既有附錄則又當知其拈出附刻之由,存之甚當。》

"銀當羽化":唐柳公權貯銀杯盂一笥,緘封如故而器皆亡,公權笑曰:"銀杯羽化矣。"

"《學庸指南》'皆務決去,而求必得之'之說":緣皆字撰出此意來, 巧則巧矣。然上文, 初無"惡惡不能如惡惡臭, 好善不能如好好色"之云, 何得以"皆務決去"爲去此兩事耶? 須當以"務決去"爲去惡, "求必得"爲得善, 乃爲分明。其所以下皆字者, 言每於善惡, 皆當如此云耳。

《《淵源錄》"六文一管筆", 終未曉其義。》

《"石慶數馬漢": 石慶嘗爲太僕。御出, 武帝問車中幾馬, 慶以策數馬, 畢, 舉手曰: "六馬。" 言雖知亦數而對, 敬謹之至也。》

《"張湯陽驚": 御史中丞李文與張湯有隙。湯所厚吏魯謁居陰使人告文奸事。事下, 湯治, 論殺之。湯心知謁居爲之。武帝問: "變事蹤跡安起?" 湯佯驚曰: "此殆文故人怨之。" 此言以知爲不知而佯驚, 是懷詐面欺也。》

《"小兒迷藏之戲": 如今小兒舍먹질之戲。小兒輩或東或西或彼或此, 互相逃匿更相尋捉, 匿者以不見捉爲得, 尋者以能發匿爲得, 每一捉得, 相與呼抃歡笑。其下文閃字, 卽逃避之義。》[24]

《"澤唫以屯": '唫', 本吟之通作。然於此無取吟義, 而唫在上聲者, 音噤, 訓口急也。恐當作此義看, 言其恩澤閉塞而不下如口之緊閉也。或恐唫是誤字。》

---

24 小兒……之義: 中本의 부전지에 "此條可疑, 更詳之。"라고 하였고, 樊本 및 上本에도 같은 내용의 두주가 있다.

(("月終辜": 按《韻會》以十一月爲辜月, 其義未詳。))[25]

(("廖": 音聊者, 人名, 音料與音溜者, 人姓。【料與溜, 皆去聲。】 匱, 卽樞字。))

《《參同契》說》

(("蓋月以十二卦分之, 卦得二日有半, 各以本卦之爻行本[26]爻之策。【自八月觀卦以後, 至正月泰卦, 易用少二十八策, 会用老二十四策。自四月大壯以後至七月否卦, 易用老三十六策, 会用少三十二策。】))

((陽卽注意運行, 陰卽放神冥寂。【一爻已足, 卽一開目舒氣, 以休息之。】十二卦周卽爲一月之功, 十二月周卽爲一歲之運, 反復循環無有餘欠, 其數如左方。【易卽陽字。套當作会, 卽陰字。"四月"之'四', 當作'二'。】))[27]

((此說欲與季通講之, 未及寫寄, 而季通死矣。偶閱舊稿爲之泫然。戊午臘月二十六日。"))

---

25 月終辜……未詳: 中本의 부전지에 "此條, 考書類。"라고 하였고, 樊本 및 上本에도 같은 내용의 두주가 있다.
26 本 : 上本에는 없다.
27 그림 중 "以下至泰, 皆倣古計之。"라고 한 부분에서 "古"에 대해 中本의 부전지에 "'古'未詳, 疑'右'字。"라고 하였다.

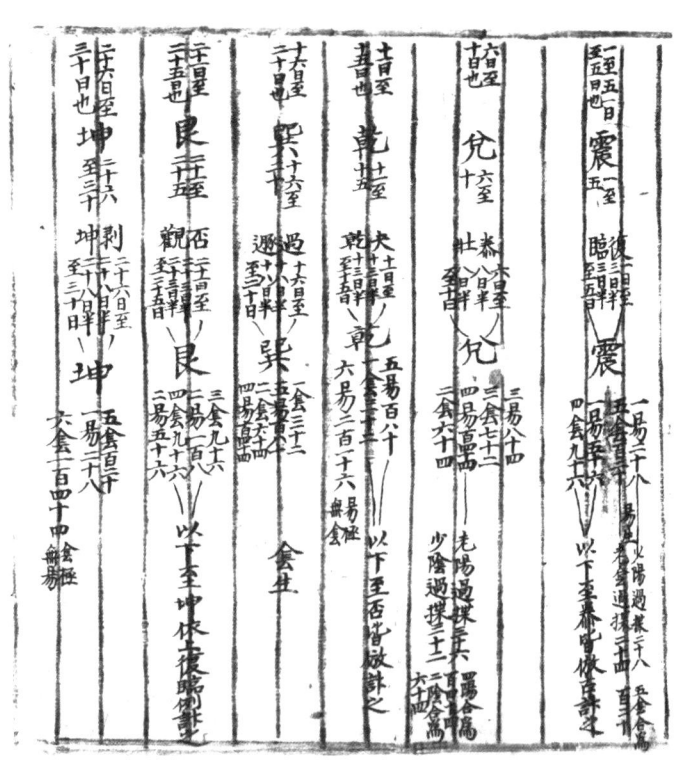

《震、兌、乾、巽、艮、坤, 卽納甲六卦也。納甲法,《啓蒙傳疑》詳之。》

《復、臨以下至剝、坤, 卽十二辟卦也。》
　《分震於復、臨, 分兌於泰、壯, 以至分坤於剝、坤, 所謂分六卦而兩之以見一月用功[28]之進退也。》

---

28 功 : 上本에는 "切"로 되어 있다.

胡致堂所生母,據《齊東野語》等諸書所云,其爲文定之妾,無疑矣。但嘗見有一書,以致堂爲文定弟婦所生。此說不足信也,而忘記其書耳。

《晦菴、西山講義,晦菴講義固見於本書,西山書則家中所無,實未見講義。如蒙寄示,則幸甚。》

"伯淳先生論《漢書》處,揚雄規模狹之下,道卽性也"一句,非雄之言,亦先生言也。先生既言雄規模狹,而其下云云,其意若曰:"道卽性也。知性之善,然後可以言道。雄之言性曰:'善惡混',其於大本,已錯看了,更何有所得於道耶?"

《"論文仲子圓方說",先生所謂靜體圓、動體方之理,未詳。【宋四子書如此云云,更考外書則云:"動體圓,靜體方。"然則四子書,乃誤印也。】》

《往年詢及疑義,當時未曉,後日"考得數條"》

《晦菴先生〈與蔡季通書〉【續集第幾書】"若欲盡發天地之藏,則癰痔果蓏之不能無憾於見傷",說見柳子厚〈天說〉,考之《柳集》,則可知其義也。》

"筋斗",此說終未解。嘗問奇正字大升,答云:"筋斗,卽俗所謂根倒之戲。"又云:"嘗見一僧說'昔有人問禪悟旨,卽筋斗而退。'恐或然也。"

〈太極圖說〉'惟人得其秀而最靈'章小註:"動靜陰陽是心。[29] 天地之太極,在人便是性,天地之動靜陰陽,在人便是心,天地之金木水火土,在人便是仁義禮智信,天地之化生萬物,在

人便是萬事." 蓋一陰一陽流行造化, 卽是天地之心, 故人得是
以生, 亦以是爲心.

BNL0804(書-李楨-85)(樊卷29:14右)

答李剛而【癸亥】[30]

崔湜遠來, 獲承今月十一日令書, 幷十日書偕到, 具審示意.
且以十六七當奉侍安輿, 離發任所, 春風歸路, 興況可想, 無任
馳慕悁悁之情. 老物且得無事添年, 但不意濫冒擬列, 幸賴天
鑑降憐, 得免下點. 不然, 則其狼狽何可勝道乎?

　令公得公幹爲交, 承亦甚好矣, 但未知令公遞付何職耶?
不見政目, 可笑.《朱子大全》無事來到, 兩度惠物, 具已拜領,
但當下人勞煩之時, 如此尤未安心耳.

　前來詩卷, 不敢久留, 今付崔湜之歸. 其跋語, 所不敢當,
重違令意, 率爾綴數語以呈, 愧汗愧汗. 其面題之改, 亦甚未
安, 幷賜裁處. 自此相去益遠, 無從會合, 悵惘不可云. 所望,
如來諭所云, 或來近邑, 是幸, 而非可預料耳.《啓蒙傳疑傳》,
後送, 未晚也. 餘祝德履萬重. 不宣. 謹拜復.

29 心 : 中本·樊本·上本에는 뒤에 "未知陰陽之爲心"이 있다.
30 癸亥年(明宗18, 1563년, 63세) 1월 15일경 禮安에서 쓴 편지로 추정된다. 上本에
는 〈答李剛而〉로 되어 있다.

BNL0805(書-李楨-86)(樊卷29:15右)

答李剛而[31]

崔湜所受令書, 今始迭到, 知在道及初歸諸況, 深所慰喜。其中有小慮患, 而所得後日之書, 無復言及, 可想具已安慶也。
  兒子持來書, 今日奉答付宜寧奴去矣。崔湜告目, 必要得報書, 故略修數字, 伏惟令鑑。不宣。謹拜復。

KNL0806(書-李楨-87)(癸卷22:5左)(樊卷29:15左)

答李剛而【癸亥】[32]

一自賦歸, 邈阻音塵。兒子還自宜春, 得見二月初六日惠書, 知三徑逍遙, 日有佳趣, 令人想味興慕不能已也。滉幸此無他。近緣奠墓省姊等事, 力疾爲龍宮、醴泉之行, 適値雨水, 疲極而返。
  仁吉又來作別, 是日, 黃仲擧訃音又至, 同爲驚慟, 人事之不可料, 至此極耶? 此人開爽敏快, 晚好此學, 在州, 殊有倡率之事, 盡力仕學, 因勞生病, 擔輿而歸, 卒於襄陽道上, 有老母無嗣子, 甚可哀痛。想聞之, 同此懷也。《崔湜附書, 時未接得。》

---

31 癸亥年(明宗18, 1563년, 63세) 2월 禮安에서 쓴 편지로 추정된다.
32 癸亥年(明宗18, 1563년, 63세) 3월 12~29일(그믐) 禮安에서 쓴 편지로 추정된다. 中本·樊本·上本에는 〈答李剛而〉로 되어 있다.

公之在彼, 得謗盈車, 果如示喩。然去後之思, 深足聽聞,
遠慰病舊之懷者非一。悠悠之談, 亦何足深計也? 仁吉含嗟之
意, 大概亦同, 但不能悉言耳。彩牋佳惠, 深荷深荷。名香一
封, 隨簡以上。餘祝對時淸茂, 以副遠慕。《謹拜謝復。》

BNL0807(書-李楨-88)(樊卷29:16右)

答李剛而[33]

春季辱報書, 仲夏方得拜領, 無便未及修復, 不意白足齎書到
門, 獲悉令履頤閑沖勝, 欣慰曷喩?

　《傳疑書》亦到豐基, 豐基朴重甫之子, 爲許公簡女壻, 適
其子携其書來, 重甫見而留之, 欲一看過, 故時未到此耳。

　滉夏間在陶山, 偶失調護, 初患河魚, 轉爲痰熱等證, 入溪
舍治療, 殆將一月, 今已差歇, 但餘熱未盡除去, 羸憊特甚, 眼
中全不辨細字, 自今向日閒中文墨間玩適之味, 亦不得如意,
可歎!

　前後兩書, 皆有別紙之詢, 緣此病倦, 未及詳報, 當俟病豁
秋凉, 附宜寧往來之便報上。伏惟尊照。餘祝益膺多福。不宣。
謹拜復。

　《年譜》恐或失去, 欲因李公幹推來而時未果, 令公亦須留

---

33 癸亥年(明宗18, 1563년, 63세) 7월 禮安에서 쓴 편지로 추정된다.

意幸甚。

BNL0808(書-李楨-89)(樊卷29:17右)
答李剛而[34]

文山奴受書, 不至遲滯而來, 適無便風未報, 中間又得痰痢等疾, 連月臥床, 雖時有宜寧歸人, 尙未修狀, 及得山人齋到書, 卽具由奉報, 意謂已達左右。今乃知尙未, 無任闕然之愧。

玆蒙手翰, 承有所苦, 尙稽赴謝之行, 深爲奉慮奉慮。雖甚未安, 如有病患, 固不能强作而必赴也。而曉曉之談, 則咸不以爲然, 是可憫歎。此向來鄙人之事, 不意又到於公也。然在令公, 則處之爲易者, 有爲養一節故爾。

滉病今似差歇, 而經病摧傷特甚, 其於素業, 益無心力, 奈何奈何?

《傳疑》草來矣。孫兒安道近將赴試於宜寧, 當附書, 前下別紙亦當奉報, 爲計。設祀事, 未知公幹所問何如? 公幹今明當到此, 見問後亦當於後書報去, 伏惟令照。

邈無面晤之期, 惟冀保攝珍愼, 以副遠懷。不具。謹拜謝復。

---

34 癸亥年(明宗18, 1563년, 63세) 7~8월 禮安에서 쓴 편지로 추정된다.

BNL0809(書-李楨-90)(樊卷29:17左)

答李剛而[35]

安東牛刺傳致泗水官人齎來辱書,具審近況,欣慰無量。因知附歸宗寺僧書已徹几下矣。所諭附東都人惠書,五六日前領見,亦已修報,附其人之回,想自李參奉處可轉送上矣。但聞其齎書人,誤往泗水,自彼迤邐來此,勞苦可憐耳。

  喻及《朱子年譜》事,近見李公幹云:"曾問彥陽宰裴某,裴云:'其書謄寫畢,本冊卽還于李慶尹。'"可知裴某全不照管其事,故不知其冊所在而妄答也。更囑公幹,推于梁山士人崔晃處,今示又如此,庶不至失去無尋處也。伏惟令鑑。孫兒近當赴試于宜春,當奉一書,今不一一。謹拜復。

  溪老拙疾,大概差歇,但損敝已劇,劣劣益甚,不奈何耳。知以未上都爲念,然勢不得不然,則當自勉爲安,可也。

KNL0810(書-李楨-91)(癸卷22:6右)(樊卷29:18左)

與李剛而[36]

秋序屬季,遙想閒處,體味清勝。曾見邸報,秋議已遞。其於軍職之付,進退猶可任意,私致向賀。滉幸此粗遣。前患亦不至

---

35 癸亥年(明宗18, 1563년, 63세) 7~8월 禮安에서 쓴 편지로 추정된다.
36 癸亥年(明宗18, 1563년, 63세) 9월 초순 禮安에서 쓴 편지로 추정된다.

重作, 老拙屛居, 優游山野, 隨分所得, 趣味無窮, 恨隔遠不得
與尋常共此樂耳。向日辱問數條, 略在別紙, 未知其然否？幸
詳訂回喩, 何如？

　《晦菴年譜》, 示喩云云, 又囑<u>李公幹</u>, 令其推問於<u>梁山</u>士
人<u>崔晃</u>處, 意必不至失去也。<u>月城</u>祠宇所祀人事, <u>公幹</u>云："本
州諸士人之意, 欲祀<u>崔</u>、<u>薛</u>, 而<u>角干</u>則雖有武功, 不合於儒宮
之祀, 令意則在於<u>角干</u>。此事難定, 正與<u>星山</u>書院事同, 吾亦
無如之何？"觀<u>公幹</u>意, 祠中尙有未訖功事, 稍稍營訖之際, 瓜
期已滿, 何必於吾任時定祀某人而取紛紛口舌哉？此人如此
占便宜, 可笑。且以<u>星山</u>書院鄙文旣刊懸而還去之, 譏其與<u>魏
鄭公</u>豐碑蹶復立事相類云云, 而無意於商議處置之宜, 吾何言
哉？《伏惟照諒。餘具前數書。不宣。謹拜白。》

BNL0811(書-李楨-92)(樊卷29:19左)
答李剛而【甲子】[37]

去年, 曾見辱報書, 旋聞入都, 未及奉答, 而又承<u>金典籍 舜擧</u>
傳書, 審知捧檄之喜, 近得<u>小江南</u>之地, 向賀向賀。傳聞今已
下車多慶, 尤以爲慰。<u>滉</u>時免他憂, 但覺老病日深, 今又相遠
如此, 徒增悵惘悵惘。

　就中妻母在<u>宜寧</u>, 其家奴婢逃亡者, 多在貴境。妻姨<u>許</u>士

---

[37] 甲子年(明宗19, 1564년, 64세) 1월 禮安에서 쓴 편지로 추정된다. 〔編輯考〕아래 편지는 이 편지의 別幅, 곧 別紙이다.

廉生時, 每欲推捉, 因循未果, 今其弟士彥進去, 其所言, 曲垂採聽, 多方措置捉給, 至懇至懇。一人先去, 相爲招誘至此, 但聞湖南俗, 例爲群打劫奪云, 非藉官威, 必不得捉故敢仰。伏惟令圖, 幸甚幸甚。餘在別幅。謹拜上狀。

KNL0811A(書-李楨-92-1)(癸卷22:7右)(樊卷29:20右)

答李剛而【甲子】[38]

京書別紙示喩, 感感。此輩方其得志鴟張之日, 固已料其必有如此之計, 今果然矣, 亦不足怪。幸而聖斷赫然, 且此少安, 所未知者, 此後爻象何如耳。

然當此時, 在人者, 吾無如之何, 在我者, 尤當益堅所守, 壁立萬仞, 庶幾終始不負所學。竊觀吾儕中聞其聲者, 無不隕穫失措, 欲變其所爲, 可笑可憐。不知左右近日意思, 如何如何? 向來志趣, 固知甚好, 然爲學未甚得其門路, 所見猶未精約, 所守猶未堅定, 或恐未免有時爲人所前却也。若如此立脚不定, 反不如初不知有學問者之純愚無知也。

古所謂韜晦避禍者, 但不當誇張衒露, 以取善名, 而內實虛僞, 適入禍網云耳。若爲學實地工夫, 豈可因世變而有所改

---

38 中本・樊本・上本에는 〈別幅〉으로 되어 있다. 中本에는 부전지로 "答李剛而"가 있다. 〔編輯考〕 이 편지는 위의 편지의 別幅, 곧 別紙이다. 庚本에서 別幅만 수록했던 것을 樊本을 편성할 때 원 편지를 복원하면서 이 편지는 원 편지의 別幅으로 편성되었다. 여기에서는 원 편지에 이어서 편성하되 庚本을 계승한 癸本의 제목은 남겨두었다.

耶？見諸人立脚不定，令人氣悶，故聊發於左右，亦不可以示人也。

《所論"出入山旁議兄[39]騰"及"避地者夸訝"等語，未知謂何？大抵處世甚[40]難，擧手投足人言隨之。可笑可畏。》

BNL0812(書-李楨-93)(樊卷29:21右)
與李剛而[41]

曾見金舜擧所傳在京寄書，知有捧檄之喜。

去月宜寧許士廉之弟士彦，要捉逃奴婢事進去治下，草報附上，未定何時得達左右也。今得樂安書內令書竝寄云，而書實不來，意或中間失傳，恨恨。前書所云慶州崔湜所受書封，亦時未入手。隔遠處，信字之傳，亦多參差如此，奈何？

到後悰緖能無緯繣否？公餘猶可觀書養志否？病拙閒屏如昨，實且天幸。其間雖不敢自廢，更覺老昏妨工。邈無覿面之期，何能搜[42]豁素抱耶？臨紙忉忉。惟在嘿領。謹拜問。

---

39 議兄：中本의 부전지에 ""議兄"未詳。"라고 하였고, 樊本 및 上本에도 같은 내용의 두주가 있다.

40 甚：上本에는 "未"로 되어 있다.

41 甲子年(明宗19, 1564년, 64세) 2월 禮安에서 쓴 편지로 추정된다.

42 搜：中本의 부전지에 ""搜"疑"披"。"라고 하였고, 樊本 및 上本에도 같은 내용의 두주가 있다.

KNL0813(書-李楨-94)(癸卷22:8右)(樊卷29:21左)

答李剛而[43]

《頃自樂安送到令翰, 兩封竝惠物, 慰感之至。玆復承見二月二十一日書, 前後具審。到官以來, 起處之詳, 信所謂千里面目, 深荷, 且幸且幸。》

所諭官凋俗弊, 至此之極, 其於讀書爲學, 果似無暇, 當初求得, 可謂非計。然一以爲捧檄之喜, 一以分共理之憂, 其勢固難自便。旣當此境, 惟思竭心力以盡職, 驗所學以益勉, 如斯而已, 賢勞之嘆。厭事之念, 竊恐非吾儒宗旨與家風也。如滉癃病, 無用於世, 加之年老昏耗, 雖幸得天放閒界, 所以飭躬勉業者, 苦未副平生之願, 而不好題目, 先播於娼嫉之徒。每於黃卷中, 羞對聖賢心事也。寵和佳句, 珍誦無已, 但以譬擬非倫, 不敢示人, 增深踧踖耳。江南與隴頭之遙, 一枝梅信足矣。今更有如許寄物, 不敢不拜領, 尤所未安。《伏惟後日雖遇便風, 一紙之外, 餘須諒裁以安遠情。披豁未涯, 惟祈懋昭明德萬萬。不宣。謹拜謝復。》

BNL0814(書-李楨-95)(樊卷29:22左)

答李剛而[44]

承自樂安來書, 知令候冲福, 欣慰曷喩? 滉依前保病。

---

43 甲子年(明宗19, 1564년, 64세) 윤2월 禮安에서 쓴 편지로 추정된다.

惠珍, 感拜感拜, 但絶遠之程, 如此, 不無弊及處, 是爲未安耳。伏惟令諒。餘在前日府人之回, 略此謝上。

BNL0815(書-李楨-96)(樊卷29:22左)
答李剛而[45]

前月中, 樂安人傳致令翰, 承體候康迪, 甚慰慕用之私。卽今節屆蒲慶, 爲況何如? 滉塊處山樊, 幸無他撓, 苦被昏倦, 不能讀書, 厪厪度日耳。

　清風之至, 歊煩灑然, 信乎如見故人開淸晤也, 但彼時來人遽還, 稽謝至今, 良恨良恨。

　《朱子年譜》, 屢屬[46]公幹推索於崔生, 則答以已送于順天云, 想必亡失而托辭如是, 可笑其不曉事也。然姑令公幹再問而時無再報耳。

　此間旱災已極, 民將塡壑, 不知湖南何似? 邈無面期, 惟珍重萬萬。謹拜。

44　甲子年(明宗19, 1564년, 64세) 1~3월 禮安에서 쓴 편지로 추정된다.
45　甲子年(明宗19, 1564년, 64세) 4~6월 禮安에서 쓴 편지로 추정된다.
46　屬 : 中本의 부전지에 "'屬', 無口通用否。"라고 하였다.

KNL0816(書-李楨-97)(癸卷22:8左)(樊卷29:23右)

答李剛而[47]

《宜寧許生之還, 寄致令惠手翰, 備審官況神相多福, 不任欣浣欣浣。妻母及同生家奴婢, 前後相招隱貴境者, 畏彼中悍俗, 例反劫奪, 不敢搜捉, 積有年紀。今蒙力措一擧, 盡捉而來, 彼一家感祝, 何可仰喩? 深謝深謝。》

　滉尙保殘骸, 山居澗飮, 隨分消遣, 不知窮匱之有妨於吾所安也。所恨, 精耗眼昏, 不能看書。學之不進, 因此可見。而蘭契如令公在遠, 無可與論此懷者, 恒用缺悒。

　竊瞷來喩別紙之云, 正與鄙抱不相遠也。況加有鎭衛撫字之事。米鹽敲扑之勞, 宜其有云云之歎也。然出處一視, 閒劇同致, 正不可徒自煎熬而不思自拔也。居官爲學之道, 朱先生〈與范伯崇書〉, 言之悉矣。幸考得而體味之, 當不爲無益也。《年譜》, 聞已推還, 可無失去, 爲慰。《伏惟令鑑。餘冀珍勉萬重。謹拜謝復。》

　《自樂安來書, 曾已答上, 未知達否?》

---

47 甲子年(明宗19, 1564년, 64세) 4~6월 禮安에서 쓴 편지로 추정된다.

KNL0817(書-李楨-98)(癸卷22:9右)(樊卷29:24右)

答李剛而[48]

《前者許生捧書報謝, 由宜寧送于泗川, 令其轉致, 未知達否?》悠悠之思, 入秋更深, 樂安人來, 承奉惠音, 喜慰曷勝? 仍審閤中有患, 久而且重, 公私兩關, 往來怱[49]撓。聞來深用慮仰。

滉依舊漳濱, 只緣旱虐太甚, 將有靡孑之慘, 田家嗷嗷, 與之同憂。流聞湖南不然, 今示云云, 可怪天災之懷襄, 無處不及也。〈臨淸臺記文〉, 金佐郞八元得之京師, 近寄來示, 且云: "令公已於此, 構亭以表之。" 令人慨想不已。但竊觀其文, 似多有誤字、落字, 不知所得而入石者, 能得善本無誤耶? 欲取勘正, 所得草本, 同封送上, 煩爲校對, 去誤存正, 却以見還, 幸甚幸甚。又以鄙見, 疑其文法不類曹梅溪他文字, 無乃立之言爲是耶? 抑爲曹之文, 有他證耶? 幷望喩破。《居業錄》外, 如《魯齋論》、《遺書》、《外書分類》皆所無者, 如蒙印寄, 幸亦大矣。《乾蝦, 愧感。惟祝珍懋萬重。不具。謹拜白。》

示喩許魯齋《千文》, 未曾得見。然其所謂"太極之前, 此道獨立, 道生太極, 函三爲一"。此四句無一句無病痛。竊疑魯齋

---

48 甲子年(明宗19, 1564년, 64세) 8월 禮安에서 쓴 편지로 추정된다.
〔資料考〕이 편지는 中本에 실려 있으나, "示喩許魯齋" 이하는 실려 있지 않다. 그 중 "示喩許魯齋……耶"는 앞의 서간 SNL0778(書-李楨-59) 뒤에 별도의 부전지로 붙어 있고, 中本에 問目을 따로 모아 놓은 것 가운데 또한 중복해서 수록되어 있다. 中本에는 "物格之說" 이하의 내용도 함께 수록되어 있다. 樊本에는 이들 전체 내용이 함께 수록되어 있다.

49 怱 : 甲本에는 "怱"로 되어 있고, 養校에 "'怱'恐'怱'。"이라고 하였다.

所見, 或不能無少差誤, 然不應如此之甚, 得非其書是無忌憚者託魯齋而僞爲者耶?[50]

《物格之說, 不記前所報云何。然旣蒙印可, 今不須更云。但"衆物之表裏精粗無不到", 此到字則與物格註到字初無異義。惟是衆物之表裏精粗, 舉全體而渾言之也; 物理之極處, 指所在而表言之也。指所在而表言之者, 著一處字, 故讀以【於ヽ】辭穩當。而一說【是】辭亦可舉全體而渾言之者, 無方可擬, 故讀以【於ヽ】辭不穩, 而只從【是】辭乃當也。然彼此兩【是】辭讀, 皆謂物理自在, 吾之窮無不至耳, 非謂理之自至, 如或者之說, 亦非謂理之自現, 如奇明彦諸公之說也。)[51]

BNL0818(書-李楨-99)(樊卷29:25左)

答李剛而[52]

前月望間, 樂安人傳書, 旋已奉報去矣。玆復惠翰, 伏審前示閤中患證, 尙未復常, 撓係如何如何?

　　滉頃在山舍, 忽左脚不仁, 運步艱蹇, 入保溪間, 漸差而未盡快, 昨又聞姪女之訃, 老病中憂患交集, 奈何奈何?

50　示喩……者耶 : 中本에는 없으며 부전지에 "{魯}齋條欲收。"라고 하였다. 해당 내용은 中本에는 앞의 서간 SNL0778(書-李楨-59)에 해당하는 편지의 뒤에 부전지로 붙어 있다. 거기에는 또한 부전지로 "此條入元本, 不當書此下。"가 있다. 또한 中本에는 추기로 "答李剛而"가 있다.
51　物格……說也 : 中本에는 추기로 "別紙"가 있다.
52　甲子年(明宗19, 1564년, 64세) 9월 禮安에서 쓴 편지로 추정된다.

寄來紙封等物，俱已拜承，感仰。五色紙，適此悲宂，後日寫就，當尋樂安使人附上。額字，病艱作此，亦俟後日看如何。堂名景行，似無妨也。前上臺記一本，不審領否？其誤處訂改示及，望望。記文之作，何敢輕當？轉求他處爲佳。

《程氏遺書》、《外書》等後序寫去，但所刻者，《分類》則非本書也，而刻本書後序，近於贅附愚意，勿刻似當。伏惟令量。

霜淸秋凜，惟以時珍重萬善。不宣。謹拜謝復。

KNL0819(書-李楨-100)(癸卷22:10右)(樊卷29:26左)

答李剛而[53]

前月中，府人來致辱書，卽授報書去後，繼得李察訪奴齋到令書及〈臨淸臺記〉、〈相承亭記〉、〈寒暄行狀〉等，兼有別紙，具言兩公謫居首末甚悉。兩公遭時不祥，禍故至此，令人發籲天無從之歎。而不及百年，故迹堙沒，非公尙慕風義之篤，疇肯詢訪發揮能如是乎？

臨淸一記，文體與〈相承亭記〉大不相似，揆以他文字，亦固可疑，但其鄕耆所藏寫本所題年月軒號，如彼分明，又詳考其語意與所自稱述者，只似從文人騷客懷抱中來，略無有儒者學問義理一段氣象，則爲梅溪之作，決矣。古之文章之士，往往有別出異體之作，比其他作，如出二[54]手者。梅溪此文，其

---

53 甲子年(明宗19, 1564년, 64세) 10월 禮安에서 쓴 편지로 추정된다.
54 二 : 庚本에는 "異"로 되어 있다.

亦別體者歟？然則刻記文年月下，依舊本書梅溪，而註其下云：“此文得於鄉人某家藏舊本如此。”或云：“是金先生作，恐不然也云云。”如何如何？

前往復〈記文〉一紙，復以呈似，檢覈所訂諸字處之，爲佳。〈行狀〉、〈祭文〉、〈相承亭記〉，姑留以俟後日。餘詳別紙。《伏惟令諒。不具。謹白。》

KNL0819A(書-李楨-100-1)(癸卷22:11右)(樊卷29:27右)

別紙

堂名定以景賢，曾已報去。堂記，滉病昏益甚，無力可辦，他人若不肯作，須令公自作，可也。壯節亭等記，先生自作亭而自記之，無所不可於義。但辭語或觸時忌處，不可不戒，亦隨時之義當然也。此文尤當戒。

兩額，病未時作，隨後寫呈。記中訂字，詳在本稿。但"余非慕陶"，須去非字，其義方通。然而"余慕陶學孔、孟者也"此八字，語意局促短拙，尤似非梅溪他文之體，疑必有闕字，但不敢擅加某字耳。"不憂不懼之術"，術字亦未穩，然此必本文，非後人所加[55]，則只當依本文耳。

旣修書後，思得《臺記》乃梅溪作，只刻此文，而文末註語云云而已，則非徒太略，意若歸重於梅溪，而不及寒暄，非令

---

[55] 加：擬校에 "'加'似是'改'字。【愚伏】"이라고 하였다.

公所爲景慕寒暄之意也。若爲此而鋪張作記,大書深刻,誇播遠近,亦竊恐非今日之所宜。【吾輩題目,猶在時人指點伺隙,或致駭機之發,不可測。】故只於刻記下,令公自作跋語,略敍兩公謫居時所嘗遊之地,不忍蕪沒,聊爲作小屋以表之,且云:"梅溪有此文,而寒暄未有文字徵其游跡,然而寒暄〈祭梅溪文〉,敍同謫相遊好之意如此云云,則其共游玩於此,可知,故同以景賢名之云云。"如此略記其實而已,見者不怒,而無召鬧之患,合愼言之節,如何如何?

王魯齋〈天地萬物論〉,甚荷印惠之意。其中多奇聞異見,儘有聳動人處,但此老所見不平實,其牽拽强說處殊多,未敢皆以爲可信爾。《程集》刻後序事,何以處之?恐不當謄附刻入也。《閣中前患,何如?前索堂臺扁額及四色紙,竝書封上,俔至。餘具前書,不復一一。》

SNL0820(書-李楨-101)(續卷4:25左)(樊續卷4:29右)

答李剛而【乙丑】[56]

曩因樂安書,報令公有漕闕之故,久未知如何結末,殊以懸念。頃又得金季應書,言令胤居宅,有回祿之災,尤切怪歎。今忽得書,始詳漕事無事。餘外來逆境,亦何能屑屑介意?惟益念玉汝之訓,以自修飭,可也。

---

56 乙丑年(明宗20, 1565년, 65세) 2월 25일 禮安에서 쓴 편지로 추정된다.

奇明彦記文, 甚佳甚佳。適以寒食上塚, 族人會中騷騷, 未暇仔細, 姑以所見言之。其末"雖或有好賢惡不肖之心而未嘗無不同其好惡者"二十字, 今欲改作'雖同有好賢惡不肖之心而未免有不同其好惡者'二十字, 未知於令意何如？ 其他首尾鋪敍, 有法有斟酌, 更無可議。惟令照。近得明彦書, 計與初乖, 不免强顔還作塵中人。觀其語意, 不遂素志, 甚以慨恨, 殊可念也。狀紙, 深荷珍貺。伏惟令照。不具。謹拜謝。

追白: 所欲改處, 更觀則本語自好, 不須改之。記文、傳錄還上。

KNL0821(書-李楨-102)(癸卷22:12左)(樊卷29:28左)
答李剛而【乙丑】[57]

《伏承令問, 仰感仰感。》不意國恤, 普深恫疾, 如滉尤以退在未安, 適因辭狀, 命遞同知, 稍以爲幸。示問墓祭忌日, 雖似未安, 似不可廢, 故不上冢, 只於齋舍, 設素饌, 暫以白衣冠行之, 似無妨。時祭則不可以素饌行之, 卒哭前, 權宜停廢, 似當, 卒哭後, 烏帽行之, 令諭爲當。且祭時當立, 據禮文, 無疑。但國俗, 生時子弟無侍立之禮, 祭時不能盡如古禮, 如墓祭、忌祭, 皆循俗爲之, 惟於時祭, 則三獻以前皆立, 侑食後乃坐, 此家間

---

57 乙丑年(明宗20, 1565년, 65세) 5월 禮安에서 쓴 편지로 추정된다. 中本 및 樊本에는 〈答李剛而〉로 되어 있다.

所行之禮也。未知令意何如? 寒暄《家範》內"夷虜"二字有病,
姑闕之, 何妨? 其與佔畢相貳事⁵⁸, 未可率易言之, 姑俟後日。
《《惟令照。適以祭事在齋舍稱⁵⁹。草草不一。》》

《《惠扇分諸族。感拜感拜。》》

KNL0822(書-李楨-103)(癸卷22:13右)(樊卷29:29左)
答李剛而⁶⁰

蒲節寄書, 拜報未幾, 又此辱問, 并致《濂洛風雅》、《寒暄事
編》等二書三冊, 承領以還, 無任欣浣之至。
 滉頃上辭狀, 命遞樞府下旨⁶¹喩, 積年憂惶, 今乃頓釋, 自
今可與田翁野老相娛適, 以終病齒, 稍幸萬萬。
 示喩《寒暄事錄》, 此間亦曾得見, 嘆其奇禍之餘, 文籍散
逸無存, 今之所得止此, 皆殘剩片段之一二, 非唯不足以見大
賢之宏規, 或反似有累於前修之芳躅, 殊不滿人意。每因其子

---

58 佔畢相貳事: 中本의 부전지에 "'佔畢相貳事', 乃以詩譏諷之事也, 問目中寒暄公
詩、佔畢詩二條, 當入此書後, '鄉僧還'書下。"라고 하였다. 〔今案〕"鄉僧還"으로 시작
되는 편지는 KNL0823(書-李楨-104)이다.
59 稱: 中本의 부전지에 "'稱'字下恐有闕字'稱中'。"이라고 하였고, 樊本 및 上本에도
같은 내용의 두주가 있다.
60 乙丑年(明宗20, 1565년, 65세) 5월 禮安에서 쓴 편지로 추정된다.
61 旨: 中本의 부전지에 "'旨'下恐有闕字。"라고 하였고, 樊本 및 上本에도 동일한
내용의 두주가 있다. 擬校에 "草本校, '旨'下恐有闕字。"라고 하였다.

孫詢訪, 則了無加得之路云, 尤使人氣悶。今奉來喩, 乃知[62]亦
有所疑, 欲姑隱而不出, 似與鄙意有合焉。不知當竟如何而可?

其孫<u>金立之</u>, 今宰<u>義興</u>, 與<u>滉</u>有舊分同年, 欲來見囑以碑
文之述。此非<u>滉</u>所能當, 已再三力辭之, 假使不辭而欲述, 其
事蹟之沒沒若此, 其何以揄揚於後世耶? 迄來印本姑留此, 徐
更反復續請敎也。《丁憂事, 亦當後報[63]。》《濂洛風雅》, 得未曾
見, 深以荷幸。其他俯詢諸目, 皆於後便奉對。

就中拙編《理學錄》者, 草成五六卷, 但苦眼昏, 讎校猶未
十分, 又當更正書一番, 乃可示人。而精力不逮, 數年掩置, 恐
終未訖手, 時自撫嘆而已。所云《古詩抄編》者, <u>滉</u>本無此事,
必傳者誤也。

《頃者, <u>漢京</u>吏文學官<u>朴枝華</u>者還自<u>晉山</u>, 持示其所傳謄
《啓蒙傳疑》一冊, 乃昔年<u>滉</u>所呈妄作一書也。云"得之<u>晉牧</u>",
此必因令公傳出而致此播廣, 考之則極多訛謬, 不勝驚愧。伏
望令所傳本亟垂寄來, 庶得修改其誤處, 少圖免人之譏責, 千
萬切懇切懇。

《傳疑》書, 自令公傳本, 不知經幾手謄寫而至<u>枝華</u>本也。
由是轉轉訛謬, 非謂盡出令傳本也, 亦有<u>滉</u>元本有疏誤處。已
就<u>朴</u>本與元本相校改正。今若得令本而同此二本改之, 猶可漸
得他本之節。須[64]追改故敢白。》

---

62 知 : 上本에는 "至"로 되어 있다.
63 丁憂……後報 : 中本의 부전지에 "'丁憂'下七字, 去之無妨, 更詳。"이라고 하였다.
64 節須 : 中本의 부전지에 "'節須恐誤。"라고 하였고, 樊本에도 동일한 내용의 두주
가 있다. 上本의 부전지에 "'須'恐'次'字之誤, 草書'須'·'次'相近。"로 되어 있다.

KNL0823(書-李楨-104)(癸卷22:14右)(樊卷29:31右)
答李剛而[65]

鄕僧還自樂安, 承見令書, 知令履康勝, 欣賀欣賀。滉自蒙恩命, 日覺分義之安, 老態雖深, 殊不知隕耗之爲患也。前惠書, 有俯詢數條, 粗寫鄙見, 別紙呈去, 未知爲得否也？今來所問, 亦略報數條, 人忙未悉, 且俟後日。《惟令照。謹拜復。》

《景賢錄》疏略, 近金立之持一本來示, 與滉曾得草本比校, 有所加得。但向見京居儒生鄭崑壽者, 寒暄先生外孫也。其所藏草本, 比此數本, 又若有加數條, 已令立之倅取其本來寄矣。俟得此本之來, 參互訂定, 寫一本送納, 爲意。須姑停印布以俟之, 何如？

KNL0823A(書-李楨104-1)(癸卷22:14左)(樊卷29:31左)
別紙[66]

《濂洛風雅》延平詩註"建中七友", 此七字, 當是士字之誤。閩中有建州, 故亦謂之建中。王文憲, 金華人, 而得此詩於建中

---

65 乙丑年(明宗20, 1565년, 65세) 7월 禮安에서 쓴 편지로 추정된다. 上本에는 제목이 없다. 〔資料考〕이 편지의 別紙는 中本 卷27에 실려 있고, 卷28에 問目을 따로 모아 놓은 것 가운데 중복해서 수록되어 있다.
66 中本의 부전지에 "此下編入於三十■■。"라고 하였다.

友人處, 故云建中士友。羅先生 彩筆詩, 所以在延平詩後者, 非誤也。以此詩實和延平而作, 故題云:"羅先生賜和, 而綴其後。"【和與次韻不同, 故用別韻。】但觀其詩, 未見有和延平柘軒詩意者, 此則未可知耳。

向云明招, 乃婺州山名, 東萊、大愚兄弟講道之所, 後人就其地, 立祠, 祀二呂云。《風雅》中"明哲"之'哲', 當改爲'招', 無疑矣。[67]

橫渠《呂不韋春秋》絶句所謂"魯史修"者, 假魯史之名, 以言不韋之作《春秋》耳。"措辭兩難求", 謂懸金市上, 募有能增減一字者與千金, 無有人敢增減一字者, 故曰兩難求也。'兩', 謂或增或減也。"西遷", 謂不韋得罪, 西遷于蜀而死也。言當不韋盜權之時, 諸儒畏誅, 故鉗口而莫敢增減耳。若此書之傳, 果在西遷之後, 則諸儒豈肯鉗口而不爲之增減乎? 以譏不韋肆行威虐, 欲保妄作, 適所以促其滅亡之禍也。

《韋齋詩"終恐勞公自輓船", 何易于, 唐玄宗時名臣也, 爲益昌令, 刺史春遊, 至其縣, 易于自腰笏, 引船曰:"百姓不耕卽蠶, 易于無事可以充役", 刺史慙乃騎而還。【輓, 亦作挽。】》

"萬古長空一片心", 此句, 滉亦每以爲疑。觀其上句, 謂"向來妙處今遺恨", 而系以此句, 正是序中所謂"歲月逝矣, 而予心之所至者未[68]尺寸進焉"者, 但所謂"長空一片心"者, 語意曠蕩虛邈, 懸空說著, 全似禪家頓超氣味, 不類吾儒說心處。

---

67 向云……無疑矣 : 中本의 부전지에 "恐非風雅類, 考次。"라고 하였다.
68 未 : 中本의 부전지에 "'未'下疑有'有'字。"라고 하였고, 樊本 및 上本에도 동일한 내용의 두주가 있다.

無乃先生於是時, 新覺禪學之非, 因寓僧房而有感於此事, 自言向來自以爲妙悟處, 今却有遺恨者何也？ 卽誤認吾心爲萬古長空一片孤懸底物, 其誤入如此, 所以爲可恨云爾耶？

《"除是人間別有天", 除是猶言除此也。言除了此地而人間更別有一天地也。除字爲非字義, 看者近之而實非也。若以爲語助, 又似太疏。【別一天卽指桃源也。】》

"底是高人達觀心？", '底是', 猶言何者是也。蓋賈賦"達人大觀, 物無不可。"今取以名軒, 故謂一目之中, 只有遙山碧而已, 不知何者是高人達觀心耶？ 佛者云"世間萬法, 一切由心造", 故此亦因其語而試問之耳。

"泡沫風燈敢自憐", 佛以人世爲夢幻泡影, 皆言空也。詩人謂人生一世如風燈, 言易滅也。言架壑之船, 不知停棹之幾千萬年, 則滄海之大, 尙變爲桑田如此, 況人生一世如泡沫風燈之須臾空滅者, 敢欲控搏[69]而自憐愛乎[70]？

《《風雅》"傳心閣", 所疑上下張有闕處, 正如來示, 必有缺誤, 恨無他本可據以改之耳。物還之還作遷, 爲當。》

《張先生樂府"或志"之'志', 作'忘'亦當。七章文義, 未詳。大抵樂府意多未曉, 不敢強說。》

《〈招隱操〉"夜叉", '叉'當作'久'。'進之'上乃'許'字, 進之姓也。》

《〈寄臨川學者〉"絲在梁", 當作'染'。》

《〈題浯溪〉"急近切", '切'當作'功'。》

《屛山詩"不用爲鼠"以下, 後當解上, 今未及也。》

---

[69] 搏 : 樊本 및 上本에는 "搏"으로 되어 있고, 養校에 "'搏'恐當作'搏'"이라고 하였다.
[70] 乎 : 中本에는 뒤에 "已上濂洛風雅"가 있다.

《"淡風", '風'[71], 疑爲'烟'字, 今示雲字, 當依改之。》

《韋齋〈夢覺床頭〉一絶, 首尾四語, 皆未知何謂。》

《《風雅》中'伯'字,《龍龕手鑑》:" 古'信'字。"》

BNL0824(書-李楨-105)(樊卷29:34左)

答李剛而[72]

頃自義興傳致令書, 仰慰。但無便未得修報, 今復承示縷縷, 且荷且怍。仍審前患和勝, 深賀深賀。滉老昏如昨, 只緣義分之安, 無前日拘礙之意, 日覺休休, 信知窮居之樂不減萬鐘千駟之享也。金先生行跡, 欲待鄭生崑壽草本之來, 參訂以定, 屢囑立之, 昨得立之書, 謂:"徵其本于鄭甥不一再而尙無送答, 甚嘆其疎慢云云。"然不可不待, 故但再勸徵送, 而姑停以俟耳。前來及今來疑問, 當隨後條上。今此便遽, 未及報之, 爲恨。曾諾《啓蒙傳疑》, 須毋忘取來後便附送, 爲佳。伏惟令照。不宣。謹拜復。

---

71 風 : 上本에는 "淡"으로 되어 있다.
72 乙丑年(明宗20, 1565년, 65세) 7월 禮安에서 쓴 편지로 추정된다.

KNL0825〔書-李楨-106〕(癸卷22:16左)(樊卷29:35右)

答李剛而[73]

前月承問, 因樂安子弟之歸, 曾已報去, 未知達否? 今書安勝, 喜浣何喩? 滉依舊屛伏。頃與諸友, 再讀《啓蒙》書, 因見向所草《傳疑》中, 多有當改處、當補處。前白所藏傳本, 若搜來, 須於後便寄來, 不可不再經眼目, 故敢白耳。寒暄行實等, 多方尋覓, 其子孫等亦無可多得之路, 故近方草定垂畢而未畢, 今未送上, 當隨後便爲意。前來詢目, 妄以臆見條答附上, 有未當處, 不惜回諭, 幸甚。今來別紙, 隨當條釋呈納。《訓蒙絶句》, 荷寄珍重。《但此諸詩, 絕不類先生他詩語。曾以是問諸奇明彦, 明彦云"吾亦嘗疑之"云, 竟未知眞贗之實。今當更細究之, 惟令照。不宣。謹拜復。》

　　示喩《訓蒙詩》, 胡敬齋亦以爲朱先生作, 滉亦曾見之。然滉嘗反覆參詳, 非但義理之疏, 意味亦淺; 非但意味之淺, 文詞又休歇。且以上三者, 姑不論, 只看其命題立訓大槪規模, 已覺非出於先生之手。其末, 乃攬取先生二絶句, 附入刊行, 欲以是瞞天下後世之人, 以明其上諸詩之皆爲先生作, 不知碔砆美玉之終不可合爲一也。滉向在都下, 以是語人, 莫有信者, 惟奇明彦一聞鄙說, 響應之曰:"吾亦嘗云云。"由是, 益知鄙見或不至大妄, 所以不願附行於《年譜》之下, 不知高明終以爲如

---

73 乙丑年(明宗20, 1565년, 65세) 8월 禮安에서 쓴 편지로 추정된다. 〔資料考〕이 편지는 中本(卷27)에 실려 있고, 中本(卷28)에 問目을 따로 모아 놓은 것 가운데 중복해서 수록되어 있다.

何也?[74]

又前一段, 問者以惡爲自惻隱發, 恐此自是問者之失, 先生偶未及曉析其失, 或曉析而記者遺之歟? 未可知也。其實惡爲羞惡之發, 顯然無疑, 故下段以爲怒與惡皆羞惡之發云。

〈天命圖說〉以欲屬土, 別無他意, 以爲欲之於七情, 似可謂無所不在, 故屬之如此耳。然先生雖嘗以七者分之惻隱羞惡兩端, 畢竟以爲七情不可分配四端。蓋欲一一分配, 則不免有牽合之病。今當只就先生說中略綽領會了, 毋深求苦索, 吾心地便自洒然也。

"德陰道陽", "德"者, 已得之名, 故爲陰。"道"者, 方行之名, 故爲陽, 與公事有陰陽之義, 相類。

徽菴程氏非心在腔裏, 而謂當在於視聽食味。滉亦謂心不在軀殼, 而只在視聽等, 乃是心失主宰而逐物也, 恐與程子所謂內外之兩忘者異矣。若內外兩忘, 則腔子裏主宰之心, 卽在視聽食味之心也。

《匡章謂之章子, 古人稱號, 或多有異常處, 然時未有考據。》

《鄭子和, 不知何人, 丸圖傳否, 亦未聞知。但廣仲學僻言謬, 朱子旣痛闢之。其他恐不足深求之耳。》

《知禮前宰李某有姻聯, 嘗求屛簇, 果書與之, 皆絶句也。不記有銘箴之書與? 今示如此, 可怪。抑有之而忘了耶?》

---

[74] 示喩……如何也 : 中本의 부전지에 "此條及下雜問四條, 編入於三十七書下。"라고 하였다.

KNL0826(書-李楨-107)(癸卷22:18左)(樊卷30:1右)

答李剛而[75]

近樂安守奴還, 獲承八月廿八日令書, 具得示意, 深用抒鬱。鄭生所錄草本, 近方寄來, 兼得金立之所錄, 與刊本參互考訂, 擬爲定本一冊。緣兩人所錄亦疎脫, 莫由完備, 然比之曾刊本, 猶爲彼善於此。不知如此, 可繡梓以傳否乎? 其間, 亦有滉所傳聞錄入者數三條, 恐或非實, 不可不質於其子孫, 故寄示義興, 令其看審, 若是實事非虛, 則自彼直送于貴府, 若非實而當改, 則還之于此, 容得改定而送之。以此諭于立之, 未知立之如何處之耳。且寄示奇明彦所論與滉所見皆同。其中《家範》, 令意以先生所自作爲重, 此意果然。滉當初意亦如此, 已錄全篇於卷中, 反復詳審, 終覺未安處非一二, 欲不錄則意思甚好, 可惜, 錄之則反有損於先生道德之高, 不得已倣史家紀[76]事傳信不錄其文之法, 撮所爲一條, 錄入卷中。然後始得見明彦之論及[77]令喩之言, 不能改定以從指敎之意, 亦不能盡同明彦之言, 悚息悚息。令公亦曾見洪原所刊《吉先生集》否? 其中所錄

---

75 乙丑年(明宗20, 1565년, 65세) 9월 1~20일 禮安에서 쓴 편지로 추정된다. 〔編輯考〕이 편지의 〈別紙〉는 中本 卷27에 실려 있고, 卷28에 問目을 따로 모아 놓은 것 가운데 중복해서 수록되어 있다. 中本의 부전지에 "金先生行實一條, 恐當入此書下, 蓋上書中有寒暄行實云云, 此書草本近方寄來云云。" "詳其語勢, 入此似無妨, 寒暄外孫一條, 幷附此下, 何如?"라고 하였고, 추기에 "甚當。"이라고 하였다.

76 紀 : 上本에는 "記"라고 되어 있다.

77 論及 : 中本의 부전지에 "'論及'以下, 不得通曉, 無可■。" "不能改定, 更考。"라고 하였다.

〈山居序〉者, 甚不滿人意, 恐或他人作, 或少作, 皆未可知, 而
刊入流傳, 甚未安。每恨當時收錄者之不善計也。故今不敢效
其所爲, 如何如何? 凡其他去取僭妄之罪, 粗見別冊子, 幷望
參照, 有所不可, 却以回喩, 再三往復校戡, 庶免大謬, 而後入
梓未晚也。來喩佔畢先生事, 果然, 其他亦多有如此之事。大
抵於精一敬義之學, 不甚留意, 故馴致鶻突如此, 可惜亦可懼
也。魚相世謙, 聞其倜儻多奇節, 亦光廟朝出身, 參翊戴功, 他
未有聞。餘未縷悉。《謹拜稟。》[78]

《今江原都事鄭惟一, 安東人, 於滉有中表之分, 相從甚
熟。 其人向學甚切, 聞貴府新刊《分類程氏書》, 極欲得
之, 自以未嘗獲拜左右, 未敢擧白。未知可能應副否? 滉
又白。》

KNL0826A(書-李楨-107-1)(癸卷22:20右)(樊卷30:2左)
別紙

《寒暄公被薦於甲寅, 見謫於戊午, 其間爲參奉、爲主簿、爲監
察、爲佐郎, 歷仕實五年矣。"丁憂", 先生孫義興縣監立適來相
訪, 問之, 云: "大夫人後於寒暄沒數年乃沒。"丁父憂爲是。今
按古人亦有稱父憂爲內憂者, 則李績稱內憂亦指父憂, 非誤也。

78 中本의 부전지에 "問目寒暄公詩以下五條, 編入此下。"라고 하였다.

但如此, 則其前乃先生具慶之時, 而狀上文獨稱省大夫人, 此實爲誤耳。》

　　寒暄公詩, 滉亦有未曉處, 然其大意, 謂"此道至大, 隨時隨處, 無所不在, 如裘葛[79]然, 君子出處之間, 雖欲如蘧行濂止之得宜, 豈一一[80]能中其節乎?【此二句已含譏諷意, 言道不行而不能隱, 失時中之義也。】使蘭而苟得列乎衆芳, 則終當變芳香而化蕭艾也, 必矣。夫牛可耕, 馬可乘, 物各循性, 謂之道, 若蘭變爲蕭, 物不循性。如此, 則人何從而信此道之爲道乎?【此譏責亦太露矣。】[81]"

　　佔畢詩意, 謂"不幸而非分仕宦, 忽至於卿大夫, 其於匡救之事, 行道之責, 我何能任之? 我之迂拙如此, 後輩如君之嘲笑, 固其宜也。然區區於乘勢射利以圖進取之事, 則吾亦不爲之耳。""官聯", 見《周禮》, 言以官職相聯而同事王事也。

　　右兩詩往復, 如此而已。秋江所謂"佔畢、寒暄相貳"者, 今無以考其爲某時某事, 但今以《佔畢公全集》觀之, 惟以詩文爲第一義, 未嘗留意於此學此道, 而寒暄以是歸責, 雖以師弟之分之重, 固不能志同氣合而終不相貳也。又豈待形於事蹟, 顯相排擯, 然後謂之相貳耶[82]?

---

79 葛 : 中本(卷28)에는 "渴"로 되어 있고, 부전지에 "'渴'疑'葛'。"이라고 하였다. 定草本・庚本・甲本에는 "褐"로 되어 있다.

80 一一 : 上本의 두주에 "下'一'字, 印作'二'。"라고 하였다. 현재 목판본에는 모두 '一一'로 되어 있다.

81 寒暄公詩……太露矣 : 中本(卷27)의 부전지에 "此下五條, 編入三十八書下。"라고 하였다.

82 右兩詩……相貳耶 : 中本(卷28)에는 低一字로 편집되어 있다.

寒暄外孫, 援古譜例不錄, 固然矣。然滉曾見其曾孫鄭崑壽及其弟述, 皆志學好善之士, 其他亦豈無其餘風耶? 如此等人, 其名不見於錄中, 亦似有欠。今思之, 擬刊錄本中先生子孫譜一張, 其前面已爲此譜, 而後面則空矣, 欲別爲先生外孫圖, 寫入其空處而刻之, 無乃好乎? 後當草上。

　　金先生行實, 南冥所錄, 可補闕漏, 當如令示別張寫刊, 爲佳。然則當幷錄其各條下所論之語, 而其初面, 題云"某人追錄先生行實云云", 何如? 但其間有可疑者, 第一條云云"祭之前夕, 非出主之時", 恐有誤傳也。第三條受刑時事節目, 太詳太慘, 令人掩目不忍看, 恐只如前錄所云, 令觀者知其從容就死, 足矣, 不必如此盡其曲折。如何如何? 第六條"東晉之末"云云, 東晉末, 無士林群禍, 恐晉當作漢耶? 最末條"兩君皆有當谷之器", "谷"字, 未知何義耶? 更詳處之, 爲佳。

　　《自"不一"條, 添入亦善。》

BNL0827(書-李楨-108)(樊卷30:5右)

答李剛而[83]

　　新構玉川精舍, 令人想慕增氣。諸名號, 皆當依示。額字, 後當圖副, 亦以寒凍, 未必趁速耳。

　　新刊《年譜》, 雖未盡善, 如此畢功, 甚不易得, 可喜。其中

---

83 乙丑年(明宗20, 1565년, 65세) 9월 중순 禮安에서 쓴 편지로 추정된다.

固不免多有錯誤, 從當校勘一過, 以圖改正, 但眞[84]像世系等
數三板之間, 元本亦恐不能無誤錯, 曾欲以他本校正, 而未有
他本, 未果, 今亦慮難得實耳。

《中庸集略》傳寫紙本, 徐當參究看如何?[85]

《啓蒙傳疑》, 非但謄寫之間, 慮有多誤, 滉元初解說, 亦
多有疎謬處。近與諸友讀《啓蒙》, 以相參訂改正, 添補非一二,
今當隨手改補了, 後日奉回耳。

《續伊洛錄》, 已得刊漆[86], 深幸。跋文, 未敢遽作, 隨後更報。

《晦菴書》答陳同父書, 李、孔、霍、張, 不知爲誰。意同父
書中引此數人以比擬, 先生必有非所當擬而擬者, 故答之云然。

主靜及中正、仁義互爲體用、賓主等說, 前報盡之, 玆不
復云。說主靜處, 謂"非四者之外, 別有一段事"者, 中爲重, 仁
爲本, 便是主靜之義也, 非此外別有主靜一事也。

"襹褷", 按字書, 無襹字, 止有褵字, 婦人之褘, 卽今香纓,
一云衣帶, 乃斑婕妤所謂"申佩褵"者也。通作縭,《詩》"親結其
縭", 然非此襹字義也。張平子〈西京賦〉"被毛羽之襳褷"註:
"襳, 音衫, 一所炎切。褷, 史宜切, 毛羽衣也。"韻會侵韻襂字
下支韻褷字下, 並引此句, 皆云: "毛羽衣貌。"蓋衫或作襂,【音
森。】褷或作褵。未審襹褷字出何書, 恐是襳褷之襳或襂字誤作
襹也。

---

84 眞 : 上本에는 "其"로 되어 있다.

85 中庸集略……如何 : 中本(卷28)의 부전지에 "所謂不緊者, 指此等處耶?"라고 하
였다.

86 漆 : 上本의 부전지에 "'漆'可疑, 恐或'添'之誤。【中業】"이라고 하였다.

《千文》, 謹悉示意。

"灘褷", 今乃知爲致堂詩語, 但其句中, "君澗"之'君'字, 亦必誤, 恨未省得爲某字也。"其那盡得"之'盡'字, "靑衿"之'衿'字, 已依示改之。

SNL0828(書-李楨-109)(續卷4:26左)(樊續卷4:29左)
答李剛而[87]

頃者, 義興人還, 拜領辱答, 審悉諭意, 恨無報便。玆復伻人遠來, 惠書及別紙諸諭, 謹具奉承。新舊《年譜》二件、《傳疑》一冊, 亦已見到, 欣荷欣荷[88]《餘, 感幸深矣。》

前書謂滉所送《景賢錄》定本外, 其別冊所錄, 欲刊弁篇首云, 此錄不過言其所以去取之意, 以告于令左右, 乃一時草率寫去, 初非以是擬凡例示後人也。請勿刊入, 至當。《秋江錄》下令語, 如示存之, 爲可。但更思之, 其下小註云"龜巖語"者爲未穩。今當去此語, 只於其註首云"楨謹按云云", 可也。

梅溪事實, 不必降一字, 只稱附錄, 以存于後, 爲佳。前來《景賢錄》, 在陶山, 今未得奉還耳。鄭子中都事今爲直講, 其印送《程集》, 謹當傳之。

---

87 乙丑年(明宗20, 1565년, 65세) 9월 하순 禮安에서 쓴 편지로 추정된다.
88 欣荷欣荷 : 中本의 부전지에 "'荷'下恐脫'之'字。"라고 되어 있고, 樊本·上本에도 동일한 내용의 두주가 있다. 拾遺의 부전지에 "本草付標, '欣荷'下恐脫'之'字。"라고 하였다.

今來別紙所詢, 報在別紙, 惟令照。餘祝令履益懋。不宣。
謹拜謝復。

《同鄕士人上舍金富倫, 樂安之弟, 今往樂安, 省其兄, 因欲造謁, 幸與之進。此人向於令公來陶山旋斾之日, 爲來作拜, 得承眄接, 故欲再修謁耳。本向學之人, 以擧業中廢, 可惜, 然可人也。前來講目一紙, 偶遺未報, 今幷追報。錄在別幅, 照詳。》

SNL0829(書-李楨-110)(續卷4:27右)(樊續卷4:30左)

答李剛而[89]

伻還未幾, 復承手字, 開慰重新。示諭末谷、藍橋等處洞里稱號, 人還得實否, 只從其一方所稱而定之, 爲佳。

《秋江錄》八字減去空處, 只當次次割補, 何必云減去八字耶？"未嘗近色"四字幷去之, 使後人無考, 固如所諭。然只云"未嘗近色", 則似若元德秀之不娶, 非其實也, 若欲分別言之, 則未免秋江之語病, 以是爲難, 故欲幷去之耳。況別冊條下云"八字似駴[90], 故減去云云", 則適所以存之, 何有於減去之意耶？量處爲幸。

金先生卒日, 立之不應誤記, 何爲有此不同？可怪。若初

---

89 乙丑年(明宗20, 1565년, 65세) 10月 禮安에서 쓴 편지로 추정된다.
90 駴 : 樊本·上本의 두주에 "'駴'恐'駭'"라고 하였다.

一日無可疑, 則不必註云云, 而只書弘治十七年, 似得之.

慕齋[91]詩, 收入甚好, 但諸生誰某, 若傳聞有誤, 則不如只云諸生而空其下, 容或後日得實而追刊入, 無乃可乎?

前白[92]印來《景賢錄》, 還上, 照領. 前來《年譜》, 今已畢校, 其下一冊闕誤尤多者, 以元本傳寫處極多闕誤故也. 近有裴三益正字, 爲密陽敎官, 欲託以至梁山, 監勘改正, 爲計, 未知終能諧否也? 伏惟令照. 餘具前二書. 謹拜. 不宣.[93]

前者錄寄《中庸輯略》二十七章諸儒說, 朱子於《或問》中, 皆已論辨矣. 其論"溫故知新", "敦厚崇禮"處, 謂"諸說但以二句相對, 明其不可偏廢, 大意固然云云", 而其下所論, 卽今章句之意, 然則朱子於兩句分知行之說, 亦取其大意之不謬, 但就其中細分之, 則如今說云爾. 諸額, 呵凍難寫, 時未耳.

SNL0830(書-李楨-111)(續卷4:28左)(樊續卷4:32右)

答李剛而[94]

《伏承手翰, 謹悉諭意, 欣浣何勝何勝? 滉保病依然, 痰嗽作患, 杜門擁爐.

前來彩牋等, 難於呵凍, 尙未浣墨. 似聞朝議, 似未久在

---

91 齋 : 上本에는 "齊"로 되어 있다.
92 白 : 續草本의 추기에 "'白'疑'曰', 更考草本."이라고 하였다.
93 有誤……不宣 : 續草本의 추기에 "右七行改寫次."라고 하였다.
94 乙丑年(明宗20, 1565년, 65세) 11~12월 禮安에서 쓴 편지로 추정된다.

海徼, 恐有後時之悔, 爲慮耳。藍橋、末谷等名號, 謹悉。》

別錄, 當時只欲曉左右, 以去取之, 故草率不成條理處甚多, 今雖欲更定, 無草本, 又何必刊此間[95]文字, 入先正文行間, 以取人怪耶? 罷之, 至望。《伏惟令照。便遽未悉。謹拜復。》

〈座右銘〉, 亦見一書題作〈橫渠銘〉, 然恐當以《小學》爲信[96], 作思叔方是。

SNL0831(書-李楨-112)(續卷4:29右)(樊續卷4:32左)
與李剛而[97]

《頃因樂安人還復書, 未審領否? 他事, 其書略具。》

前來五色紙, 本要箴銘, 但〈四箴〉、〈座右銘〉, 句數不齊, 計字分行之際, 或欠或餘, 頗費計度。老人心思昏短, 不能強作, 只任便寫絶句以呈, 有違令意, 傀傀, 然皆《濂洛風雅》中所取, 理趣心法, 不但爲吟風咏月之比, 令采爲佳。若當初計字分行, 排定以送, 則何憚一寫之煩耶?

示額, 亦寫去, 但所云齋名, 曾於永川、星州等書院, 有此齋號, 不可重疊, 故改以志道、依仁寫呈。苟得於此, 據德、游藝, 在其中矣。於令意如何?

---

95 間 : 中本·拾遺·樊本에는 "閑"으로 되어 있고, 上本에는 "閒"으로 되어 있다.
96 信 : 上本에는 없다.
97 乙丑年(明宗20, 1565년, 65세) 12월 20일(그믐)경 禮安에서 쓴 편지로 추정된다.

《歲除, 惟冀新慶珍茂。謹拜。》

BNL0832(書-李楨-113)(樊卷30:6左)
答李剛而【丙寅】[98]

旅中忽承令書, 甚慰甚慰。滉不幸又被玆命, 冒寒上道, 百疾具作, 一辭未許, 遣醫賜藥, 徐徐上來, 惶恐又行, 病再作再辭, 待命留醴泉, 未卜終何如, 仄惕奈何奈何?

　示目草報, 病未暇致悉。歲前來目, 亦未報去, 俟歸山後修報。謹拜。

BNL0833(書-李楨-114)(樊卷30:7右)
答李剛而[99]

承令問, 感慰感慰。今見金惇[100]叙, 稍聞小江南諸勝, 無任馳想之至。又聞今朔個滿, 未審入爲何官?

　僕三辭不得, 至於四辭, 時未承命, 未測如何, 危惕而已。
　金季應書, 已傳致之。謹復。

98　丙寅年(明宗21, 1566년, 66세) 2월 13~24일 醴泉에서 쓴 편지로 추정된다.
99　丙寅年(明宗21, 1566년, 66세) 3월 16~20일 禮安에서 쓴 편지로 추정된다.
100　惇 : 中本·拾遺에는 "敦"으로 되어 있다.

BNL0834(書-李楨-115)(樊卷30:7右)

答李剛而[101]

遠辱伻書, 承悉令候康裕, 豈勝欣寫欣寫?

滉在途三辭, 尙未蒙允, 及上第四狀後, 不得每留逆旅, 姑且還家席稿, 以俟威命之下, 時未見下旨, 日夕危仄, 人皆云不可不往, 但四辭之後, 方聞又有文衡之命。此豈七十痼病人所能堪任, 其可不辭而冒進乎? 勢不得不力辭, 期以得請而後已。次第將見有大狼狽之患, 奈何奈何? 緣此甚無聊, 不能一一。謹拜謝復。[102]

BNL0835(書-李楨-116)(樊卷30:7左)

答李剛而[103]

樂安人來, 承惠書, 伏審大夫人有愆候, 不任仰慮仰慮。伏想今已康福勝常倍膺休慶矣。

滉四辭待罪, 獲蒙天恩, 得釋重負, 感幸惶惕, 不容于心。但知事之命, 所當力辭, 煩瀆恐懼, 未敢卽發, 是爲深悶。而老病日甚, 進退兩難, 罔知所處之宜, 奈何奈何?

季應奴持書, 時未接得, 惟令照。餘祝度暑珍重。不具。謹

---

101 丙寅年(明宗21, 1566년, 66세) 3월 하순 禮安에서 쓴 편지로 추정된다.
102 謹拜謝復 : 拾遺에는 없다.
103 丙寅年(明宗21, 1566년, 66세) 4월 하순 禮安에서 쓴 편지로 추정된다.

拜復[104]。

KNL0836(書-李楨-117)(癸卷22:22右)(樊卷30:8右)
答李剛而問目【喪禮○丙寅】[105]

《義興寄來令孫書, 伏審前患向差, 孝候支勝, 仰慰無已。宜寧奴所受答狀, 近無來人, 時未拜承矣。滉粗保餘息, 所聞甚多, 未安惶慄, 不知所爲。近復上狀, 未知如何, 尤慮。別紙垂問, 皆不敢及, 略以所聞與鄙意妄具同去, 照量去取, 何如? 未緣拜奉。惟祝俯就千萬。謹拜復。》

《令孫書, 未及別報。前來《文公年譜》, 校過付標, 託密陽訓裵三益往圖修改已訖。其本還送于此, 今欲回納, 未遇便人。此簡令寯兒或遇安東有之泗人附上, 未卜其善傳, 故今不寄上耳。》

"去紐左衽"[106], 《禮》〈喪大記〉"小斂大斂, 祭服不倒, 皆左衽, 結

---

104 謹拜復 : 拾遺에는 없다.

105 丙寅年(明宗21, 1566년, 66세) 7월 11∼23일 禮安에서 쓴 글로 추정된다. 〔編輯考〕 癸本에서는 이 편 중 問目만을 산절해서 수록하였다. 이 편지는 中本(卷27)과 問目만을 따로 모아 놓은 中本(卷28)에 중복되어 실려 있다. '去紐左衽……此說非' 부분은 中本(卷27)에서 〈答李剛而問目【喪禮】〉라는 제목 하에 별도의 서간으로 분리되어 있다. 中本(卷27)·拾遺·樊本·上本에는 〈答李剛而〉로 되어 있다.

106 去紐左衽 : 拾遺에는 이하의 내용이 없다.

絞不紐。"疏:"衽,衣襟也。生向右,【句】左手解抽帶,便也。死則襟向左,示不復解也。結絞不紐者,生時帶幷爲屈紐,使易抽解,死時無復解義,故絞束畢結之,不爲紐也。"今按《禮》,但云不紐,無去紐之文,世俗承誤,以不爲去,非也。又紐,世謂衣襟之系,亦非也。其文曰:"結絞不紐"。絞,音爻,斂時之布,謂之絞。【絞字音巧者,緊結之義,與此字同義矣。】紐,雖訓結也,此紐字,非止結也。謂斂尸布兩端相結處,畢結之令緊固,不作耳樣結,《【俗云고내미다[107]】》令易解也。故疏說云云。

今人以絞爲襟系,已誤矣,又錯認紐字之義,斂衣襟系,皆去之,失之矣。左衽之義,疏說如此,未詳是否。襲不用絞,故無此一節。《韻書》別有袆[108]字,衣結也。疑此乃襟系之名。《【옷골홈[109]】》

"握手",《家禮》劉氏說不分曉,細詳《儀禮》本文,明是用兩個,兩手各用一也。今都下人,力主用一之說。問之,則其言正如來喩所謂束兩手加腹,以象平時拱手之狀。

然以其說求用之之法,一則兩手並結,擬諸平時而思之,至爲未安。一則兩肱【臂節】所置,各當其左右髀下䏽上之間,橫斜反戾,勢不順適。又象平時拱手之說,古無所據。而況斂襲尸體,不取順適,而欲強加以端拱之象,尤不近情。

故奇明彥曾考訂《儀禮》解釋,爲一說以破其惑,而世之人強不可令者,尙多不從,甚矣,人之難曉也。但明彥說,於所以

---

107 俗云고내미다 : 中本(卷28)에는 없다. 上本에는 "俗云고닉미다"로 되어 있다.
108 袆 : 樊本·上本에는 "紐"로 되어 있다.
109 옷골홈 : 中本에는 없다. 上本에는 "못골홈"으로 되어 있다.

結束處, 亦未明白。惟丘瓊山《家禮》〈握手圖〉, 用二片, 四角皆有繫, 以之結束便易。今恐只依此製用, 爲當也。[110]

《陷中第幾之稱, 鄙意恐非先世之次之稱, 只是兄弟行輩之稱。今世東俗旣無平日行輩之稱, 神主陷中, 恐不當書此稱號, 然未敢質言。惟在量宜以處, 何如?》[111]
行第稱呼, 此事人多疑之。按《家禮》云:"彼一等之親, 有幾人, 稱幾丈云云。"

以此觀之, 通同姓有服之兄弟, 而分其先後生次第而爲稱呼, 明矣。其或堂兄弟, 或再從兄弟, 或三從兄弟, 則各從其一時見在之親而爲定, 似不拘恒規也。若以爲同生兄弟, 其數不應如許之多也。題主所謂第幾者, 亦指此而言, 或以爲上自始祖者以世代次第言之, 此說非。[112]

BNL0837(書-李楨-118)(樊卷30:10左)

答李剛而[113]

近連得兩書, 一自宜寧, 一自泗川云, 皆自安奇逶來。而其時

---

110 握手……爲當也 : 中本(卷27)의 부전지에 "此條, 又見於禹景善問目中, 更考。存一詳細處。"라고 하였고, 樊本・上本의 두주에 "此條, 又見於禹景善問目。"이라고 하였다. 禹景善은 곧 禹性傳이다. "握手"에 대한《禹景善問目》은 KNL1490A(書-禹性傳-16-1)을 가리키는 것으로 보인다.

111 陷中……何如 : 中本에는 없다.

112 行第……此說非 : 中本(卷28)의 부전지에 "儀禮"라고 되어 있다.

113 丙寅年(明宗21, 1566년, 66세) 7월 11~23일 禮安에서 쓴 편지로 추정된다.

篤兒適不在驛, 驛吏送書, 率多遲滯, 及得書後問之, 則來者已歸。以此趁未奉答, 極爲恨罪恨罪。

所詢, 妄以私見揣量如此, 不敢有隱, 甚非所宜。惟在鑑裁, 以定去取, 爲幸。

然不見歸人, 預修此書, 送于安奇, 令遇便卽付。未知何時可達苫前也, 恨仰恨仰。謹拜。

KNL0837A(書-李楨-118-1)(癸卷22:23左)(樊卷30:11右)
《別紙》[114]

前日所詢第幾之稱, 奉報有未盡, 今更及之。

其生時所稱, 則以再從、三從等兄弟之次爲定, 無疑矣。至神主所題, 今[115]人多以爲世代之次。嘗見《治平要覽》"光武上繼元帝後"處註云云, 其意亦以世代之次爲第幾。此註乃本朝鄭麟趾等所爲, 則吾東人自前輩已有此說。

然滉意終以爲未然者, 一般第幾字, 生死異用, 恐無是理。又朱子答郭子從論主式處云:"士大夫家而云幾郞幾公, 或是上世無官者也。"若爲世代之稱, 豈宜曰幾郞幾公耶? 惟兄弟之次, 乃生以爲號, 故死亦仍稱之耳。故滉謂今人, 生時旣無第幾之稱, 神主不用此稱, 恐無不可者也。

---

114 원래 기준본(癸本)에는 제목이 없이 앞의 서간 KNL0836(書-李楨-117)과 연결되어 있다.
115 今 : 上本에는 "令"으로 되어 있다.

父在爲母期, 古禮也。今雖廬墓, 旣依古禮, 期而除服, 則何可不返魂而仍爲廬墓乎? 只當返魂, 而以禫服行之, 至當。旣曰"爲父除衰", 而又曰"禫服行之[116], 未安", 此不知禮而徒徇情之言也。

今國恤, 官人卒哭後變服, 有事於陵所, 則反喪服者, 與父在爲母期之禮, 全不相似, 不可援此而反用旣除之服以祭也。

惟返魂一事, 則禮意雖如上所云, 若未免俗習, 則且或從俗, 亦恐無妨耳。

用油灰或槨內或槨外所宜, 不曾親歷其利害, 故不敢臆料以妄報也。

且此間士人, 曾有欲純用油灰者。滉意朱子旣有瀝靑[117]無益之說, 而只用沙灰云。[118] 今若用純油灰, 漸以成俗, 則貧者力不辦。恐有緣此而葬不以時, 是自我開弊也。如何? 其人遂不用。此乃二十年前事, 今而思之, 開弊雖未安, 滉勸止之, 亦無乃傷孝子之心, 反爲未安。以此, 今日尤難於答辱問也。[119]

《挽章, 如示恐無妨。》

《《家禮》答慰狀"謹空"之"空", 未詳。》

明器, 古人亦有不用之說。其不用者, 恐致壙中空闊, 且無益故也。

然制禮之意云: "不欲致死之, 故用平時之物; 不當致生

---

116 行之 : 上本에는 "之行"으로 되어 있다.
117 靑 : 養校에 "'靑'恐'淸'."이라고 되어 있다.
118 云 : 上本에는 "者"로 되어 있다.
119 用油灰……辱問也 : 中本(卷28)의 부전지에 "當在書類."라고 하였다.

之,故具而不可用。"其義亦甚切至而精微,略用而別作便房以掩之,恐無不可也。

兩親墓東西定位,想中國俗,葬皆男左女右,故朱先生葬劉夫人時,只循俗爲之,其後,丘文莊亦不欲異俗而云云也。

然朱子答陳安卿之問,分明謂"祭而以西爲上,葬時亦當如此方是",則此乃爲晚年定論,而後世之所當法也。

今者,尊先祖考妣墓,雖與今所定左右不同,滉意朱子定論旣如彼,又西邊狹側不可用,則用於東邊,恐無可疑也。今之所恨,在於先祖考妣位次難改,無如之何耳。不當緣此而有疑於今所定也。如何如何? 大抵丘文莊,好惡頗有不中理處,恐不必盡從其論也。

《先生所編禮書,幾訖功而未成書,遺屬黃直卿,黃公始克成編,名曰《儀禮經傳》者,唐本十卷書行於世。先兄嘗得之,滉亦見之,但以《儀禮》爲主,而雜引古禮,其文深奧而無註,無緣得通耳。》

《家禮圖》,有坐蓋式,又有櫝式,心常疑之,正如來喩所云。頃年有一士人,自都下來,携一禮書,名曰《家禮會成》,乃嘉靖丁巳年間峴山魏君所作。其中一段,論此頗詳,敢膽上。》

《作櫝條,丘文莊曰:"祠堂本章無韜籍之說,其說蓋出溫公《書儀》,朱子旣已不取,不用可也。"》

《按《書儀》云:"版下有趺,韜之以囊,籍之以褥。"此所謂版趺,卽坐蓋也。座之式以方四寸厚寸二分之木爲趺,又以薄板三片相合安於趺之兩旁,及後面,其版比主稍高,虛其前面與頂趺之四邊,各寬於版,少許令可容蓋。蓋,亦以薄板爲之,四片相合有頂,其長可以罩趺上之版。惟前面留一圓竅,俱飾以黑漆或白漆, 韜以帛爲之, 縫如斗帳合縫處, 居後之中, 稍留其末不縫, 長與主齊。頂用四方薄板爲之, 自上而下, 以韜其主, 置於座中, 然後加蓋籍, 卽褥子亦以帛爲之, 方濶與櫝內同, 乃置之櫝內, 以薦座[120]蓋者。韜籍[121]之色, 皆考紫妣緋。

由此觀之, 則是主外囊之以韜, 置於座蓋內, 座蓋又置於櫝內而藉之以褥。古時並用之, 後人從簡便, 不復幷用, 乃呼座[122]蓋爲韜櫝。馮氏曰: "無力之家, 若欲從簡, 止爲匾闊座蓋, 夫婦主共置其中, 可也。"》

《滉謂按《書儀》以下, 魏君說也, 魏, 名堂, 官知蕭山縣事云。今據此說, 坐蓋韜藉及櫝五物之制之用, 皆可知矣。而其曰"後人不復並用, 乃呼座蓋爲韜櫝", 則座[123]蓋之亦稱櫝, 其來久矣。然則司馬公所謂"府君夫人共一櫝"之櫝, 恐指大櫝而言也。朱子所謂"且容一主之櫝", 指座蓋之櫝, 而俱入祠堂之櫝, 卽大櫝也。以今日士大夫家所用言之, 或各異櫝【卽座蓋之櫝。】而兼用韜藉合入大櫝者, 魏氏所云古時並用之制, 不嫌於三疊也。或只用座[124]蓋, 二主共置

---

120 座 : 中本(卷27)에는 "坐"로 되어 있다.
121 籍 : 中本(卷27)에는 "藉"로 되어 있다. 여기에서 '籍'은 '藉'가 되어야 할 듯하다. 물론 두 글자는 이형자로서 서로 통용하여 쓸 수 있다. '韜藉'과 관련해서 癸本 내에서는 두 글자를 혼용하고 있으며, 樊本에서는 '藉'를, 上本에서는 '籍'을 주로 썼다. 관련 교감 주석은 일일이 달지 않는다.
122 座 : 中本(卷27)에는 "坐"로 되어 있다.
123 座 : 中本(卷27)에는 "坐"로 되어 있다.
124 座 : 中本(卷27)에는 "坐"로 되어 있다.

其中,卽魏氏、馮氏所云從簡區灈之制也。又或有不用韜藉者,從丘文莊之說也。雖未必有徵於此事[125],適有相合,但當視其力而爲之,恐皆無不可也。》

《再詳[126],魏氏謂:"座趺寸分與主趺寸分同。"此則未然也。若謂不別用趺而植板於主趺,則主趺左右旁,僅容植主,無受版之處,如別用趺,而適與主趺同其廣狹,何以容主[127]於其中乎?此決知其誤矣。》

BNL0838(書-李楨-119)(樊卷30:15左)
答李剛而問目[128]

楨七月二十八日,伏承宜寧人所傳令賜書,忙報以還,未知納否[129]。魏君《會成》作櫝之制,似爲詳密,以韜櫝置於大櫝內,雖不詳知溫公、晦菴所定之意而藏主之義,極爲

---

125 事:中本(卷28)에는 앞에 '而'가 있다. 樊本·上本의 두주에 "一本, '事'上有'而'字."라고 하였다.

126 詳:上本에는 "拜"로 되어 있다.

127 主:上本에는 "中"으로 되어 있다.

128 丙寅年(明宗21, 1566년, 66세) 8~9월 禮安에서 쓴 글로 추정된다.〔編輯考〕樊本에 '答李剛而問目'이라는 제목 하에 전체가 실려 있고, 癸本에는 이 편지의 일부인 '筒制……恐難改'가 앞의 서간 KNL0837A(書-李楨-118-1)에 이어져 수록되어 있다. 中本은 卷27과 問目만을 따로 모아 놓은 卷28에 중복되어 실려 있다. 中本에는 제목이 없다. 上本에는 〈答李剛而〉로 되어 있다.

129 楨七……納否:中本에는 없다.

愼密, 力若可爲, 則用之無疑矣。座趺寸分, 今詳令示, 決有所誤。【但觀趺之四邊, 各寬於版少許, 令可容蓋云, 則坐式寸分, 雖與主同, 而有寬分可以容之矣。厚寸二分, 則入於大櫝內, 安重無虞, 故恐其制如此。然其方只四寸, 則受三版大狹矣。四邊各寬於版, 則四邊寬處受三版, 又以受蓋似便當, 如何?】

且以版下有趺之版爲坐[130]式云, 則大可疑矣。今按櫝韜藉式圖書下大註: "按《書儀》云: '版下有趺, 韜之以囊, 藉之以褥, 府君夫人共爲一匣.'" 鄙意嘗[131]以謂版下有趺云者, 卽位版主也, 而韜主以囊, 藉主以褥, 納於座[132]蓋之櫝矣。木主之制, <u>程先生</u>以義起之, 取象甚精。其前諸家用位版, 故鄙意以版下有趺云者, 爲位版也, 非坐式之版也。若以<u>魏君</u>座版之意觀《書儀》, 則韜藉似皆在坐蓋之外, 而圖書文義則不然, 如何如何? <u>魏君</u>又以謂座蓋下, 藉之以褥, 此亦未可知也。留一圓竅云者, 前面通明之義耶? 便於開閉云耶? 伏惟裁示。[133]

且考[134]妣各用容一主之櫝, 則忌祭祭一位[135]之時, 甚爲合義, 鄙意嘗欲遵此制矣。但先世共安一匣, 或至八九十年, 改定似難, 不知何以爲之? 近日詳觀韜[136]式, 又承

---

130 坐 : 上本에는 "左"로 되어 있다.
131 嘗 : 中本(卷27)에는 "常"으로 되어 있다.
132 座 : 中本(卷27)에는 "坐"로 되어 있다.
133 伏惟裁示 : 中本에는 없다.
134 且考 : 中本(卷28)의 추기에 "'且考'以下別行."이라고 하였다.
135 位 : 中本에는 "分"으로 되어 있다. 中本(卷27)의 추기에 "'分改作位.'"라고 하였다.
136 韜 : 中本(卷28)에는 "圖"로 되어 있다.

先生之誨參考之, 則用之以韜藉, 納於座蓋, 又置於大櫝, 此正圖書本義也。前此不能詳觀, 妄有所疑耳。魏君趺版之說及座蓋下藉褥之說, 似與圖書本意大異矣。藉圖下云:"方濶與櫝內同, 考紫妣緋"云, 則大櫝內不宜用二藉矣。鄙意用小櫝內, 似合圖意云耳。不知如何?

且《書儀》或云匣或云櫝, 匣櫝二字無異義耶? 更乞詳示, 又按圖下《書儀》云"版下有趺, 韜之以囊, 藉之以褥, 府君夫人, 共爲一匣作主"條下司馬公曰"府君夫人共爲一櫝", 則《書儀》所謂匣者, 恐指坐蓋櫝而言之也, 而坐蓋櫝亦似兩位共入也。晦菴所謂"櫝容一主, 三年之後, 乃如司馬氏之制"云, 則晦菴乃用二小櫝也。未知如此否?

且時祭條下小註"歛櫝置筍, 捧置于西階卓子上, 啓櫝出主"云, 則此櫝乃大櫝耶? 坐[137]蓋櫝耶? 大櫝則出入似重難, 若小櫝而出主則櫝在卓上, 只捧主出座矣。未知何? 筍則又何樣制作耶?

來示云:"版下有趺之版, 疑指位版主也。"滉因得參詳, 深覺此說有理。蓋神主乃伊川所制, 司馬公家廟想只用位版, 故《書儀》之言如彼。其曰版下有趺者, 猶《家禮》神主之有趺, 非坐式之制也。坐與蓋乃所以藏位版之具, 則疑其下所謂匣者, 正指此坐蓋而名之也。《家禮》以神主代位版, 故爲圖者上旣有神主圖矣。

---

137 坐 : 中本에는 "座"로 되어 있다.

於此, 當名[138]言用神主不用版趺之制之意, 又當先圖韜藉, 次及坐[139]蓋而又分明說破云:"坐蓋, 卽所謂匣也。韜藉匣三物,《書儀》本以藏位版, 今轉以藏神主, 韜以韜, 藉以藉, 以藏於匣, 又以此匣納於大櫝, 乃謹之又謹之道也", 則庶不誤後人。

今乃不然, 旣圖神主, 又引版趺之說, 斯爲重複, 又圖坐蓋於韜藉之前, 則是爲圖者, 已不審於替版藏主之制。魏君復承訛襲謬, 至以位版之制爲坐式之制。又坐蓋與匣 認爲二物, 又謂藉用於座趺下, 可謂皆失其本意矣。【魏以座[140]蓋與匣爲二物, 則當有用匣之處, 止云:"主韜置於座[141]蓋內, 座[142]蓋又置於櫝內", 不言用匣處, 其誤可知。】今若去版下有趺一句不用而以坐蓋爲匣【或云小櫝】以櫝爲大櫝, 而依上說以處之, 則恐一一皆順而無礙也。

以溷前說揆之此義, 亦無甚乖, 但不悟版非坐式, 又不明言坐蓋卽匣, 故有未盡處。今得來說以通之, 恐又[143]曉然無疑矣。曰:"然則坐式無趺乎?"曰:"有之。卽坐式形圖而觀之, 有趺明矣。但所引《書儀》所云'版下有趺', 自是位版之趺, 非此坐式之趺耳。"【匣亦可稱櫝, 故圖下引《書儀》處"府君夫人共爲一匣", 此言入廟時共入一坐蓋也。作主下朱子云:"櫝且容一主, 夫婦俱入祠堂, 乃用司馬氏之制。"所謂容一主之櫝與前共 匣之匣, 大小雖異, 皆是坐蓋之謂, 而一云匣, 一云櫝, 故知可以通稱矣。】留一圓竅, 言前面穿一圓竅,

---

138 名 : 中本에는 "明"으로 되어 있다.
139 坐 : 上本에는 "匣"으로 되어 있다.
140 座 : 中本(卷27)에는 "坐"로 되어 있다.
141 座 : 中本에는 "坐"로 되어 있다.
142 座 : 中本에는 "坐"로 되어 있다.
143 又 : 中本(卷28)에는 "尤"로 되어 있다.

令通明也。考妣各容一小櫝, 言三年內且如此, 及俱入祠[144]時, 乃用共入之櫝耳, 非謂仍用各櫝也。況先世改作尤爲重難乎? 時祭歛櫝置笥, 宜指坐蓋櫝而言也。出主後, 此櫝當在階上卓子上矣。笥制, 未詳, 恐未必別有其制也。

明器、便房。依《家禮》, 實土及半,【或過半。】穿壙一房[145], 作小窠藏之, 而密塞其口, 因而下土。見人葬, 皆用此禮, 未見用於棺槨間者。

陷中誤書云者, 謂第幾爲世數之誤耶? 此本稱行輩, 而今爲代數, 其誤明甚。然改之亦重難, 姑仍之何如?【朱門人有神主違尺度者, 有製喪服失古制者, 問欲追改, 先生皆答以不當改, 故云恐難改。】[146]

"祠堂三間, 分作四龕", 所疑果然, 此無可考。以意言之, 《家禮》本註所謂五架屋者, 卽今所謂前後退屋也。今欲免三間作四不均之礙, 其後退第二架之中間二柱勿立, 而其二樑過去施於第三架之柱頭, 則是後退前面, 無二柱之分截作三矣。於是, 上就樑木施橫楣, 下就歸機【俗云귀틀】木施橫枋,【俗云地方木】因分爲四截, 每截爲一龕, 始可爲均適, 無偏大偏小之患矣。然未曾經作, 未知可如此否, 召巧匠問之, 當能知可[147]否矣。且龕之爲制, 亦無可據, 恐只當如藏之狀, 令可容神卓, 似不

---

144 祠 : 中本(卷28)의 부전지에 "祠下恐脫'堂'字。"라고 하였고, 樊本·上本에도 동일한 내용의 두주가 있다.

145 房 : 中本에는 "旁"으로 되어 있다.

146 笥制……恐難改 : 癸本에는 이 3條가 앞의 서간 KNL0837A(書-李楨-118-1)에 "兩親墓……從其論也" 뒤에 別行으로 이어져 있다.

147 知可 : 上本에는 "可知"로 되어 있다.

須太寬濶。然則後退尺數,比前退量宜裁縮,可矣。若以不立二柱施楣枋[148]爲難,則依他立三間,每間八尺,共二十四尺,內除西一間近西四尺東一間近東四尺,則十六尺也。將此十六尺之長,分爲四龕,每龕皆得四尺,乃適均無偏矣。但如此則[149]東西通計,除一間尺數,只用二間之廣,或就龕前行奠時地窄,恐未便耳。[150]

龕制,只用壁藏,恐無不可。若舍此而別用杜撰,恐益致有礙也。且古禮祔位祔於祖考妣之房[151]云,則龕內似不應太狹小也。

司馬公《書儀》,此亦無之。《儀禮》十冊,漢城儒生金就礪轉借其友人之冊也,傳之遠送,或致壞失,故未敢依送。且其書隱奧奇險[152],韓文公所患難讀之書,實難讀也。然往往有考證處,誠不可無也。而今聞書館方印此書云,因此廣布,人皆可得見也。何幸何幸!《家禮會成》亦金生之冊。頃得其書,書館提調亦欲印出,令金取來云。今當送還,而山中無書,手未及傳錄,甚恨甚恨。然若果印行,亦爲幸耳。

明哲之誤,欲圖改,幸甚。

---

148 枋:中本(卷28)의 부전지에 "枋'字, 考韻書。"라고 되어 있다.
149 則:中本(卷27)에는 "○"로 되어 있다.
150 耳:中本(卷27)에는 뒤에 小注 '已上喪禮'가 있다.
151 房:中本(卷28)에는 "旁"으로 되어 있다.
152 奇險:中本(卷28)에는 [산거부전지]가 있다.

SNL0839(書-李楨-120)(續卷4:29左)(樊續卷4:33右)

答李剛而[153]

前承十月初四日書, 無便久闕修報。今又自晉州送傳手書及別紙數幅, 謹具承悉。孝候不能無愆度, 雖亦草土中常事, 然尋常奉慮, 不弛于懷。

滉衰憊近覺更甚。第一昏罔, 失前忘後, 其不能進益於學, 因此可知。奈何奈何?

今來別紙諸說, 多非淺陋曾所講明, 又因晉人不可留待, 姑未報答。俟後有便風, 當稟一二也。

但重甫莅晉, 雖似有傳書之勢, 然其居在榮郡, 去此尙一日程, 非如金伯榮與滉同鄕相望之地, 可易傳無弊也。恐數付[154]書令傳, 不無下人之弊, 故敢白。伏惟尊照。

《景賢錄》改定文字, 時未送去事, 具悉。但其《家範》一條, 鄭崑壽以爲"審問舊人, 皆云未行之事, 如是錄入, 似若施行然, 殊爲未安"云, 此言亦當。然今若全去其一段, 亦爲未穩。只欲於其條末"嚴且正如此"下, 註曰"或謂《家範》方草定, 未及擧行云"十二字, 未知於意何如[155]? 如[156]

---

153 丙寅年(明宗21, 1566년, 66세) 윤10월 禮安에서 쓴 편지로 추정된다. 樊本에는 〈答李剛而【丙寅】〉으로 되어 있다.

154 付: 中本·拾遺에는 "附"로 되어 있다. 續草本의 추기에 "'付', 初本'附'."라고 되어 있다.

155 何如: 中本·拾遺·樊本·上本에는 "何如何如"로 되어 있다. 中本의 부전지에 "'如'下恐復有一'如'字."라고 하였고, 拾遺의 부전지에 "{草}本付標, '如'下恐復有一'如'字."

無不可, 幷以此示諭, 爲幸。《右, 伏惟[157]幷鑑。不備。謹拜復。[158]》

《《實記》已刊於光州, 切欲印看而無由。今聞已囑於崔見叔, 然見叔之寄來于此, 勢難, 何能易得乎? 其字稍大, 尤合於[159]老眼矣。》

BNL0840(書-李楨-121)(樊卷30:21左)

答李剛而【丁卯】[160]

滉白。前承二月初七日寄書, 伏審孝候支勝, 仰慰思鬱。
　　滉從前痰患, 自正月初大發, 劇苦數朔幾殆, 僅得少蘇復, 有召命, 雖以使來無定期, 故姑此遲延, 然行止之決, 極有難處者, 病亦如此, 憂悶萬萬。
　　就中來書末有云"前日稟目裁示", 滉如今病昏益甚, 凡事過後茫茫不記, 未省所謂稟目, 指何書何事而云耶? 年前累次來問, 似皆妄報, 其所未報者, 全未尋覺, 愧悚深矣。後便或更

라고 하였으며, 續草本의 추기에 "二'如'字間, 初本有'何'字, 又頭{標}曰, '如'下恐復有一'如'字。"라고 하였다.

156　如 : 中本·拾遺에는 없다.
157　右伏惟 : 拾遺에는 없다.
158　右伏惟……謹拜復 : 續草本에는 없고 해당 내용이 추기되어 있다.
159　於 : 上本에는 없다.
160　丁卯年(明宗22, 1567년, 67세) 4월 12일 禮安에서 쓴 편지로 추정된다.

示及, 何如?

　　金季應簡來此已久, 無便久稽, 今始呈上, 又未知能以時得達左右否。向想惟節嗇是祝。謹拜復。

　　往年自順天寄來梁山本《文公年譜》一冊, 今謹回納, 照領。但此書, 當初以未校之本遽令入梓, 是則無怪其多誤。及此件印來後, 將此本讎校過, 付密陽訓裵三益, 今[161]往梁山指圖修改。其出於裵所自校而改者, 亦多, 然猶未盡, 今又再校一過, 其得誤處更不少, 其中諸記以下訛舛, 不可勝改。乃知文字流傳於世, 不失本眞, 其難如此, 可嘆可懼, 可嘆可懼。其前後所改, 於印本內一一付標封上, 視至, 如有續得印本, 將此對勘, 兩加改正, 何如?

KNL0841(書-李楨-122)(癸卷22:26左)(樊卷30:22左)
答李剛而【丁卯】[162]

《前月修一書, 並前來《年譜》二冊同封, 欲俟泗川使來安東者附送, 未間[163], 昨承金季應送來令書, 具悉心恙稍安。今又)李

---

161 今 : 中本의 부전지에 "'今'字更考。"라고 하였고, 上本의 부전지에 "'今'恐'令'之誤。【中業】"라고 하였다.
162 丁卯年(明宗22, 1567년, 67세) 5월 초순 禮安에서 쓴 편지로 추정된다. 中本·樊本·上本에는 〈答李剛而〉로 되어 있다.
163 間 : 기준본인 癸本에는 "聞"으로 되어 있으나, 上本의 부전지에 "'聞'可疑, 恐或'間'之誤。【中業】"라고 되어 있고, 문맥상 "間"이 되어야 하므로 수정하였다.

春年來自廂中, 傳曾親謁面授[164]之言, 如奉音顔, 不任慰釋。

但春年云"孿悴太甚", 季應書中, 亦深以是爲憂, 未審令公何不顧聖訓, 一向過戚至此耶? 聖人以孝子不勝喪爲無子, 此豈導人於不盡孝云爾耶? 過猶不及, 欲救鄕里人子有至性而不識理者以死傷生, 故垂此大訓耳。

令公平生所學何如, 乃不念此, 而欲躬蹈之耶? 況知令體素虛, 加以茶[165]毒, 若無別用意保惜, 何怪乎頓憊之極? 更望勿以愚懇爲妄, 千萬祈祝。

《因兵官之還, 草此陳悃, 並前書封託上。伏惟令諒。不具。謹白。》

BNL0842(書-李楨-123)(樊卷30:23右)

答李剛而[166]

僧來, 伏承手書, 審知練慨支勝, 慰此懷鬱。

去月金季應寄來一書, 月初因李春年來還, 附[167]上答狀並金書, 李自云"歸卽隨兵使當歷泗縣, 當持上"云, 未知能以時得達否也。

---

164 授 : 上本에는 "受"로 되어 있다.
165 茶 : 定草本·庚本·擬本·上本에는 "茶"로 되어 있다. 擬校에 "'茶'當從'禾'。"라고 하였다.
166 丁卯年(明宗22, 1567년, 67세) 5월 하순 禮安에서 쓴 편지로 추정된다.
167 附 : 上本에는 "付"로 되어 있다.

滉再蒙促召, 以其官召, 每辭不趨, 大恐非臣子之義, 不得不爲一行計, 適當炎酷, 又入都後極有難處者非一, 撓慮方深。伏惟照察。[168] 謹拜復。
《傳疑書》, 此中諸人, 頃讀《啓蒙》, 得與之詳加校訂, 多所修正, 甚悔前日之率爾傳出也, 猶慮尙有未盡處, 未附僧還, 後日不至遺失也。[169]

BNL0843(書-李楨-124)(樊卷30:23左)

與李剛而[170]

滉扶病顚沛, 僅入國門, 遽遭晏駕之變, 痛裂五內, 攀號莫逮, 罔極罔措, 奈何奈何?

緣此奔迫, 病日益增, 猶未任便調保, 欲歸則山陵未定, 欲俟陵畢, 則凍寒難歸, 兩事難決, 悶鬱奚訴? 自嘆而已。

在鄕家日, 有僧齎書來示, 卽便修報付回僧, 其書所云前有未報俯詢事, 當時茫未記憶, 其後偶閱舊篋, 得其元來詢目與所報鄙草, 藏在齋中, 若得下去, 早晚可以修寫拜呈。伏惟照諒。餘因困悴, 未悉, 都附令胤之歸。謹拜白。[171]

---

168 照察 : 拾遺에는 이하의 내용이 없다.
169 傳疑書……遺失也 : 中本에는 없다.
170 丁卯年(宣祖卽位年, 1567년, 67세) 7월 서울에서 쓴 편지로 추정된다.
171 餘因……謹拜白 : 拾遺에는 없다.

BNL0844(書-李楨-125)(樊卷30:24左)

與李剛而[172]

伏問卽今孝候安否何如？ 在京修問, 附上令嗣之還, 想已領悉矣。

　滉攀號奔走之餘, 病劇疑死, 未待山陵之畢, 徑[173]出來歸, 非但自心未安, 舉世非責紛紛, 惶愧無地, 自發引日, 不敢在家, 往依山寺, 今日還家, 聞兒子自驛下南, 草此奉候, 金季應書一封幷上。前日往復疑難, 皆未暇尋檢重報。伏惟諒照。謹拜白。[174]

　往者, 京人朴枝華還自晉州, 示《啓蒙傳疑》謄本一冊云: "謄自盧牧本, 而盧本出自令藏本。"滉留朴本而未看, 近方校勘一過, 訛舛甚多, 已加改正。恐令本亦未免有誤, 幸搜付兒還, 何如？ 中間似曾蒙寄來勘還, 不分明記得, 且近來亦有修改處, 雖曾來還, 重寄亦無妨, 故敢白。

---

172 丁卯年(宣祖卽位年, 1567년, 67세) 9월 23일 禮安에서 쓴 편지로 추정된다.
173 徑 : 中本·拾遺에는 "經"으로 되어 있다.
174 謹拜白 : 拾遺에는 없다.

KNL0845(書-李楨-126)(癸卷22:27右)(樊卷30:25右)
答李剛而【戊辰】[175]

近見密陽教官裵三盆, 自言嘗得詣謁, 粗聞動靜, 惟增戀想之至。茲乃伏承遠問, 感佩之深, 又不可勝。因悉孝候支勝中, 尙有濕痰等患, 未盡祛遣, 然外除且近, 爾後自當勿藥有喜, 益淸健矣。

滉百病垂死之境, 沓遭誤恩之下, 震灼窘迫, 披訴血誠, 略不蒙念聽矜許, 諸公又無有出力營救之者, 勢將陷於罪戾而後已。雖知如此, 百計千思, 更無可進之義, 不得已近[176]復拜上一疏, 未知又作如何結末也。固知虛名自古所患, 然豈有如滉之甚者耶? 以此居常兢慄無聊。

前來《啓蒙書》, 猶未校遍, 謹俟事定, 一過目了, 當以還痴。《伏惟令鑑。餘祝勉就賷相。不宣。謹拜復狀。》

《偶以事暫出僧寺, 來人追到, 取報書於時刻間, 草草爲愧。》

KNL0846(書-李楨-127)(癸卷22:27左)(樊卷30:26右)
與李剛而[177]

九秋涼冷, 未審令候安否何如? 自經外除來, 每欲一書奉候,

---
175 戊辰年(宣祖1, 1568년, 68세) 3~4월 禮安에서 쓴 편지로 추정된다.
176 近 : 上本에는 "謹"으로 되어 있다.

苦於無便, 且以稽滯召命, 常在憂恐無聊中, 未果, 愧恨。

滉百辭不免, 六月末, 扶昇觸熱, 來入國門, 擬欲謝恩後庶幾上下顯知實病, 因可乞身而退, 則歸帆當在未寒之前。旣至, 委責多端, 出於料外, 其中文任, 最非老病所堪, 不得已極力辭避, 近方蒙免。緣此乞退之事, 甚有妨礙, 時未出口, 而秋序將盡, 今未脫身而去, 則風霜凜冽, 雖欲去, 勢難千里冒寒, 鬱鬱度日, 甚悔一來之誤計也。奈何?

不審令公今者當何爻象? 如有銀臺、玉堂之除, 召命且下, 可能不俟駕行否? 昨昨擬長成均, 季應受點, 假令令公爲之, 於行止當何決? 都不聞令體如何, 進退安所計? 良用疑慮。有來, 毋惜惠音。餘祈珍愛。不具。

SNL0847(書-李楨-128)(續卷4:30右)(樊續卷4:34左)

答李剛而[178]

自經外除, 每擬一書奉候, 而身事狼狽, 自鄕徂京, 無一日得安頓處, 久未遂意。

近方因宜春下去人, 拜書附送, 令彼處蒼頭, 爲往呈上受答。而送去訖, 不意今者得見令庶弟捧手翰來示, 披閱欣釋, 何幸如之?

---

177 戊辰年(宣祖1, 1568년, 68세) 3~4월 禮安에서 쓴 편지로 추정된다.
178 戊辰年(宣祖1, 1568년, 68세) 9월 1~7일 서울에서 쓴 편지로 추정된다. 樊本·上本에는 〈答李剛而【戊辰】〉으로 되어 있다.

但審患眼及熱, 猶未殄差, 奉慮殊深。謂是喪中氣虛所致, 自今氣體日益淸茂, 應似霧褰而天朗矣。

示喩民生困瘁之狀, 所不忍聞, 奈何奈何？如滉者, 誤被招召, 來玷朝列, 素無抱負, 安有裨益？每聞此等時責, 徒增愧汗。

軍擾今雖暫停, 其他百弊無著手處, 賈生痛[179]哭, 非虛飾也。令公屬擬末[180]點, 若至有重除, 則不可不來輔聖治也。滉今秋未得歸便, 冒寒難行, 鬱鬱在此, 何異籠鳥之思奮飛耶？餘在前書。不具。《謹拜。》[181]

BNL0848(書-李楨-129)(樊卷30:26左)
與李剛而[182]

比來, 因有便風, 兩附問狀去訖, 未知以時得達否？卽日秋盡霜冷, 體況何似？

就中昨日有政, 命爲玉堂之長, 宣召必下去。聖眷如此, 固無可辭之義, 但未知令候健否如何, 果健能來, 何善如之？如或未盡快健, 則進退之決, 當何在耶？滉所多窘, 每在此等,

---

179 痛 : 中本·拾遺·樊本·上本에는 "慟"으로 되어 있다. 續草本의 추기에 "'痛', 初本 '慟'。"이라고 되어 있다.
180 末 : 中本·拾遺·樊本·上本에는 "未"로 되어 있다. 續草本의 교정기에 "末"로 되어 있다.
181 謹拜 : 續草本에는 없고 해당 내용이 추기되어 있다.
182 戊辰年(宣祖1, 1568년, 68세) 9월 8일 서울에서 쓴 편지로 추정된다.

未免爲左右憂之也。伏惟成算素在, 亦無難事。惟冀沿途珍重。不具。

SNL0849(書-李楨-130)(續卷4:31右)(樊續卷4:35右)
答李剛而[183]

辭狀來啓, 續得惠答書, 具悉餘證未痊, 因滯不俟之駕。茲實不肖者所熟諳知, 極爲難處之際, 遙增爲令公憂戀也。一辭旣未安而不得請, 復下召旨, 其爲未安, 又豈勝言？不知令公當何以處之？

然滉固[184]知令體素患非輕, 千里冒寒, 恐不可不深慮也。然則辭狀內, 何不極陳不克來之意耶？見者皆謂病歇可來, 故大臣議請勿遞, 以致再召之旨。此間去就之決, 亦當自度能行與否而善處之。君命雖嚴, 豈不計病輕重而必致之耶？橋山展謁, 莫切於此。然使古人處此間, 似不應如此也。疏章時未傳出, 未得奉見矣。

〈不自棄文〉, 滉少時見之, 心已疑其非朱子語, 奇明彦亦云云。《啓蒙傳疑》, 一再勘過, 置之溪舍而來, 後當奉還耳。夜燈眼暗, 掛漏不一。《謹拜復。》[185]

183 戊辰年(宣祖1, 1568년, 68세) 10월 서울에서 쓴 편지로 추정된다.
184 固 : 中本·拾遺·樊本·上本에는 "因"으로 되어 있다. 續草本의 교정기에 "因"으로 되어 있다.
185 謹拜復 : 拾遺에는 없다.

《滉妄作一來, 久未邃歸。處此, 無一日安心, 苦待明春耳。》[186]

KNL0850(書-李楨-131)(癸卷22:28左)(樊卷30:27右)
答李剛而[187]

前月, 捧有旨人下去, 拜一書, 久未得信, 亦未審來否如何, 忽擎寄札, 適與辭狀啓下同時, 知舊患猶未快, 竟停幡然之起, 不勝缺望之至。

前日上書, 得見於朝報, 多誤與脫, 然大概知出於忠讜積誠之餘, 歎賞無已。但凡事極難救於弊深之後, 無可著手處, 憂悶奈何? 甚羨令公處之得宜。

滉明春當去, 未卜遂否。病臥三冬, 兀若無憑。惟令諒。臘候愆常, 愼重萬萬。《謹拜。》

KNL0851(書-李楨-132)(癸卷22:29右)(樊卷30:27左)
答李剛而[188]

頃見惠書, 答附[189]觀象之行, 今復得玉堂人捧來書, 審知患證

---

186 謹拜復……明春耳 : 續草本에는 없고 해당 내용이 추기되어 있다.
187 戊辰年(宣祖1, 1568년, 68세) 11월 서울에서 쓴 편지로 추정된다.
188 戊辰年(宣祖1, 1568년, 68세) 12월 하순 서울에서 쓴 편지로 추정된다.

非偶然, 深爲懸情。素知令體未甚充完, 加以草土三年餘, 羸毀可想, 而又仍蔬素至今, 何怪乎積傷如不支耶?

先王制喪禮, 雖極致謹於饘粥蔬素之間, 又反復開示以權宜救生之道, 此豈薄於君親而然耶? 必有甚不得已處, 故如是立敎。

若以極憊極傷如令體, 而猶執致謹之說, 終却用權, 愚恐非達識君子所忍爲也。如何如何?

滉寒疾在告已數月, 惶恐愧負, 不知所云。惟冀珍愛。不宣。《謹拜。》

KNL0852(書-李楨-133)(癸卷22:29左)(樊卷30:28右)

答李剛而【己巳】[190]

徐敬差送到惠書, 具審近況, 甚慰懸懸。第承患在阿堵[191], 尙未見勿藥之效, 奉深歎恨。得非憂中毀戚太過, 積傷積損, 以致精耗之餘, 猝難旺復而然耶? 竊謂能愼保攝治療, 張籍之患未甚, 豈有不復之理耶?

且朋儕間事, 不獨此間所聞, 一國傳播, 皆以爲當毫毛不關事。兩皆名流, 至於違背如此, 莫不疑怪而嗤笑之, 雖如滉者, 亦不免爲兩君嗟惜之深。

---

189 附 : 上本에는 "付"로 되어 있다.
190 己巳年(宣祖2, 1569년, 69세) 6월 15일 禮安에서 쓴 편지로 추정된다.
191 堵 : 養校에 "'堵'當從'目'."이라고 되어 있다.

《傳疑》書, 卽當回納, 但與此間諸人所傳錄者相混, 未能分辨, 他日在京兒孫下來, 辨出後寄納。伏惟照諒。《有小宂, 草愧。謹拜復。》

BNL0853(書-李楨-134)(樊卷30:28左)

答李剛而[192]

徐敬差迓到惠書, 卽奉回簡。今承來示, 乃知尙未達左右也, 仍審近日起處之詳。來僧云"比於冬間太減"云, 想漸得勿藥之喜也。

滉別無他患, 只苦衰朽困頓, 精疲目昏, 靳靳度日, 殊未有進益工程。時復思之, 慄惕不已。示索還《啓蒙傳疑》, 謹當附僧回納, 但與此間諸人所傳錄本相混, 未能分別, 必待秋間兒孫下來, 問辨然後送于宜寧, 俾之傳上, 不至失去也。惟照遲。

當此大暑, 淸風數陣入手, 眞所謂來故人也, 深謝且珍。胡椒一封略呈, 笑領何如? 悁悁之歎, 前書已報, 玆不復去。適因客到, 草草爲愧。謹白。

---

[192] 己巳年(宣祖2, 1569년, 69세) 6월 하순 禮安에서 쓴 편지로 추정된다. 拾遺에는 〈答李剛而【己巳】〉로 되어 있다.

BNL0854(書-李楨-135)(樊卷30:29右)

與李剛而【庚午】[193]

隔遠, 信字難傳, 不審邇來起處安否何如? 向日眼患等證, 想自去喪以來, 次第痊快復常矣.

　滉去歲蒙賜退歸, 可謂天幸, 而本兼職至今未遞, 以年當告老, 上箋乞休致, 非但不許, 反有召命, 未免再上箋陳乞, 要以獲命爲期. 其間惶鬱, 何可勝言?

　況自去國後, 嘖有煩言, 而其意多指於賤拙, 益令人知虛名之爲身大累也. 然吾旣不與人作波瀾於世, 不知有何相妨而相厭苦如許耶? 此則又可笑怪耳.

　令公自去歲辭召不就, 無復有除命等事否? 得閑頤養, 爲樂當何如耶?

　《啓蒙傳疑》, 恐疎漏處多, 欲一再點檢而時未果, 今未送納, 俟後不至忘失也. 伏惟令照. 所冀爲道珍勉. 不宣. 謹拜.[194]

KNL0855(書-李楨-136)(癸卷22:30右)(樊卷30:30右)

答李剛而【庚午】[195]

鴈僧又來, 承睹惠書, 兼之問僧, 頗得起居之詳, 積鬱霧披. 但

---

193 庚午年(宣祖3, 1570년, 70세) 2월 하순 禮安에서 쓴 편지로 추정된다. 〔資料考〕中本의 추기에 "已見拾遺."라고 하였고, 拾遺의 부전지에 "{不}書."라고 되어 있다.
194 謹拜 : 上本에는 없다.

尋常遠想, 免喪以來, 往年所苦, 自應豁除, 日向淸茂矣。今示諸患尙爾非一, 重以山行失護, 致有損傷, 乃至經時越歲, 少見安日, 爲左右深覺懸懸也。

去春半, 宜寧奴來還, 拜一書附送, 令其卽時往呈, 如或答書, 俟便寄來, 豈謂至今不傳? 奴頑甚矣。

別紙數事, 各有草報, 幸可笑領。所謂意外之患者, 亦於別紙略及之, 大槪愚意不欲令公憚其言而力爲發明, 又不須屈己求合也。

滉去年之退, 已無復入之理, 加以七十之年, 適當此際, 請遂至願, 可謂天幸之會。聖德如天, 本無還召之意, 緣諸公枉費拈挑, 復此纏拘, 深訝諸公不爲人開一好徑路也。

去五月, 得聖旨有調來之語, 賴此偸假時月之間, 然終非所安, 將復冒瀆上請, 箋已草定。竊聞朝廷方有論請, 殊未安靖, 姑且停候, 日夕兢慄。

年饑, 萬姓嗷嗷, 水旱洊仍, 西成又未可必, 而內外事有大可憂者, 婁不恤緯之誚, 寧得免乎?

滉有外姑在宜寧, 欲一往而不得, 榮郡椒浴, 令公雖有意, 亦豈易遂? 聞精舍新成, 賞心得地, 深賀之忱, 略見數紙, 寫在別牋。雪紙、淸風, 拜荷珍貺。惟祝[196]以時衛攝萬重。不宣。

不俚口事, 人人傳說, 每不能無疑。曹君有高世重名, 意

---

195 庚午年(宣祖3, 1570년, 70세) 6월 15~30일(그믐) 禮安에서 쓴 편지로 추정된다. 中本・樊本・上本에는 〈答李剛而〉로 되어 있다.

196 祝 : 上本에는 "祈"로 되어 있다.

謂其人必亭亭物表, 皎皎霞外, 天下萬物, 無足以攖其心者。 彼鄕里一婦失行與否, 是何等一塵穢事? 使斯人而遇[197]說此事, 宜若洗耳而不聞, 乃爲之自貶損高節, 與人爭是非, 費盡心機, 至於積年而猶不知止, 誠所未曉。

然公不幸而遭此變, 亦不須分疏, 亦不須傷嘆, 亦不當以全交爲望, 惟當自反而牢定脚跟, 硬着脊梁, 仁禮存心, 而抱如舜之憂, 直義養氣, 而果如曾之勇, 超然若不聞其言, 灑然無相及其事, 邈焉爲不知也者而處之。 吾這裏眞樂, 自無窮矣, 他尙何爲哉? 不然, 若以全交爲念, 而有分疏求合之意, 則吾恐受屈滋深, 而終無可全之理也。

堂齋諸額, 亦欲寫呈, 近患眼疾殊苦, 又庚熱揮汗, 尤難强作, 未果, 恨恨。

KNL0856(書-李楨-137)(癸卷22:32右)(樊卷30:32右)
答李剛而[198]

前者辱詢《語錄》中七情所發所屬有異同兩段說, 因循忘却, 今始以謬見稟正焉。 上段以哀懼爲惻隱發, 則當屬木, 下段却以二者屬水, 誠可疑。

竊思其所以然者, 所發與所屬, 自是兩項事, 不可以其所

---

197 遇 : 上本에는 "偶"로 되어 있다.
198 庚午年(宣祖3, 1570년, 70세) 7~10월 禮安에서 쓴 편지이다. 中本(卷28)의 추기에 "與李剛而"라고 되어 있다.

發而求所屬之必同。蓋發者，言其所從出之原脈也；屬者，言其所分肄之門類也。

哀爲傷怛之極，懼是怵惕之甚，故知二者爲惻隱之發。然哀之慘切，懼而寒慄，以其象類而分肄，則固當屬之水矣。[199]
【若屬之木則全不相類。】

若其發於陽、發於陰之說，亦不過以其象類意思分言之。喜愛欲，皆順境，有平舒進爲底意象，故爲陽之發；怒哀懼惡，皆逆境，有切蹙收損底意象，故爲陰之發。然又以欲爲屬水，其說亦同於上矣。

SNL0857(書-李楨-138)(續卷4:31左)(樊續卷4:36右)

答李剛而[200]

《七月二十九日書，久未修復，今又承九月二十一日書，謹審前患腫證痊平後，體候清裕，無任欣賀之至。

滉別無他苦，但一味昏眩，氣血頓覺衰悴，甚有妨於日用之功。向來乞休，致以朝有大爭論，不敢續續上請。今則大論無有了期，不得已復上箋狀，瀝懇陳乞，未知蒙許與否，日夕憂鬱憂鬱。

前今別紙，妄輒報呈，幸望恕照。堂舍諸額及趙士敬書幷

---

199 矣：中本(卷28)·樊本·上本에는 이어지는 小注 뒤에 있다.
200 庚午年(宣祖3, 1570년, 70세) 10월 禮安에서 쓴 편지로 추정된다. 〔資料考〕이 편지는 中本에는 수록되지 않았다. 樊本·上本에는 〈答李剛而【庚午】〉로 되어 있다.

上, 奴文山不自進而托人, 致令稽滯幾失去, 慢且罪矣。》
　《啓蒙傳疑》, 今可奉還, 每一閱過, 輒有修改, 旣送後有改, 則難以遙改, 故姑復留之, 何必作急事耶? 往年所以不欲取去膽出者, 正爲如此故耳。盧子膺令公曾亦膽去云, 未定之本, 不可用。令其燒滅事, 或因書通諭, 爲望。

易東書院, 今月始妥神擧祭, 仍行落成, 事甚可尙。前月中, 十餘人相聚, 老拙亦以避暑往參, 得以講究所疑, 實非離群獨學之比, 深覺有益。若繼今以往, 常能如此不廢, 庶幾云云。但小邑欠事力, 凡瞻學之具, 多未措辦[201], 難於久相聚耳。[202]

BYL0858(書-安承宗-1)(樊遺內卷2:22右)
答安孝思舊丈【丙寅】[203]

承問感佩。向者高坪一面, 俟已三四歲, 今幸至此, 可續前款, 企企。
　但輿疾而來, 困劇臥調, 以上狀俟命, 當留十餘日, 其間乘日暄惠顧, 可得從容。惟照諒。餘未一。謹拜復。

201 辦 : 拾遺에는 "辨"으로 되어 있다.
202 易東……相聚耳 : 拾遺에는 低一字로 편집되어 있다.
203 丙寅年(明宗21, 1566년, 66세) 2월 13~24일 醴泉에서 쓴 편지로 추정된다. 安承宗(1483~?)은 本貫이 順興, 字가 孝思, 號가 集勝亭이다. 〔編輯考〕退溪가 安承宗에게 보낸 편지는 7통인데, 續集에 1통, 樊本 遺集內篇에 6통이 실렸다.

BYL0859(書-安承宗-2)(樊遺內卷2:22右)

與安孝思[204]

問安。就中旅枕呻吟之餘, 尋思貴亭舊題拙句, 都不記得, 可笑。幸許進人謄寫, 幷與叔父松齋詩許寫來。聊欲破寂, 敢叩。不宣。

SNL0860(書-安承宗-3)(續卷4:32左)(樊續卷4:37右)

答安孝思[205]

滉病稽君命蹭蹬負罪之中, 公以達尊高年, 枉駕勞問, 感且爲幸。報謝不躬, 但遣伻候, 簡亦甚矣。乃反垂謝何耶? 若蒙賜允, 便當回歸, 勢難再奉。惟祝壽養萬珍[206]。謹拜復。

BYL0861(書-安承宗-4)(樊遺內卷2:22右)

答安孝思[207]

前日承辱書, 久未修報。愧恨愧恨。卽今秋熱酷劇, 想起居

---

204 丙寅年(明宗21, 1566년, 66세) 2월 13~24일 醴泉에서 쓴 편지로 추정된다.
205 丙寅年(明宗21, 1566년, 66세) 2월 13~24일 醴泉에서 쓴 편지로 추정된다. 樊本·上本에는 〈答安孝思【丙寅】〉으로 되어 있다.
206 珍 : 中本·拾遺·樊本·上本에는 "重"으로 되어 있다.

勝常。

　滉歸來病益甚，竟負國恩，衆論不貸，又有惶駭慮外之事，不知終作如何，席稿俟罪而已。

　去春旅枕鬱鬱之中，愛見詩卷，膽寫公十絶及懇[208]齋樂府韻以來。今蒙囑和，如是之懇，豈不欲副應？只緣心事如右，何暇及此等事耶？

　歎怍之餘，憶得向時偶和任知足律詩一首，別幅寫呈，一笑幸甚。今因冲姪略問寒暄。謹拜。

BYL0862(書-安承宗-5)(樊遺內卷2:22左)

答安孝思[209]

伏承九月晦日書，具審頤葆茂勝，不任慶忭。

　所諭喜愕不動之語，眞養生却病之要訣，正緣老拙聞此等太晚，馴致百疾攻圍，愧悚且服。

　辱需亭詠，曾忝已多。又從前不解作樂府，未果依示，只得三絶句，別錄呈上。惟冀笑覽，兼貰逋慢，幸甚。謹拜謝。

---

207 丙寅年(明宗21，1566년，66세) 7월 禮安에서 쓴 편지로 추정된다.
208 懇 : 樊本의 두주에 "'懇'恐'簡'."이라고 하였다.
209 丙寅年(明宗21，1566년，66세) 10월 禮安에서 쓴 편지로 추정된다.

BYL0863(書-安承宗-6)(樊遺內卷2:23右)

答安孝思[210]

去年西行, 半日瞻晤, 自後但抱悠悠之思。沖姪來, 伏承惠問, 感佩何已?

滉幸此藏蹤, 老閑中自有消遣之地, 他無足云。所諭十詠之和, 前屢承索, 只緣心力衰乏, 不能構思綴句, 茲未依副, 深愧逋慢。惟得近體一首, 別紙寫呈, 幸一笑覽。

向日又見囑昔年所呈奇字等四韻二首, 欲令更寫看取。今欲依寫送, 適忘記稿本所莊, 未果, 亦以爲愧。餘祝頤養萬珍。不具。

BYL0864(書-安承宗-7)(樊遺內卷2:23左)

答安孝思[211]

頃承惠書, 伏審起居康勝萬福, 欣賀欣賀。

滉荷賜粗遣。但老病日甚, 休致之願不遂, 愧憫難堪。

就中高居絶景, 曾被索取題詠, 恐拙詩不足以賁耀, 適所以浼玷, 故辭不敢當。今又改命之以十絶句, 懇意非偶然, 每辭亦難, 故强綴蕪詞, 兼和惠律之一, 拜寫呈上, 幸賜笑覽。但無緣造拜床下, 引領馳懷。惟祝益膺休祉, 以慰下情。不具。

---

210 丁卯年(明宗22, 1567년, 67세) 禮安에서 쓴 편지로 추정된다.
211 庚午年(宣祖3, 1570년, 70세) 禮安에서 쓴 편지로 추정된다.

謹拜復。

BYL0865(書-安瀚-1)(樊遺內卷2:24右)

答安義城【瀚○庚申】[212]

前蒙枉顧, 又煩榮繞, 感荷至今。茲復辱問, 意甚勤厚。仍審鳴琴多暇, 慰感不可言。

　滉守病無他。所喩科製, 最所不能, 重違公意, 僭率多罪, 幸一笑恕。三種佳貺, 拜感愧佩。惟照。[213]

　應順, 今亦點額, 交遊之恨, 何限？

BYL0866(書-安瀚-2)(樊遺內卷2:24左)

答安義城【辛酉】[214]

兵官之來, 已聞動靜, 復此伻問, 兼致珍餉, 感怍無已。

---

212 庚申年(明宗15, 1560년, 60세) 11월 19일 禮安에서 쓴 편지이다. 安瀚(?~?)은 본관이 順興, 字가 季容이다. 〔編輯考〕退溪가 安瀚에게 보낸 편지는 7통인데, 續集에 1통, 樊本 遺集內篇에 6통이 실렸다. 〔資料考〕文草에도 〈答季容書〉 혹은 〈與季容書〉라는 제목으로 전체가 실려 있다. 文草에는 〈答季容書〉라고 되어 있다.
213 惟照 : 文草에는 뒤에 "謹此不宣。庚申至月十九日。滉。【對客草草。】"가 있다.
214 辛酉年(明宗16, 1561년, 61세) 11월 4일 禮安에서 쓴 편지이다. 文草에는 〈答季容書〉로 되어 있다.

老病無狀, 尙保餘息。承欲枉駕山門, 豈勝企幸? 但恐或有作魔, 不獨遊山爲然也。呵呵。

　　應順讓魁而得三, 可謂善占地步。久闕奉賀, 亦深愧不敏耳。

　　僕以江舍畏寒, 今入溪莊。深僻勞煩, 預爲悚汗。惟照。餘俟面。²¹⁵

BYL0867(書-安瀚-3)(樊遺內卷2:24左)

答安義城²¹⁶

頃者半日款晤, 感幸之深, 復此惠書²¹⁷, 尤以愧佩。藥餌及鴨子, 亦荷垂逮。但才放便入淸池, 亂浴恣唼, 恐有妨於淨友之植, 可笑。

　　何當再面? 惟冀加愛。不具。²¹⁸

SNL0868(書-安瀚-4)(續卷4:32左)(樊續卷4:37左)

答安義城²¹⁹

前書, 因循久未報, 復此垂問, 愧感交幷。

---

215 面 : 文草에는 뒤에 "謹拜謝復。辛酉至月初四日。"이 있다.
216 壬戌年(明宗17, 1562년, 62세) 3월 24일 禮安에서 쓴 편지이다. 文草에는 〈答季容書〉로 되어 있고, 中本·樊本·上本에는 〈答安義城【壬戌】〉로 되어 있다.
217 書 : 文草에는 "音"으로 되어 있다.
218 不具 : 文草에는 다음에 "壬戌暮春二十四日。滉。"이 있다.

令胤之來, 頓無所益, 緣僕多病, 且適因多故, 殊未專業故
也。但所處齟齬, 多嘗辛苦, 此則不無動心忍性之益耳。
　　三種佳貺, 承領珍作。人事巧違, 交恨奈何？ 寒天惟珍愛。[220]

BYL0869(書-安瀚-5)(樊遺內卷2：25右)

答安義城[221]

　　辱枉伻書, 欣審福履淸暇, 無任幸荷。滉因冬候異常, 病出多
端, 保護倍艱, 爲悶。

　　諸扁, 率爾奉煩, 續聞列邑方以使關分刊諸書受擾, 適丁
此時, 猥有干囑, 爲未安。茲蒙撥煩鐫就, 幷惠釘子, 令冷齋煥
然生色, 感佩無量。

　　賢嗣前日誤來, 無以副益, 愧愧。所餉山梁, 又深珍領。[222]
未期晤對, 只祈毖重。[223]

219 壬戌年(明宗17, 1562년, 62세) 10월 16일 禮安에서 쓴 편지이다. 文草에는 〈答
季容書〉로 되어 있다. 續草本의 추기에 "初本書名'瀚'。"이라고 하였다.
220 珍愛 : 文草에는 뒤에 "謹拜謝。壬戌陽月旣望, 滉。【適客臨門, 草草。】"가 있다.
221 壬戌年(明宗17, 1562년, 62세) 12월 13일 禮安에서 쓴 편지이다. 〔資料考〕文
草에서 安瀚에게 보낸 편지는 이 편지를 필두로 7통의 편지가 작성연월일이 뒤섞여
수록되어 있다. 다만 모든 편지 끝에 작성 연대가 밝혀져 있다. 文草에는 〈答季容〉이
라고 되어 있다.
222 珍領 : 文草에는 다음에 "幷惟照諒"가 있다.
223 毖重 : 文草에는 다음에 "謹拜謝復。壬戌臘月十三日, 滉頓。"이 있다.

BYL0870(書-安瀚-6)(樊遺內卷2:25左)

答安義城[224]

再逢嗣音, 謹悉謝[225]意。試事適勞神觀, 竟歸虛擲, 雖若可恨, 自令胤等見屈之人而言, 可謂開後門之幸矣。

　寄傳李休叟簡, 承見, 慰荷慰荷。簡云:"曾有申元亮十竹, 爲求題詠。"非立談間所辨, 姑未修復。如通書信, 爲致此意。早晚得句, 則隨便寄報耳。

　碧鮮, 不意如此之早爲薦, 深感。伏惟照諒。歲寒惟珍護。不宣。[226]

BYL0871(書-安瀚-7)(樊遺內卷2:25左)

與安義城【甲子】[227]

春暮氣味何似? 馳戀馳戀。[228] 僕依舊屛處。煩恐治下居前訓導申沃, 聞其素被公庇念, 其子爲溰姪女夫, 早死, 只有一女, 今當合졸。姪女以窮寡無以措辦, 沃也老病, 亦不能如何, 至爲

---

224 癸亥年(明宗18, 1563년, 63세) 10월 23일 禮安에서 쓴 편지이다. 文草에는 〈答李容書〉로 되어 있다.

225 謝 : 文草에는 "諭"로 되어 있다.

226 不宣 : 文草에는 다음에 "謹拜謝。癸亥陽月二十三夜, 病人滾頓。"이 있다.

227 甲子年(明宗19, 1564년, 64세) 3월 21일 禮安에서 쓴 편지이다. 文草에는 〈與李容書〉로 되어 있다.

228 馳戀馳戀 : 文草에는 "馳相馳想"으로 되어 있다.

矜悶矜悶。²²⁹ 伏望別垂護念，圖濟所窘，懇仰。堉卽²³⁰金山之姪子，金山繞來云，尤恐不成摸²³¹樣，是慮是慮。更冀留意，幸甚。²³²

229　矜悶矜悶 : 文草에는 "矜憫矜憫"으로 되어 있다.
230　卽 : 文草에는 "郎"으로 되어 있다.
231　摸 : 中本에는 "模"로 되어 있다.
232　幸甚 : 文草에는 뒤에 "不宣。謹拜。甲子三月念一日，滉。"이 있다.

校勘標點 退溪全書 6

2025년 7월 15일 초판 1쇄 펴냄

지은이 이황
펴낸이 김흥국
펴낸곳 보고사

등록 1990년 12월 13일 제6-0429호
주소 경기도 파주시 회동길 337-15
전화 031-955-9797
팩스 02-922-6990
메일 bogosabooks@naver.com
http://www.bogosabooks.co.kr

ISBN 979-11-6587-883-2 94150
      979-11-6587-751-4 (세트)

정가 30,000원
사전 동의 없는 무단 전재 및 복제를 금합니다.
잘못 만들어진 책은 바꾸어 드립니다.